Schriften

des

Vereins für Socialpolitik.

129. Band. Erster Teil.

Gemeindebetriebe.

Neuere Versuche und Erfahrungen über die Ausdehnung der kommunalen Tätigkeit in Deutschland und im Ausland.

Zweiter Band.

Erster Teil.

Leipzig,
Verlag von Duncker & Humblot.
1908.

Die Gemeindebetriebe Münchens.

Von

Dr. Ernst Busse.

Der Gemeindebetriebe zweiter Band. Erster Teil.

Im Auftrag des Vereins für Socialpolitik

herausgegeben von

Carl Johannes Fuchs.

Leipzig,
Verlag von Duncker & Humblot.
1908.

Altenburg
Piererſche Hofbuchdruckerei.
Stephan Geibel & Co.

Vorwort.

Mit der vorliegenden Arbeit über die Gemeindebetriebe Münchens beginnen die im I. Band „Gemeindebetriebe" angekündigten Spezialuntersuchungen über die kommunalen Betriebe einzelner Städte und Länder. Ihnen ist der folgende, von Dr. Mombert in Freiburg i. B. mit dem Unterzeichneten ausgearbeitete Arbeitsplan zugrunde gelegt worden:

I. Vorbemerkung.

Als Ergänzung zu der allgemeinen Darstellung über die Ausdehnung der kommunalen Tätigkeit in Deutschland (und im Ausland) sollen die entsprechenden Fragen auch in monographischer Form für eine Reihe deutscher Städte behandelt werden.

Auch für diesen Teil der Erhebungen sind in erster Linie die Gesichtspunkte maßgebend, welche in dem allgemeinen Arbeitsprogramm für die Abteilung Gemeindebetriebe festgesetzt sind. Nur nach zwei Seiten hin dürfte es angebracht erscheinen, davon abzuweichen.

1. Es wird bei diesen Monographien zweckmäßig sein, bei der Darstellung nicht nur diejenigen Betriebe zu behandeln, bei denen es strittig ist, ob der öffentliche Betrieb vor dem Privatbetrieb den Vorzug verdient, sondern es wird sich hierbei darum handeln, die gesamte wirtschaftliche Tätigkeit der Gemeinde, soweit es sich um Eigenbetriebe handelt, in den Kreis der Untersuchung zu ziehen.

2. Während bei der allgemeinen Darstellung ein näheres Eingehen auf den Gemeindehaushalt nach Möglichkeit vermieden werden soll, wird dies bei diesen Einzeldarstellungen nicht in dem gleichen Maße als notwendig erscheinen. Hierbei wird es vielmehr zweckmäßig sein, auch die Zusammenhänge darzulegen, die zwischen Gemeindebetrieb und Gemeindehaushalt bestehen.

Maßgebend für die Art der Darstellung soll sein, daß es sich nicht darum handelt, lediglich ein Bild der speziellen Verhältnisse in einer bestimmten Stadt zu geben, sondern daß diese Einzeluntersuchungen tunlichst die Grundlage geben sollen, um zu einem allgemeinen zusammenfassenden Urteil über die Gemeindebetriebe als solche zu kommen. Es wird deshalb ratsam erscheinen, bei diesen Einzeldarstellungen möglichst gleichartige Grundlagen zu wählen, um die Ergebnisse vergleichbar zu gestalten, und fernerhin eine Reihe von Fragen, denen bei der Gegenüberstellung von Gemeinde- oder Privatbetrieb besondere Bedeutung zukommt, in den Vordergrund der Behandlung zu stellen.

Von diesem Gesichtspunkt aus soll der folgende Arbeitsplan den einzelnen Bearbeitern eine Reihe von Fingerzeigen geben.

II. Arbeitsplan.

1. **Möglichst umfassende Darstellung der derzeitigen wirtschaftlichen Tätigkeit der Stadt.**

Die Darstellung soll jedoch nur die gewerblichen Unternehmungen behandeln; darunter versteht man wohl am besten diejenigen, welche wirtschaftliche Güter im weitesten Sinne des Wortes erzeugen.

Vornehmlich würden dazu gehören: Licht-, Kraft- und Wärmeversorgungsanstalten, Wasserwerke, das Verkehrswesen, Kreditanstalten, Anstalten und Einrichtungen für Ernährung, das Badewesen, Plakatwesen, städtische Apotheken und Annoncenblätter. Ferner würde hierher zu rechnen sein die Darstellung und Entwicklung des Gemeindegrundeigentums sowie die Art der Bewirtschaftung desselben; einzubeziehen wären die Fälle, wo die Stadt als Erstellerin und Vermieterin von Wohnungen auftritt. Mitzubehandeln wären nicht nur Einnahmebetriebe, sondern auch die Zuschußbetriebe, wie z. B. die Städtereinigung.

Von der Darstellung wären dagegen auszuschließen: Bildungsanstalten (Schulen, Volksbibliotheken, Lesehallen), ferner Krankenhäuser und sonstige Einrichtungen, die, wie z. B. Speise- und Wärmehallen, ein charitatives Gepräge tragen.

Als rein äußerer Maßstab für die wirtschaftliche Tätigkeit der Städte käme die Höhe und Entwicklung ihres Personalaufwands in Frage, sowie die rein zahlenmäßige Entwicklung der Zahl der städtischen Beamten, Angestellten und Arbeiter im Vergleich mit dem Wachstum der Bevölkerung.

Bei dieser Behandlung der städtischen Unternehmungen wären weiterhin folgende Fragen vorwiegend zu behandeln:

2. Eine streng durchgeführte **Unterscheidung derjenigen Betriebe, welche Einnahme-, und derjenigen, welche Zuschußbetriebe sind.**

Als Einnahmewirtschaften wären dabei nicht nur diejenigen zu betrachten, bei welchen ein Gewinn erzielt wird, sondern auch solche, bei denen eine Gewinnabsicht vorliegt.

3. **Die Bedeutung der Gemeindebetriebe für den Gemeindehaushalt.**

Hierbei wird bei Betrachtung der Betriebsergebnisse streng auf den Unterschied zwischen Überschuß und Gewinn zu achten sein. Diejenigen Beträge, welche zu Abschreibungen, zur Tilgung und Ansammlung eines Erneuerungsfonds angesammelt werden, sowie die Summen, welche zur Vergrößerung des Betriebsfonds aus den Überschüssen im Betriebe bleiben, werden erst vom Jahresüberschusse abzuziehen sein, um den eigentlichen Unternehmergewinn festzustellen. Dabei ist es wichtig, die Grundsätze darzustellen, nach denen in den einzelnen Städten die Ansammlung und Verwaltung dieser Fonds erfolgt.

Die Erstellung dauernd rentierlicher Neuanlagen aus laufenden Einnahmen bzw. Überschüssen wäre in der Höhe der dafür verwandten Mittel als Gewinn zu betrachten.

4. **Die Preispolitik der städtischen Betriebe** (Unentgeltlichkeit, Gebühren, Erwerbseinkünfte).

Hierbei sind die Grundsätze darzustellen, nach denen die Festsetzung der Preise erfolgt; es wird dabei darauf zu achten sein, ob und inwieweit sich das

Bestreben zeigt, dauernde Überschüsse zu Gebührenherabsetzungen zu benutzen oder als ständige Einnahmequelle beim Gemeindehaushalt in Rechnung zu ziehen.

Es wird sich bei Betrachtung der Preispolitik als notwendig erweisen, nicht allein die ganzen Betriebe zu betrachten, sondern die Preispolitik in den einzelnen Teilen derselben gesondert darzustellen; erst so wird es möglich sein zu erkennen, auf welchem Wege eventuelle Überschüsse zustande kommen, da in den einzelnen Ressorts des gleichen Betriebes häufig verschiedene Prinzipien bei der Preispolitik bestehen.

In diesem Zusammenhange wäre als wichtiges preisbildendes Moment die Entwicklung in den Beschaffungskosten der Rohstoffe darzustellen; vor allem handelt es sich dabei um die Gasanstalten, bei denen der Ankauf des Destillationsmaterials (Kohlen, Benzol usw.) von wesentlichem Einfluß auf die Produktionskosten ist. Die Gasanstalten sind es auch in erster Linie, bei denen eine Zerlegung in einzelne Ressorts zur besseren Beurteilung der Preispolitik notwendig sein wird. So wären z. B. bei den Gasanstalten zu scheiden: a) die Fabrikation und Abgabe des Gases; b) die Verwertung der Nebenprodukte (Koks, Teer, Ammoniak, Graphit, Schlacke); c) der Betrieb des Installationsgeschäftes.

Es wird sich ergeben, daß z. B. in diesen drei Abteilungen häufig ganz verschiedene Grundsätze bei der Preispolitik bestehen. Ad a) werden wohl häufig soziale Gesichtspunkte maßgebend sein, ad b) vorwiegend die allgemeinen Marktverhältnisse, ad c) die Rücksicht auf die privaten Installationsgeschäfte.

5. Die Ausführung häufig wiederkehrender Arbeiten in eigener Regie.

Es ist den Eigenbetrieben der Stadt gleichzustellen, wenn die Verwaltung größere häufig wiederkehrende Arbeiten (Bauten, Straßenpflasterungen, Kanalisationsarbeiten) in eigener Regie ausführen läßt. Dabei sind die Grundsätze darzustellen, nach denen bei der Ausführung solcher Arbeiten verfahren wird (eigene Regie oder Vergebung), und darzutun, ob und welche wirtschaftlichen Erfolge sich bei der Ausführung in eigener Regie ergeben haben.

6. Gemeinde- und Privatbetrieb.

Es wäre zu versuchen, unmittelbar die Unterschiede darzutun, die sich bei der Verwaltung und den wirtschaftlichen Ergebnissen beider zeigen. Zweierlei Methoden sind dabei anwendbar:

a) In einigen Städten befinden sich gleichartige Betriebe (Gasanstalten, Trambahnen u. dergl.) als Gemeinde- und Privatbetriebe, so daß hier ein unmittelbarer Vergleich möglich wäre.

b) Ein weiterer Weg, um diese Unterschiede deutlich hervortreten zu lassen, wäre der, für eine Reihe von Betrieben die geschäftliche Entwicklung tunlichst bis in jene Zeit zurückzuverfolgen, wo sie, was ja sehr häufig der Fall gewesen ist, noch Privatunternehmungen waren.

7. Konzessionierte Privatbetriebe.

Darunter wären solche private Unternehmungen zu verstehen, die von der Stadt konzessioniert sind, und die der Stadt häufig entweder in Form von Pacht oder in Form von Gewinnbeteiligung bestimmte Einnahmen abwerfen. Dabei wären der Inhalt der Verträge und die finanziellen Vorteile, welche der Stadt daraus erwachsen, anzugeben. Vielfach wird es sich dabei um Betriebe handeln, die in anderen Städten bereits im Eigenbetriebe der Stadt sind.

8. **Die allgemeine Stellung der Stadtverwaltung zu der Frage der Eigenbetriebe.**

Hierbei würde es sich darum handeln, auf Grund der Stadtverordnetenverhandlungen usw. ein Bild von der prinzipiellen Stellung der Stadtverwaltung zu der genannten Frage zu gewinnen, auch auf eventuelle Änderungen hinzuweisen, die sich nach dieser Seite hin vollzogen haben. Diese Darstellung könnte vielleicht mit einer Skizze der äußeren Geschichte der Gemeindebetriebe verbunden werden und dabei angegeben werden, warum anderweitig kommunalisierte Betriebe hier noch Privatbetriebe sind.

Die vorliegende Arbeit ist durch Herrn Dr. Sinzheimer in München beschafft worden und unter seiner Leitung entstanden, ihm gebührt daher ebenso wie dem Verfasser der Dank des Herausgebers. Obwohl sie den ihr gesteckten Rahmen dem Umfang nach um mehr als das Doppelte übersteigt, glaubte der Herausgeber sie als ersten Beitrag doch ungekürzt aufnehmen zu sollen.

Die Absicht, bei der Veröffentlichung dieser Spezialuntersuchungen, ähnlich wie bei den Untersuchungen über die Gemeindeverfassung, eine regionale Gruppierung zugrunde zu legen, ließ sich nicht ausführen, da es sich hier um rasch veraltende Arbeiten handelt, deren sofortiges Erscheinen nach ihrer Fertigstellung besonders erwünscht ist. Die nächsten Arbeiten werden voraussichtlich Magdeburg, Frankfurt a. M., Düsseldorf und Wien behandeln.

Tübingen, 1. Dezember 1908.

Carl Johannes Fuchs.

Inhaltsverzeichnis.

Seite

Erstes Kapitel. Die gegenwärtigen gewerblichen Betriebe d. Gemeindeverwaltung 3

I. Betriebe zur Produktion für den Verkehr (Befriedigung von Bedürfnissen der Gemeindeangehörigen) 3

1. Licht-, Kraft- und Wärmeversorgungsanstalten 3
   - a. Die Gasanstalt 3
   - b. Die Elektrizitätswerke 5
   - c. Die Straßenbeleuchtung 7
2. Die Wasserversorgung 7
3. Die Weinkellerei mit dem Ratskeller 8
4. Die Straßenbahn 9
5. Anstalten und Einrichtungen für Marktwesen und Handel 10
   - a. Der Schlacht- und Viehhof 10
   - b. Die Freibank 11
   - c. Die Schranne mit dem Hopfenmarkt 12
   - d. Das ehemalige Stadtlagerhaus 12
   - e. Die Lebensmittelmärkte 13
   - f. Die Märkte für Holz und Torf, Stroh und Heu 14
   - g. Die Dulten 14
   - h. Die Stadtwagen 14
   - i. Die Eichanstalten 14
   - k. Die Lände 14
6. Die Sparkasse 15
7. Die Pfandleihanstalt 16
8. Die Badeanstalten 17
9. Anstalten und Einrichtungen für die Stadtreinigung 17
   - a. Die Kanalisation 17
   - b. Die Straßenreinigung und die Hausunratabfuhr 18
10. Die Desinfektionsanstalt 20
11. Die thermische Tierleichenvernichtungsanstalt 20
12. Das Plakatwesen 21
13. Der Stiftungsforst Kasten 21

II. Betriebe zur Beschaffung von Diensten und Nutzleistungen für den Eigenbedarf des Gemeindehaushalts. Und zwar:

A. für den Gemeindehaushalt in erster Linie, aber auch zur Benutzung durch Private:

1. Die Stadtgärtnerei 22

Seite
2. Die Gemeindezeitung 23
3. Der Holz- und Kohlenhof 24
B. für den Gemeindehaushalt ausschließlich:
1. Der Marstall 24
2. Die ehemalige Steindruckerei 24
III. Die gewerbliche Verwertung des Gemeindegrundbesitzes 24
1. Allgemeine gewerbliche Verwertung 24
2. Die Gemeindegebäude 25
3. Die landwirtschaftliche Verwertung 25
Zweites Kapitel. Frühere und gegenwärtige konzessionierte Privatbetriebe . 27
1. Die Gasanstalt 27
2. Die Straßenbahn 42
3. Das Plakatwesen 53
4. Die chemische Verarbeitung des Hausunrats 58
Drittes Kapitel. Die Bedeutung der gewerblichen Betriebe für den Gemeindehaushalt 60
Viertes Kapitel. Die Preispolitik bei den gemeindlichen Betrieben 87
Fünftes Kapitel. Die Ausführung häufig wiederkehrender Arbeiten 152
Sechstes Kapitel. Gemeinde- und Privatbetrieb 155
Siebentes Kapitel. Die allgemeine Stellung der Gemeindeverwaltung zu der Frage des eigenen Betriebes 168

Erstes Kapitel[1].

Die gegenwärtigen gewerblichen Betriebe der Gemeindeverwaltung.

I. Betriebe zur Produktion für den Verkehr (Befriedigung von Bedürfnissen der Gemeindeangehörigen).

1. Licht-, Kraft- und Wärmeversorgungsanstalten.

a. Die Gasanstalt.

Die Münchener Gasanstalt verdankt ihre Entstehung dem Schweizer Bankier Kohler, der im Jahre 1848 von der Stadtverwaltung die Konzession zum Bau einer Gasanstalt erhielt. Mit der bald darauf konstituierten „Gasbeleuchtungsgesellschaft München" schloß die Gemeinde einen Vertrag von 25jähriger Dauer zur Versorgung der Stadt mit Gasbeleuchtung. Im Jahre 1863 wurde der Vertrag mit der Gesellschaft auf weitere 36 Jahre bis zum 1. November 1899 verlängert. Seit Ablauf dieser Frist befindet sich die Gasanstalt in Regie der Gemeinde. Zur Zeit bestehen zwei Werke, das eine Thalkirchnerstraße, das andere Am Kirchstein gelegen. Ein drittes Werk bei Moosach ist im Bau begriffen. Der Anlagewert der gesamten Gasanstalt wurde am Ende des Jahres 1906 mit 12½ Millionen Mark angegeben.

Die Gasabgabe erfolgt sowohl zur Straßenbeleuchtung, als auch an städtische und königliche Gebäude und an Private zu Leucht-, Heiz-, Koch- und technischen Zwecken. Sie betrug:

[1] Die statistischen Angaben in dieser Abhandlung sind teils nach den gemeindlichen Verwaltungsberichten, teils nach den vom städtischen Statistischen Amt herausgegebenen Münchener Jahresübersichten zusammengestellt.

im Jahre	1891—1895	durchschnittlich	15 201 000 cbm
„ „	1896—1900	„	16 582 000 „
„ „	1900	. . . .	17 184 000 „
„ „	1901	. . . .	17 390 000 „
„ „	1902	. . . .	17 645 000 „
„ „	1903	. . . .	18 586 000 „
„ „	1904	. . . .	19 754 000 „
„ „	1905	. . . .	22 005 000 „
„ „	1906	. . . .	24 847 000 „

Hiervon entfielen, nach der Verwendungsart geschieden, auf:

Jahr	Leuchtgas				Heiz- und Kochgas		Motorengas		Nutzbare Gesamtabgabe pro Kopf der Bevölkerung
	Privatbeleuchtung		Straßenbeleuchtg.						
	cbm	% der nutzbaren Abgabe	cbm	% der nutzbaren Abgabe	cbm	% der nutzbaren Abgabe	cbm	% der nutzbaren Abgabe	cbm
1	2	3	4	5	6	7	8	9	10
1900	9 903 000	64,2	1 774 000	11,6	2 022 000	13,1	1 717 000	11,1	31
1901	9 497 000	61,5	1 896 000	12,3	2 684 000	17,4	1 371 000	8,9	31
1902	9 381 000	59,5	2 005 000	12,7	3 269 000	20,7	1 115 000	7,1	31
1903	9 522 000	57,2	2 115 000	12,7	4 062 000	24,4	944 000	5,7	32
1904	10 005 000	54,8	2 212 000	12,1	5 140 000	28,2	897 000	4,9	35
1905	10 222 000	50,6	2 337 000	11,6	6 840 000	33,9	783 000	3,9	38
1906	10 249 000	44,4	2 460 000	10,6	9 688 000	41,9	713 000	3,1	43

Der Rest verteilte sich auf Selbstkosten und Verlust.

Der Verbrauch von Heiz- und Kochgas ist demnach stark im Steigen begriffen und beträgt zur Zeit etwa die Hälfte der gesamten Gasabgabe. Der Verbrauch von Motorengas dagegen befindet sich in Abnahme. Ebenso hat auch die Zahl der Gasmotoren eine ständige Minderung erfahren. Sie ist von 432 mit 2681½ PS. im Jahre 1899 bis auf 209 mit 1689½ PS. im Jahre 1906 gesunken.

Die Zahl der Konsumenten belief sich:

im Jahre	1900	auf	14 110	in	6086	Anwesen
„ „	1901	„	15 289	„	6413	„
„ „	1902	„	16 992	„	6741	„
„ „	1903	„	19 224	„	7097	„
„ „	1904	„	21 331	„	7436	„
„ „	1905	„	27 987	„	8211	„
„ „	1906	„	35 404	„	8876	„

An Nebenprodukten wurden gewonnen:

Jahr	Koks t	Teer t	Ammoniak t	Cyan t	Graphit t
1900	33 095	3 482	?	?	123
1901	29 725	3 381	84	?	122
1902	33 675	3 261	82	?	81
1903	35 757	3 113	91	342	103
1904	39 194	3 480	99	235	90
1905	42 460	3 847	105	60	101
1906	47 176	4 587	114	180	101

Die Zahl des Verwaltungs- und Betriebspersonals betrug End 1900 64, die Zahl der Lohnarbeiter schwankte: 330 wurden ständige 287 außerdem zeitweise beschäftigt. Für Ende 1906 sind die Zahlen mit 158 für Verwaltungs- und Betriebspersonal und mit 678 für Lohnarbeiter angegeben.

b. Die Elektrizitätswerke.

Im Jahre 1882 fand in München eine internationale Elektrizitätsausstellung statt. Angeregt durch diese Ausstellung wollte die Gemeindeverwaltung auch für einige Straßen in München elektrische Beleuchtung einführen. Der Gasbeleuchtungsgesellschaft gelang es jedoch, die Ausführung dieser Absicht zu verhindern. Sie behauptete, ein alleiniges Recht auf Versorgung der öffentlichen Straßen und Plätze mit Licht zu besitzen, und das für Streitfälle kompetente Schiedsgericht stimmte ihr bei. Erst im Jahre 1891 ließ sie sich gegen gewisse Zugeständnisse in einem Vertrage herbei, der Gemeinde den Bau und Betrieb einer elektrischen Zentrale mit zunächst 300 PS., vom Jahre 1896 ab mit 600 PS. zu gestatten. Im Jahre 1893 wurden darauf zwei kleine Wasserkraftwerke, das Westenrieder- und das Muffatwerk, erbaut. Nur wenige Jahre später wurde dann eine neue Wasserkraftanlage, das Maximilianswerk, errichtet und die Dampfkraftanlage des Muffatwerkes erweitert. Der Betrieb des kleinen Westenriederwerkes wurde, da er sich als unwirtschaftlich [1] herausgestellt hatte, am 1. Januar 1897 eingestellt und das Werk an eine Privatfirma verpachtet. An Private wurde Strom in den ersten Jahren nur in sehr bescheidenem Umfange abgegeben. Am 1. November 1899 hörte mit dem Ablauf der Konzession die Abhängig-

[1] Nach Sonderabdruck aus der Zeitschrift des Vereins deutscher Ingenieure „Die Elektrizitätswerke der Stadt München" von K. Meyer, S. 2.

keit von der Gasbeleuchtungsgesellschaft auf. Man ging daher schon im Jahre 1897 an eine abermalige Erweiterung des Muffatwerkes, das hauptsächlich den Strom für die Straßenbahn liefern sollte, und an den Bau einer großen, den Bedürfnissen der Gemeinde entsprechenden Dampfkraftanlage, des Werkes an der Isartalst.aße (früher Staubstraße). In den letzten Jahren ist dann noch bei Moosburg ein großes Wasserwerk (Uppenborn-Kraftwerk) erbaut worden, das sich seit dem Jahre 1907 in Betrieb befindet.

Die Gesamtanlagekosten der Werke betrugen Ende 1906: 20 580 000 ℳ

Die Gesamtstromabgabe belief sich:

	Kilowattstunde	Kilowattstunde auf 1 Einwohner
im Jahre 1897 auf . .	1 741 300	4,0
„ „ 1900 „ . .	9 427 900	19,2
„ „ 1903 „ . .	11 422 900	22,1
„ „ 1905 „ . .	13 283 900	24,9
„ „ 1906 „ . .	14 794 800	27,2

Davon wurden abgegeben:

Jahr	an Private und städtische Gebäude				für Straßenbeleuchtung	% der gesamten Abgabe	an die Straßenbahn	% der gesamten Abgabe
	für Licht	% der gesamten Abgabe	für Kraft	% der gesamten Abgabe				
1	2	3	4	5	6	7	8	9
—	KW-Std.	—	KW-Std.	—	KW-Std.	—	KW-Std.	—
1897	—	—	—	—	1 162 400	66,8	496 300	28,5
1900	1 697 300	18,0	1 113 000	11,8	1 094 300	11,6	5 178 500	54,9
1903	2 657 700	23,2	1 463 600	12,8	1 117 100	9,8	6 191 000	54,2
1905	3 241 700	24,4	2 250 700	16,9	1 056 500	7,9	6 189 700	46,6
1906	3 775 800	25,5	2 160 300	14,7	1 142 300	7,7	7 383 400	49,9

Die Zahl der angeschlossenen Anlagen war:

im Jahre 1898 . . .	786
„ „ 1900 . . .	1327
„ „ 1903 . . .	2022
„ „ 1905 . . .	2802
„ „ 1906 . . .	3064

Der Personalaufwand betrug im Jahre 1900 25 Beamte, 114 ständig beschäftigte und 118 weiter beschäftigte Lohnarbeiter; im Jahre 1906 ergab sich ein Personalbestand von etwa 200 Köpfen durchschnittlich, die Zahl der Lohnarbeiter schwankte.

c. Die Straßenbeleuchtung.

Sie bildet die Ergänzung zu den Betrieben Gasanstalt und Elektrizitätswerken.

Es waren vorhanden:

Jahr	Lampen überhaupt	elektrische Lampen	Gas-lampen	Petroleum-lampen	auf 1000 Einwohner treffen Lampen	auf 1 ha des Burgfriedens treffen Lampen
1	2	3	4	5	6	7
1891	5 300	257	4954	89	15	0,828
1895	5 133	792	4242	99	13	0,750
1900	7 711	1094	6297	320	16	0,887
1906	10 204	1384	8377	443	19	1,163

Der Personalbestand war:

im Jahre 1890: 3 Beamte ? Lohnarbeiter
„ „ 1900: 7 „ ca. 172 ständig beschäftigte Lohnarbeiter
„ „ 1906: 9 „ „ 219 „ „ „

Nach Bedarf wurde Aushilfspersonal genommen.

2. Die Wasserversorgung.

Seit alters her wurde ein Teil der Stadt durch eine städtische Leitung mit Wasser versorgt. Ende der 70er Jahre des vorigen Jahrhunderts wurde das Wasser sieben städtischen und sechs Hofbrunnenwerken entnommen. Zur Zeit erfolgt die Wasserversorgung durch die Hochquellenleitung aus dem Mangfalltale (40 km und weiter von München), die in den Jahren 1880—1893 erbaut und bis in die letzten Jahre hinein erweitert worden ist. Der Hochbehälter liegt bei Deisenhofen, 9 km von der bebauten Stadt, und vermag 37 500 cbm zu fassen.

Die Anlagekosten des Gesamtwerkes betrugen Ende des Jahres 1906 rund 22 Millionen Mark.

Die Wasserabgabe erfolgte vor dem Jahre 1899 entweder nach der Eiche oder nach Wassermessern. Seit dem Jahre 1899 erfolgt sie in der Regel nach Wassermessern und nur noch bei besonderer Genehmigung des Magistrats nach der Eiche. Einen Einblick in das Wachstum und den Umfang der Wasserversorgung möge folgende Zusammenstellung gewähren.

Jahr	Gesamtwasserabgabe pro Tag	pro Tag und pro Kopf der Bevölkerung	Länge			Zahl der Anschlüsse
			der Druckleitung	des Stadtrohrnetzes	der Zuleitung	
1	2	3	4	5	6	7
—	cbm	l	m	m	m	—
1885	19 600	75	18 279	142 605	31 946	5 433
1890	31 300	90	18 279	187 774	31 946	7 936
1900	99 500	203	37 111	325 375	63 353	13 024
1906	117 410	216	37 111	401 452	68 458	15 291

An Personen waren im Betriebe der Wasserversorgung beschäftigt im Jahre 1906 63 etatmäßig angestellte Beamte, 27 ständig und 28 weiter beschäftigte Arbeiter.

3. Die Weinkellerei mit dem Ratskeller.

Schon in alter Zeit besaß der Magistrat die Weinschenkgerechtsame und unterhielt mehrere Trinkstuben, die im Laufe späterer Zeiten aber wieder eingingen[1]. Im Jahre 1874 wurde von der Gemeinde im Kellergeschosse des Rathauses eine Weinwirtschaft eingerichtet, der Ratskeller, und an einen Restaurateur verpachtet. Dieser war verpflichtet, bis zu sechs Sorten Wein, die ihm vom Magistrat geliefert wurden, Regiewein genannt, auf Verlangen an die Gäste abzugeben. Das Personal der Weinkellerei bestand lediglich aus einem städtischen Küfermeister, der sich seinerseits nach Bedarf Aushilfskräfte mietete. Der Magistrat bezog nämlich Wein in größeren Mengen direkt vom Produzenten, um ihn dann in seiner Weinkellerei auf Flaschen zu ziehen und an Private zu verkaufen. Vom Jahre 1905 hörte die Verpachtung des Ratskellers auf, und der Inhaber desselben erhielt eine seinem Absatz entsprechende nach Prozenten bestimmte Vergütung. Zum Verkauf kommen außer deutschen und französischen Schaumweinen nur Regieweine.

Im Jahre 1906 wurden an Weinen abgesetzt:

103 121½ Flaschen Pfalzweine, 14 074½ Flaschen Rheinweine, 24 283½ Flaschen Mosel- und Saarweine, 6650½ Flaschen Frankenweine, 23 210 Flaschen badische Weine, 18 259½ Flaschen österreich-ungarische Weine, 9611 Flaschen Bordeauxweine, 6051 Flaschen Burgunderweine, 10 847½ Flaschen deutsche Schaumweine und 3019 französische Schaumweine. Von der Gemeinde beschäftigt wurden im Jahre 1906 13 Personen.

[1] Verwaltungsbericht 1877/87, S. 18.

4. Die Straßenbahn.

Eine Straßenbahn besitzt München seit dem Jahre 1876. Nach langen Verhandlungen mit verschiedenen Unternehmern (Baron Mollerus) erhielt der Industrielle Otlet aus Brüssel im genannten Jahre von der Gemeindeverwaltung auf bestimmten Strecken die Konzession zum Bau und Betrieb einer Pferdebahn für die Dauer von 30 Jahren. Als sich dann im Laufe der Jahre eine Erweiterung des Straßenbahnnetzes als notwendig herausstellte, schloß im Jahre 1882 die Stadtverwaltung mit der inzwischen als Nachfolgerin Otlets gegründeten „Münchener Trambahn-Aktiengesellschaft" einen für 25 Jahre gültigen Vertrag, demzufolge die Gesellschaft den Betrieb der schon bestehenden Linien fortsetzte und den Bau und Betrieb einiger neuer, bestimmt bezeichneter Linien übernahm. Durch den Vertrag vom 17. Februar 1892 übernahm dann in der Folgezeit den Bau neuer Linien die Gemeinde, während die Gesellschaft den Betrieb führte.

Im Jahre 1883 wurde auf einer neuerbauten Linie der Dampftrambahnbetrieb eröffnet, im Jahre 1895 auf den kommunalen Linien der elektrische Betrieb eingeführt. Vom 15. August 1900 ab wurden alle Linien elektrisch betrieben. Seit dem 1. Juli 1897 ging der ganze Betrieb gemäß dem Vertrage vom 25. Oktober 1897 für Rechnung der Stadtgemeinde, während der Gesellschaft nur die Leitung und Verwaltung verblieb. Am 1. Juli 1907 war die Konzession der Gesellschaft abgelaufen, und seitdem befindet sich die Straßenbahn in Regie der Gemeinde.

Der Anlagewert des Unternehmens belief sich am 30. Juni 1906 auf 13 381 872 ℳ. — Außer Fahrscheinen für den direkten Verkehr und für den Umsteigeverkehr werden auch Streckenfahrscheinhefte und Zeitkarten (Strecken- und Netzkarten, Schülerkarten) ausgegeben.

An Fahrgästen wurden befördert:

im Jahre:	auf Fahrscheinen [1]:
1897/98	28 309 520
1898/99	33 526 637
1899/1900	38 594 469
1900/01	44 968 614
1901/02	45 576 105
1902/03	44 983 398
1903/04	40 704 693

[1] Nicht eingerechnet sind hier die auf Zeitkarten und Freikarten beförderten Personen.

im Jahre:	auf Fahrscheinen:
1904/05	40 705 186
1905/06	45 524 263
1906/07	53 887 384

Die nutzkilometrischen Leistungen[1] beliefen sich

im Jahre	1891/95	durchschnittlich	auf	4 539 454	km
„ „	1896/1900	„	„	6 662 994	„
„ „	1900/01	„	„	11 389 524	„
„ „	1901/02	„	„	11 923 201	„
„ „	1902/03	„	„	11 298 370	„
„ „	1905/06	„	„	12 648 746	„
„ „	1906/07	„	„	15 827 325	„

Die Länge der im Betriebe befindlichen Geleise betrug:

im Jahre	1900/01	. . . . .	93,411 km
„ „	1903/04	. . . . .	97,990 „
„ „	1906/07	. . . . .	115,717 „

Der Fahrpark bestand im Jahre 1907 aus 312 Motorwagen und 309 Anhängewagen.

Der Personalaufwand belief sich im Jahre 1897/98 auf 828 Personen, im Jahre 1904/05 auf 1185, im Jahre 1906/7 auf 1666 Personen.

Erwähnt sei noch, daß durch Vertrag vom Jahre 1905 mit der Kgl. bayr. Postverwaltung dieser die Benutzung der Geleise zur Beförderung von Postsachen mittels besonderer Motorwagen gestattet ist.

5. Anstalten und Einrichtungen für Marktwesen und Handel.

a. Der Schlacht- und Viehhof.

Zu seinem Bau sah sich die Gemeindeverwaltung Ende der 70er Jahre genötigt infolge sanitärer Mißstände und der Unmöglichkeit einer ordnungsgemäßen und erfolgreichen Beschau des geschlachteten Viehes. Vollendet wurde der Bau im Jahre 1878; in den letzten Jahren ist er mehrfach erweitert worden.

Die Gesamtanlagekosten betrugen Ende des Jahres 1906 rund 10 600 000 *M*.

Im Viehhofe finden auch die Vieh- und Pferdemärkte statt.

[1] Für die Dampfstraßenbahn sind Zug- (nicht Wagen-) nutzkilometer eingesetzt, für die Anhängewagen der elektrischen Trambahn die volle Zahl der Nutzkilometer. (Münch. Jahresübersichten.)

Es wurden zu Markte gebracht:

Jahr	Großvieh	Kälber	Schweine	Schafe und Ziegen	Lämmer, Kitze, Spanferkel	Gesamtzahl
1	2	3	4	5	6	7
1880	50 752	166 249	77 637	8 837	6 380	309 855
1890	64 109	178 056	128 336	5 263	14 262	390 026
1900	102 091	257 200	302 693	36 067	22 804	720 855
1903	123 119	224 911	289 077	29 765	23 059	689 931
1904	106 570	213 745	327 241	32 834	26 513	706 903
1905	111 996	221 785	256 433	47 850	20 328	658 392
1906	103 004	225 240	236 945	44 452	21 367	631 008

Es wurden geschlachtet:

Jahr	Großvieh	Kälber	Schweine	Schafe und Ziegen	Lämmer, Kitze, Spanferkel	Pferde	Hunde
1	2	3	4	5	6	7	8
1880	47 951	160 618	71 143	20 125		792	—
1890	60 737	172 022	119 156	49 915		1 728	—
1900	75 740	236 743	236 939	36 115	5 603	1 753	—
1903	72 257	204 920	223 595	29 914	7 109	2 459	166
1904	68 040	193 957	242 631	30 460	9 804	2 592	99
1905	70 546	201 793	198 800	33 596	6 120	2 898	110
1906	68 495	206 895	183 692	31 221	7 487	2 949	152

An Personal wurden beschäftigt im Jahre 1880 ca. 76 Personen, im Jahre 1906 ca. 150 Personen. Die Zahlen schwankten je nach Bedarf.

b. Die Freibank.

Sie wurde durch ein kurfürstliches Dekret vom Jahre 1764 ins Leben gerufen und dient als Verkaufsplatz für teils voll- teils minderwertiges Fleisch, welches nach der amtlichen Beschau als genußfähig und gesund befunden wurde.

Es wurden auf ihr verwertet:

Jahr	Großvieh	Kälber	Schweine	Schafe und Ziegen	Gesamtzahl
1	2	3	4	5	6
1905	$2278\frac{1}{4}$	1636	4334	180	$8928\frac{1}{4}$
1906	$2694\frac{1}{4}$	1971	3735	166	$8566\frac{1}{4}$

Das Personal der Freibank besteht aus einem städtischen Beamten, der sich nach Bedarf Aushilfskräfte mietet.

c. Die Schranne.

Die Schranne war lange Zeit hindurch bis in die fünfziger Jahre des vorigen Jahrhunderts nicht nur ein großer Getreidemarkt für die lokale Verzehrung, sondern zugleich durch die großen Zufuhren aus Ober- und Niederbayern der Mittelpunkt des süddeutschen Getreidehandels [1]. Schon im Jahre 1315 ließ Kaiser Ludwig der Bayer auf dem heutigen Marienplatze mehrere nach italienischer Bauart mit Bogen versehene Häuser aufführen, in denen auf der südlichen Seite die Krämerbuden, auf der nördlichen die Getreidehallen untergebracht wurden. Gegenwärtig ist die Schranne eine barackenartige Markthalle, in der einmal wöchentlich ein Getreidemarkt abgehalten wird. Seit 1853 wird in der Schranne auch der Hopfenmarkt abgehalten.

Der Umsatz an Getreide bezifferte sich

im Jahre 1905 auf 109 933 dz
" " 1906 " 116 377 "

Die Zufuhr zum Hopfenmarkte betrug

im Jahre 1905 4162 dz; verkauft wurden 3933 dz
" " 1906 3069 " ; " " 2620 "

An ständigem Personal waren in den letzten Jahren 9 Personen vorhanden.

d. Das ehemalige Stadtlagerhaus.

Als in der Mitte des vorigen Jahrhunderts mit der Erweiterung des Eisenbahnnetzes auch die Getreidezufuhren in immer ausgedehnterem Maße auf dem Schienenwege sich vollzogen, ging der Verkehr an der Schranne wegen ihrer Entfernung von der Bahnanlage immer mehr zurück. Im Jahre 1871 ging man daher an die Erbauung eines Lagerhauses an den Bahngeleisen. Die Aufgabe dieser städtischen Anstalt bestand darin, die ihm übergebenen Güter vom In- und Auslande nach Maßgabe der erhaltenen Aufträge einzulagern, während der Lagerung zu behandeln und sie gegebenenfalls weiter zu versenden. Hauptsächliche Handelsartikel waren Getreide, Malz und Hülsenfrüchte. Über zweieinhalb Jahrzehnte hindurch war der Geschäftsgang des Lagerhauses im all-

[1] Verwaltungsber. 1875, S. 162.

gemeinen zufriedenstellend. Ende der 90 er Jahre jedoch ging der Verkehr ständig zurück, und als dann infolge neuer Bahngeleisbauten und einiger sonstiger Terrainregulierungen eine Verlegung des Lagerhauses sich als notwendig erwies, entschloß man sich, es überhaupt ganz aufzuheben. Dies geschah im Jahre 1902[1].

Zur Veranschaulichung des Geschäftsumfanges seien einige Zahlen angeführt. Es betrug:

im Jahre	die Zahl der eingegangenen Waggons	Zahl der ausgegangenen Waggons
1872	2671	2319
1877	11233	11051[2]
1890	7665	7416
1896	7562	7127
1897	7571	7651
1898	5425	6180
1899	4246	4553
1900	4333	4337
1901	3694	3934

Beschäftigt waren:

im Jahre	1872	4	Beamte	23	Lohnarbeiter	durchschnittlich
„ „	1880	11	„	244	„	„
„ „	1890	22	„	43—172	„	
„ „	1902	44	Personen.		—	—

e. Die Lebensmittelmärkte.

Es sind deren zur Zeit vier an verschiedenen Stellen der Stadt vorhanden. Zur besseren Abwicklung des Verkehrs sind seitens der Gemeindeverwaltung für die Standorte Hallen und Buden erbaut. Zum Verkauf kommen Gemüse, Kartoffeln, Obst, Butter, Schmalz, Fische, Geflügel u. dgl.

Die Zahl der ständig von der Stadtgemeinde beschäftigten Personen betrug seit 1901 10. Außerdem wurde in Bedarfsfällen Aushilfspersonal gemietet.

---

[1] Die beiden am Orte ansässigen privaten Lagerhäuser, deren Konkurrenz die städtische Anstalt den gemeindlichen Verwaltungsberichten zufolge stets erfolgreich begegnet war, blieben weiter bestehen.

[2] Jahr des höchsten Umsatzes.

f. Holz- (nur für Brennholz) und Torfmärkte

finden mit Ausnahme der Sonn- und Feiertage täglich, Heu- und Strohmärkte zweimal in der Woche statt. An Personal wurden bei diesen kleineren Märkten etwa 13 Personen beschäftigt.

g. Die Dulten,

eine Art Jahrmarkt, werden dreimal im Jahre mit achttägiger Dauer abgehalten. Ihr Vorkommen läßt sich bis in das letzte Jahrzehnt des 13. Jahrhunderts zurückverfolgen. Sie stammen aus der Zeit der Zunftrechte, als es noch keine Konkurrenz im Handel und Gewerbe gab. Die Dulten verschafften gegenüber diesen Zunftrechten dem Publikum bei einem möglichst großen Warenangebot die Möglichkeit, seine Bedürfnisse von Fall zu Fall nach jeder Richtung hin zu befriedigen [1].

h. Die Stadtwagen.

Zur Zeit sind vier vorhanden. Sie haben die Bestimmung, das Gewicht von Waren und Gegenständen jeder Art durch Abwägen unter amtlicher Beglaubigung festzustellen. Es ist bei jeder eine Person beschäftigt.

i. Die Eichämter.

Die drei in München bestehenden allgemeinen Eichämter und ein Präzisionseichamt sind staatlich, doch erhält die Stadtgemeinde einen bestimmten Gebührenanteil. Außerdem besteht als gemeindliche Eichanstalt die Fässereichanstalt zur amtlichen Feststellung und Beglaubigung des Raumgehaltes, auf Verlangen auch des Taragewichtes von Fässern jeder Art. Das Personal der gemeindlichen Anstalt bestand in den letzten Jahren aus neun Personen.

k. Die Lände.

Man versteht darunter eine Uferstelle, welche zum Anlanden von Flößen eingerichtet und zu diesem Zwecke mit den nötigen Baulichkeiten versehen ist. Als für die Floßschiffahrt geeignete Flüsse kommen die Isar und ihr Nebenfluß, die Loisach, in Betracht. Die Einrichtung der Lände ist wohl so alt wie die Stadt selbst [2] und hatte in früheren Zeiten,

---

[1] Verwaltungsber. 1897, S. 168.

[2] Verwaltungsber. 1875, S. 179.

als die Verkehrswege zu Lande noch weniger entwickelt waren, größere Bedeutung[1]. Bis zum Jahre 1857 bestanden zwei Länden, von da ab drei. Im Jahre 1899 wurden die drei Länden in eine Zentrallände (bei Maria Einsiedel) vereinigt. Auf den Flößen wurden in früheren Jahren hauptsächlich Brennholz aller Gattung, Kalk, Gips, Kreide, Pech, Kohlen, Torf und Steine befördert. Auch heute noch werden trotz Konkurrenz der Eisenbahn nicht unbedeutende Quantitäten Brenn- und Nutzholz durch die Floßschiffahrt nach München gebracht. Im großen ganzen befindet sich aber der Ländverkehr gegenüber früheren Zeiten im Rückgang.

Im	Jahre	1880	kamen	an	5197 Flöße
„	„	1890	„	„	5629 „
„	„	1900	„	„	3589 „
„	„	1906	„	„	3875 „

Der Wertumsatz betrug nach Schätzung der Ländinspektion:

im	Jahre	1880	1 660 392 ℳ
„	„	1890	2 670 633 „
„	„	1900	2 782 390 „
„	„	1906	2 036 388 „

An Personal waren im Jahre 1906 5 Beamte und 6 Arbeiter beschäftigt.

6. Die Sparkasse.

Eine städtische Sparkasse wurde bereits im Jahre 1824 gegründet. Es war die sogenannte Alte Sparkasse. Sie hatte den Zweck, „den minderbemittelten Einwohnern, und besonders den arbeitenden und dienenden Klassen, Gelegenheit zur Ansammlung und nutzbringenden Anlage kleiner Ersparnisse zu verschaffen". Jedoch fand eine Beschränkung auf irgendwelche Klassen nicht statt. Fortgesetzte Kündigungen der Einlagen infolge von Krisen in der wirtschaftlichen Gesamtlage führten im Jahre 1860 zur Auflösung der Sparkasse. Noch im Jahre 1860 aber wurde die sogenannte Neue Sparkasse, die jetzige, gegründet zu dem nämlichen Zwecke wie die alte. Eine Beschränkung auf die unteren Volksklassen und auf die Grenzen des Stadtgebietes findet auch bei ihr nicht statt. Die Guthaben sind angelegt in Wertpapieren, Bankdepositen, Hypothekendarlehen und Darlehen an Gemeinden und Stiftungen.

---

[1] Verwaltungsber. 1875, S. 179.

Entwicklung und Umfang des Geschäftsbetriebes mögen folgende Zahlen veranschaulichen:

Jahr	Guthaben, einschließlich Zinsen	Zahl der Spargäste	Von den Gesamteinlagen treffen auf einen Spargast	Von den Gesamteinlagen treffen auf einen Einwohner	auf 1000 Einwohner treffen Spargäste
1	2	3	4	5	6
	ℳ		ℳ	ℳ	
1882	4 997 956	15 149	329,9	20,8	63,5
1890	16 941 601	44 079	384,3	51,2	133,0
1900	35 989 926	83 115	433,0	73,4	169,6
1906	56 973 994	115 566	493,0	104,8	212,4

Die Zahl der bei der Sparkasse beschäftigten Personen betrug:

im Jahre 1880 6
" " 1890 13
" " 1900 18
" " 1906 . . . . . 27.

7. Die Pfandleihanstalt.

Die Pfandleihanstalt verdankt ihr Entstehen dem Kurfürsten Maximilian Joseph, der im Jahre 1754 einem Kammerdiener das Privileg zum Betriebe eines „Versatzambts" erteilte. Im Jahre 1818 wurde sie von der Stadtgemeinde übernommen. „Sie verfolgt den Zweck, Leuten n momentaner Geldverlegenheit auf reeller Basis Mittel zu verschaffen, ohne sie zur Veräußerung ihres Eigentums zu veranlassen."

Als Pfänder werden angenommen:

1. alle beweglichen Sachen, die leicht und ohne Gefahr aufbewahrt werden können;
2. Reichsanleihe-Obligationen, bayrische Staatspapiere, Obligationen der Münchener Stadtanleihen und die Pfandbriefe einiger bayerischer Hypothekenbanken. Sie können bis zu 75 % des Kurswertes beliehen werden.

Der Verkehr ergab:

im Jahre	Zugang von Pfändern	ℳ 1000	Abgang von Pfändern	ℳ 1000
1880	365 303	3062	347 778	3002
1890	505 785	4371	374 939	3158
1900	440 403	4510	434 344	4330
1906	465 046	5184	467 058	5185

An Personal waren vorhanden:

im Jahre	1880	39	ständig beschäftigte Personen
" "	1890	44	" " "
" "	1900	52	" " "
" "	1906	58	" " "

Nach Bedarf wurde Aushilfspersonal herangezogen.

8. Die Badeanstalten.

An Badeanstalten bestehen das Karl Müller-Volksbad, ein massives Gebäude mit zwei großen künstlichen Schwimmbassins und Einrichtungen für Wannen-, Brause-, Dampf-, Sol- und Moorbäder; ferner 10 Brause- und Wannenbäder; das Schwimm-, Hütten- und Sonnenbad Maria Einsiedel; je ein Flußfreibad für Männer und für Frauen.

Das Karl Müller-Volksbad hat seinen Namen von dem Architekten Karl Müller, der seiner Vaterstadt München Grundstücke im Werte von anderthalb Millionen Mark schenkte, damit aus deren Erlös ein Volksbad, hauptsächlich für Unbemittelte, erbaut werde. Im Jahre 1901 ist das Bad eröffnet worden.

Die Brause- und Wannenbäder werden seit dem Jahre 1889 erbaut. Seit 1856 und 1875 bestehen die Freibäder. Mit ihnen sind neuerdings Licht- und Luftbäder verbunden.

Der Besuch der Bäder war im Jahre 1906:

Bäder	Männer	Frauen	zusammen
Volksbad	464 763	182 745	647 508
Brause- und Wannenbad .	?	?	571 156
Maria Einsiedel-Bad . .	?	?	17 368
Männerfreibad	141 360	—	141 360
Frauenfreibad	—	10 665	10 665

Die Anzahl der bei den Badeanstalten ständig beschäftigten Personen betrug 1906 etwa 90, dazu kam nach Bedarf Aushilfspersonal.

9. Anstalten und Einrichtungen für die Stadtreinigung[1].

a. Kanalisation.

In früheren Zeiten ging die Hauptmenge der Abwasser und Fäkalien in sogenannte Versitzgruben, der Rest in die vielen kleinen Bäche. Ein

[1] Wiewohl man diese Betriebe nicht gut als gewerbliche ansprechen kann (besser mag man sie vielleicht als Betriebe bezeichnen, bei denen anläßlich der Erfüllung

geringer Teil der Altstadt besaß auch Kanäle. Für die in den Jahren 1858—1873 entstandenen Max- und Ludwigvorstädte wurden sogenannte Siele, Röhren mit eiförmigem Profile, gelegt. Das Auftreten schwerer Epidemien machte aber eine ordentliche allgemeine Kanalisation für die ganze Stadt notwendig. Sie wurde deshalb 1880 in Angriff genommen. Der Ausbau dauert auch noch in der Gegenwart fort.

Die Fäkalien wurden früher an die nächstwohnenden Landwirte abgegeben. Seit dem Jahre 1878 erfolgte ihre Verfrachtung mit der Bahn durch das Zentralkomitee des Landwirtschaftlichen Vereins. Ihre Einleitung in die Kanalisation wurde zunächst verboten. Erst 1892 wurde sie gestattet, nachdem bereits ein großer Teil der Anwesen ihre Fäkalien heimlich durch die Kanalröhren abgeleitet hatte.

Die gesamten Abwasser gehen 6 km unterhalb der Maximiliansbrücke ohne jede Reinigung in die Isar. Für die Einführung von Fabrikabwassern in die Straßenkanäle sind jedoch zur Reinigung und Abkühlung (1906) vorhanden: 80 Klärbassins, 106 Kühlbassins und 47 gemauerte Fettfänge. Da das Gefälle der Isar beim Laufe durch die Stadt 27,3 m beträgt, so konnte von einer Pumpvorrichtung abgesehen werden.

Die Anlagekosten ergaben Ende 1906 rund 32 090 000 *M*. Die Länge der Kanäle betrug:

im	Jahre	1881	26 716 m	mit	5 106	angeschlossenen	Anwesen
„	„	1891	114 545 „	„	7 878	„	„
„	„	1900	218 225 „	„	10 912	„	„
„	„	1906	281 158 „	„	12 231 [1]	„	„

Beim Kanalbetriebe waren beschäftigt im Jahre 1906 28 Beamte, 39 ständig und 28 weitere Lohnarbeiter.

b. Die Straßenreinigung und die Hausunratabfuhr.

Bei der Straßenreinigung unterscheidet man Straßen mit geräuschlosem Pflaster, Straßen mit Steinpflaster und ungepflasterte Straßen. Letztere betrugen 1906 noch 57,5 % der gesamten Straßenfläche.

Die Reinigung der gepflasterten Straßen geschah von jeher durch die Hausbesitzer, während die Abfuhr des Kehrichts und ebenso auch

kommunaler Aufgaben Beiträge zur Kostendeckung erhoben werden), sind gemäß dem von dem Verein für Sozialpolitik ausgegebenen Fragebogen diese Betriebe mit behandelt worden.

[1] Die Gesamtzahl der Anwesen betrug 1906 15 463.

des Hausunrats von der Stadtgemeinde auf dem Submissionswege vergeben wurde. An ungepflasterten Straßen hatten die Hausbesitzer nur die Trottoirs zu reinigen, die Reinigung des Fahrdammes und die Abfuhr des Kehrichts geschah wiederum durch die Gemeinde. Außerdem übernahm die Gemeinde auf Grund besonderer Verträge und gegen Entgelt auch in den gepflasterten Straßen die Reinigung und die Unratabfuhr privater Anwesen. Die Ausführung derartiger Arbeiten lag dem Stadtbauamte ob. Nach Einführung des geräuschlosen Pflasters hielt man es für geboten, die Reinigung desselben einheitlich vorzunehmen und gründete zu diesem Zwecke 1895 eine gemeindliche Straßenreinigungsanstalt, der die gesamten Reinigungsarbeiten zu übertragen die Anwesenbesitzer in den mit Asphalt oder Holz gepflasterten Straßen gezwungen waren. Die Ausführung dieser Reinigungsarbeiten hat die Gemeinde privaten Unternehmern übergeben, gegenwärtig der „Münchener Straßenreinigungsanstalt, G. m. b. H."

Vom Jahre 1891 ab wurden Straßenreinigung und Hausunratsabfuhr getrennt gehandhabt und gesondert an Unternehmer vergeben.

Die Abfuhr des Hausunrats geschah in früheren Jahren nach fünf außerhalb der Stadt gelegenen Abladeplätzen. Da sich aber die Nachbargemeinden durch die Ablagerungen beeinträchtigt fühlten, unternahm man Versuche mit Verbrennung des Unrats. Allein man berechnete, daß das Verbrennungsverfahren sich zu kostspielig erweisen würde. Ein Vorschlag des hygienischen Instituts, die umliegenden Moorgründe anzukaufen und zu düngen, kam nicht zur Ausführung, weil die anwohnenden Bauern zu hohe Preise für die an sich völlig wertlosen Gründe verlangten. Schließlich erbot sich ein Konsortium, den Hausunrat zu übernehmen und als landwirtschaftlichen Dünger zu verarbeiten. Die Gemeinde ging darauf ein, es konstituierte sich eine Gesellschaft „Haus-Müll-Verwertung München, G. m. b. H.", und mit dieser kam es zum Konzessionsvertrage vom 27. Juli 1898. Der Hausunrat wird nunmehr mit der Bahn nach dem 16 km von München entfernten Puchheim verfrachtet und dort in einer chemischen Fabrik verarbeitet.

Der Unratabfall ergab:

Jahr	Einsammlung in München		Verfrachtung nach Puchheim	
	Sammelwagen	Inhalt in cbm	Verfrachtete Waggons	Inhalt nach cbm
1898	48 280	137 598	6 029	68 730
1906	62 275	177 384	15 555	177 327

Das von der Stadtgemeinde beschäftigte Personal waren bei der Straßenreinigung 5 Beamte (die Zahl der beschäftigten Arbeiter ist von dem beim Straßenbau beschäftigten Arbeiterpersonal nicht ausgeschieden) und bei der Hausunratabfuhr 6 Beamte.

10. Die Desinfektionsanstalt.

Sie wurde im Jahre 1892 wegen der drohenden Choleragefahr ins Leben gerufen, und zwar zunächst als provisorische Anstalt. Erst seit 1895 ist sie eine ständige Gemeindeanstalt. Sie dient dazu, der Desinfektion bedürfende bewegliche Gegenstände, ferner Räume und Personen in und außerhalb der Anstalt gegen Bezahlung einer Gebühr zu desinfizieren.

Desinfiziert wurden:

in den Jahren 1892/95 durchschnittlich 32 086 Gegenstände (Wäsche, Bettstücke usw.)
„ „ „ 1896/1900 „ 35 799 Gegenstände [1]
im Jahre 1901 . . . . . . 13 575 „
„ „ 1906 . . . . . . 17 735 „
„ „ 1896 . . . . . 82 private Wohnräume
„ „ 1901 . . . . . 138 „ „
„ „ 1906 . . . . . 525 „ „

Es waren im Jahre 1906 ein Betriebsleiter und 6 Arbeiter vorhanden.

11. Die Thermische Tierleichenvernichtungsanstalt

besteht seit 1894. Sie entspricht etwa der Abdeckerei in kleineren Städten und hat die Aufgabe, Tiere, die wegen Krankheit oder aus anderen Gründen umgebracht werden müssen, zu töten und unschädlich zu beseitigen. Außerdem befindet sich in der Anstalt auch eine Abteilung zur Pflege und Beobachtung seuchenkranker und -verdächtiger sowie herrenloser Tiere. Aus der Verarbeitung der Kadaver werden verschiedene Produkte gewonnen, Dünger, Fett, Häute usw.

Zur Vernichtung kamen:

Jahr	Pferde	Rinder	Kälber, Schweine, Schafe usw.	Hunde, Katzen	Wild	Geflügel	insgesamt
1	2	3	4	5	6	7	8
1896/1900 durchschn.	307	17	58	1391	176	3793	5742
1901/1905 „	249	12	48	1774	166	5632	7881
1906	196	12	56	1717	123	5081	7185

[1] 1897 wurden für das Krankenhaus l. d. Isar allein 99 818 Stück desinfiziert.

Gewonnen wurden:

im Jahre 1896/1900	durchschnittl.	73 000 kg Fleischdünger,	19 400 kg Fett
„ „ 1901/05	„	93 100 „ „	22 900 „ „
„ „ 1906		91 500 „ „	21 000 „ „

Beschäftigt waren in der Anstalt 1 Betriebsleiter und 2 Arbeiter.

12. Das Plakatwesen.

Eine einheitliche Regelung fand das Plakatwesen in München etwa vom Jahre 1862 an. Auf Magistratsbeschluß wurde damals der Firma M. A. Hartl an bestimmten öffentlichen Plätzen die Aufstellung von Plakattafeln und Plakatsäulen gestattet. Errichtet wurden letztere jedoch erst im Jahre 1881. In der Folge wurde zwar auch anderen Unternehmern die Genehmigung zur Anbringung von Plakattafeln an Gemeindegebäuden gestattet, aber im allgemeinen besorgte das genannte Institut den Betrieb bis auf den heutigen Tag fast ausschließlich.

Im Jahre	waren vorhanden Säulen	Tafeln	qm
1881	29	31	205
1891	41	110	2225
1906	ca. 73	?	1899

13. Der Stiftungsforst Kasten.

Der Forst gehörte schon seit alten Zeiten zum städtischen Heiligen Geist-Spital in München. Bis zum Jahre 1892 stand der forstwirtschaftliche Betrieb unter der Leitung eines vom Magistrate angestellten Betriebstechnikers. Von da ab übernahm dann der Staat die Betriebsleitung. Der Stadtgemeinde wurde fortan nur die Betriebsausführung überlassen. Sie besorgt diese durch einen in ihrem Dienste stehenden Förster, dem zur Unterstützung ein Forstgehilfe beigegeben ist.

Die Größe des Forstes umfaßte im Jahre 1906 rund 791 ha, sein Wert wurde auf rund 1 108 000 ℳ veranschlagt.

An Material wurden in demselben Jahre gewonnen und abgesetzt:

aus der Forsthauptnutzung 2701 cbm Nutzholz, 1642 Ster[1] Brennholz, 1659 Ster Stockholz;

---

[1] 1 Ster = 0,769 qm.

aus der Forstnebennutzung 54 Ster Gras, Laub und Moos, 71 Fuhren Sand und 24000 Stück Waldpflanzen.

An Arbeitern wurden im Jahre 1906 22 ständig beschäftigt. Nach Bedarf wurde Aushilfspersonal angenommen.

II. Betriebe zur Beschaffung von Diensten und Nutzleistungen für den Eigenbedarf des Gemeindehaushalts,

und zwar

A. für den Gemeindehaushalt in erster Linie, aber auch für Benutzung durch Private.

1. Die Stadtgärtnerei.

Die Stadtgärtnerei ist eine Abteilung des Stadtbauamts. Durch sie erfolgte von jeher die Anlegung und der Unterhalt der städtischen Promenadenpflanzungen und Alleen. Gegenwärtig erstreckt sich ihre Tätigkeit auf die Anfertigung von Plänen, Kostenvoranschlägen und Ausführungen neuer Anlagen und Alleen, auf den Unterhalt sämtlicher Schmuck-, Spiel- und Sportplätze, auf Herstellung und Unterhalt der Pflanzungen in den Friedhöfen, Kranken- und Schulhäusern und anderen städtischen Anstalten, auf Reinigung der öffentlichen Denkmäler und Gedenktafeln, Ausführung von Dekorationen bei festlichen Anlässen, Empfängen und Ehrungen. Zu diesen Zwecken unterhält sie eigene Baumschulen und Gewächshäuser, aus denen sie auch an Private Bäume und Pflanzen verkauft. Sie übernimmt ferner gelegentlich auch Dekorationsarbeiten für fremde Rechnung.

Ein ungefähres Bild von der Entwicklung ihres Betriebsumfanges läßt sich aus folgenden Zahlen entnehmen. Es waren an städtischen Anlagen und Alleen vorhanden:

Jahr	Zahl	Flächeninhalt ha	Länge der Alleen in km	Anzahl der Bäume
1890	102	109,30	46	?
1900	166	146,47	70,9	17191
1906	227	155,75	89,7	23538

Die Zahl des in der Stadtgärtnerei beschäftigten Personals schwankte je nach den Jahreszeiten. Sie ergab für das Jahr 1880 etwa 34 bis

65 Personen, für 1906 11 etatmäßig angestellte Beamte, 94 ständig beschäftigte und 232 weiter beschäftigte Arbeiter.

2. Die Gemeindezeitung.

Für Publikationen des Magistrats und aller städtischen Behörden erscheint seit dem Jahre 1871 wöchentlich zweimal ein zunächst für den Bedarf der städtischen Verwaltung bestimmtes, aber auch dem allgemeinen Abonnement zugängliches Amtsblatt, die „Münchener Gemeinde-Zeitung". Die Redaktion dieser Zeitung geschieht durch das Sekretariat des Magistrats, Druck und Expedition durch eine Privatfirma.

Die Gemeinde-Zeitung bringt ausführliche Berichte über alle öffentlichen Sitzungen des Magistrats, des Gemeindebevollmächtigten-Kollegiums, der Kgl. Lokal-Schul- und Lokal-Baukommission, des Armenpflegschaftsrats, dann über die seitens der Gemeinde betätigten Ehrungen und anderen feierlichen Veranstaltungen; ferner werden in ihr veröffentlicht ortspolizeiliche Vorschriften, statutarische Bestimmungen und Tarife, die gemeindebehördlichen Bekanntmachungen und endlich auch die Monats- und Wochenberichte des städtischen Statistischen Amts über alle Zweige der Gemeindeverwaltung. Aufnahme privater Annoncen findet ebenfalls seit Bestehen der Zeitung statt.

3. Der Holz- und Kohlenhof.

Er besteht seit dem Jahre 1873 und hat zur Aufgabe, einmal die Beschaffung von Brennmaterialien für die Gemeinde- und für die Stiftungsgebäude und sodann auch die Zufuhr dieser Materialien zu den einzelnen Gebäuden. Gasanstalt und Elektrizitätswerke verschaffen sich jedoch ihren Bedarf an Brennmaterialien selbst. Der Holz- und Kohlenhof besorgt ferner auch den Ankauf von Holz und Torf für den „Verein zur Unterstützung an Arme mit Brennmaterialien". Dagegen findet eine Lieferung an die Gemeindeangehörigen oder Gemeindebediensteten nicht statt.

Im Jahre 1906 wurden angekauft und abgegeben:

Material	Eingang	Abgabe an gemeindl. Anstalten	Abgabe an den Verein	Maß- oder Gewichtseinheit
Holz	14 231	12 158	6 125	Ster
Torf	18 438	—	18 352	Zentner
Kohlen und Briketts	217 362	209 977	850	Zentner
Feueranzünder	494	494	—	Kisten

Der Personalbestand schwankte entsprechend den Jahreszeiten, betrug im Jahre 1900 3 ständig beschäftigte Personen, 12—35 Lohnarbeiter; im Jahre 1906 3 ständig beschäftigte Personen und 13—45 Lohnarbeiter.

B. Betriebe für den Gemeindehaushalt ausschließlich.

1. Der Marstall.

Die Gründung des städtischen Marstalls reicht zurück bis in das Jahr 1410. Heute hat er vorzugsweise zur Aufgabe, die Bespannungsbereitschaft zu liefern für den Feuerlöschdienst sowohl der Berufs- wie der freiwilligen Feuerwehr, Chaisenfahrten auszuführen für die gemeindlichen Repräsentationen und Kommissionen, Lastfuhrwerke zu stellen für den gemeindlichen Straßenbau, für die Straßenreinigung, für die Unratabfuhr und für die Zufuhr des Holzes aus dem städtischen Holzhof in die gemeindlichen Anstalten.

An Betriebsmitteln waren vorhanden:

im Jahre 1906 70 Pferde und 46 Wagen;

an Personal:

im Jahre	1880	1	Betriebsleiter und	15	Kutscher
" "	1906	1	"	38	"

2. Die ehemalige Steindruckerei.

Bis zum Jahre 1873 wurde vom Armenpflegschaftsrate eine lithographische Anstalt gewerbsmäßig für privaten Bedarf betrieben. Vom Jahre 1873 ab wurde diese Anstalt von der Stadtverwaltung übernommen, um sie ausschließlich für die Zwecke der Gemeindebehörde zu lithographischen und autographischen Vervielfältigungen zu benutzen.

Beschäftigt wurden durchschnittlich immer etwa 4 Personen.

Im Jahre 1892 wurde die Anstalt aufgehoben.

III. Die gewerbliche Verwertung des Gemeindegrundbesitzes.

1. Allgemein gewerbliche Verwertung.

Die Gemeinde bezieht aus ihrem Grundbesitz Einnahmen durch Erhebung von Straßenbenutzungsgebühren in gewissen Fällen, durch Verpachtung von Jagdgrund und Eisbahnen, durch Verkauf von Sand und Steinen aus der Isar, durch Verkauf von Gras aus den Anlagen u. dergl.

Ein Ausweis für das Jahr 1906 ergab an:

Grundfläche qm	Grundwert M	Gebäudewert M	Gesamtwert M
51 882 848	260 023 657	78 653 769	338 677 426

Die Gemeindegründe im allgemeinen repräsentierten ein Reinvermögen von 51 ½ Mill. Mark.

Seit dem Jahre 1906 sind 6,9 ha des gemeindlichen Grundbesitzes zur Anlage von *sogenannten Schrebergärten in Angriff genommen.*

2. Die Gemeindegebäude.

Die Gemeinde vermietet ferner Räumlichkeiten in den ihr gehörigen Gebäuden an Private, soweit sie selbst die Räumlichkeiten nicht für ihre Zwecke braucht. So befinden sich z. B. im ganzen Erdgeschoß des neuen Rathauses, das in sehr lebhafter Geschäftsgegend liegt, Verkaufsläden.

3. Die landwirtschaftliche Verwertung.

Von dem städtischen Grundbesitz waren im Jahre 1906 landwirtschaftlich verwertet 1952,686 ha, und zwar verteilt sich diese Fläche auf die Güter Ismaning (mit Karlshof), Zengermoos und Peterhof.

Die Güter Ismaning und Zengermoos hat die Stadt 1899 von dem damaligen Besitzer derselben, Kommerzienrat v. Poschinger, für den Preis von 905 000 M erworben. Von diesem Kaufpreise sollten nach der Vereinbarung 800 000 M mit jährlicher Verzinsung von 4 % zur Dotierung einer Michael und Heribert v. Poschingerstiftung verwandt werden. Die verbleibende reine Rente des Stiftungskapitals sollte jährlich in folgender Weise verteilt werden:

25 % zur Förderung derjenigen Bestrebungen, welche die Beschaffung billiger und gesunder Arbeiterwohnungen in München bezwecken;

10 % dem Verein für Arbeiterkolonien;

20 % für Zöglinge des städtischen Kinderasyls und des städtischen Waisenhauses;

der Rest für andere Unterstützungsbedürftige und Kranke.

Das Kapital ist seitens der Stiftung unkündbar, kann aber von der Stadtgemeinde jederzeit ganz oder teilweise zurückgezahlt werden. Die Verwaltung ist von der Stadt einer städtischen Güterinspektion übertragen. Auf den Gütern Ismaning und Karlshof wird hauptsächlich Ackerbau und Spiritusbrennerei betrieben, nebenbei Gärtnerei; in Zengermoos neben der Landwirtschaft besonders Wiesen- und Torfwirtschaft.

Die städtischen Güter stellten Ende 1906 ein Reinvermögen von 610 000 M dar. Peterhof ist verpachtet. Der Viehbestand war:

im Jahre	Arbeitsvieh	Nutzvieh	Geflügel
1901	43 Stück	125 Stück	160 Stück
1906	60 „	173 „	130 „

Es wurden geerntet:

Jahr	Roggen Ztr.	Hafer Ztr.	Kartoffeln Ztr.	Heu und Grumt Ztr.	Milch l	Branntwein l	Torf Ztr.
1	2	3	4	5	6	7	8
1901	682	1885	11 810	6 500	127 073	42 333	225 459
1902	777	2017	4 780	8 450	127 581	47 268	165 472
1903	982	970	11 223	6 345	145 076	37 700	133 720
1904	798	1485	15 800	12 775	160 956	49 390	114 291
1905	1150	1946	15 840	14 094	154 783	49 483	225 253
1906	726	1810	13 600	7 000	176 024	44 754	202 992

Die Zahl der beschäftigten Leute betrug in den Jahren durchschnittlich etwa immer 250.

Damit ist in dem bisher Dargestellten ein allgemeiner Überblick über die gewerbliche Tätigkeit der Stadt München zu geben versucht worden. In ihrer Gesamtheit betrachtet, erscheinen die einzelnen Betriebe als Unternehmen eines einzigen Gewerbetreibenden, der Stadtgemeinde München. Es ist daher wohl am Platze, als Abschluß der Einzeldarstellungen ein zusammenfassendes Gesamtbild von dem Umfange dieses *einen* Betriebes, wenigstens nach einem äußeren Maßstabe, vor Augen zu führen. Dies soll durch eine Summierung der in den einzelnen gewerblichen Betrieben von der Gemeinde beschäftigten Personen geschehen.

Zwar unterlag die Zahl des Personals im Laufe eines Jahres je nach dem Bedarf von Arbeitskräften großen Schwankungen, und genaue Zahlen anzugeben hält darum schwer, zumal auch die Angaben über den Personalbestand, soweit sie überhaupt vorhanden sind, viel zu wünschen übrig lassen, aber immerhin geht man wohl nicht allzu sehr fehl, wenn man das in den gewerblichen Betrieben beschäftigte Personal für das Jahr 1880 auf durchschnittlich 600, für das Jahr 1907 (nach Übernahme der Straßenbahn in städtische Regie) auf durchschnittlich 3700 Personen angibt. Diese Ziffern würden bedeuten, daß im Jahre 1880 (230 000 Einwohner) auf 1000 Einwohner 2,61 und im Jahre 1907 (555 000 Einwohner) 6,31 in städtischen Diensten beschäftigte Personen entfielen. Das Anwachsen des Personals ist danach zwar merklich, doch gegenüber der Einwohnerzahl ist die Ziffer noch immer sehr gering.

Zweites Kapitel.

Frühere und gegenwärtige konzessionierte Privatbetriebe.

Unter den städtischen Betrieben haben wir einige kennen gelernt, die sich entweder in früheren Jahren oder auch noch in der Gegenwart nicht im Eigentume der Stadt befanden. Da diese Betriebe aber in irgendeiner Weise gemeindliche Interessen berührten bzw. berühren, hat die Gemeinde nur unter vertraglich geregelten Bedingungen Leitung und Verwaltung privaten Unternehmern überlassen. Wir bezeichnen hier solche Betriebe als konzessionierte Betriebe.

Gegenwärtig gehören zu solchen Betrieben nur noch das Plakatwesen und die chemische Verarbeitung des Hausunrats, früher zählten noch Gasanstalt und Straßenbahn dazu.

Es soll nun in diesem Kapitel auf das Vertragsverhältnis und auf die Gestaltung der Beziehungen zwischen Gemeinde und diesen konzessionierten Privatbetrieben näher eingegangen werden.

1. Die Gasanstalt.

Für den Betrieb der Gasanstalt war zunächst maßgebend der Vertrag zwischen der Stadtgemeinde München und dem Genfer Bankier Kohler vom 31. Oktober 1848. Darin waren in der Hauptsache nachstehende Vereinbarungen getroffen:

Der Bankier Kohler übernahm die Beleuchtung der öffentlichen Plätze und Straßen der Stadt mit Gas aus Steinkohlen auf die Dauer von 25 Jahren. Er hatte die ganze Anstalt mit allen Einrichtungen und sämtlichem Zubehör auf seine Kosten zu bestreiten. Dafür erhielt er von der Stadtgemeinde die Befugnis zur alleinigen Benutzung der öffentlichen Straßen und Plätze der Stadt zwecks Anlegung von Röhrenleitungen für eine Gasbeleuchtung. Für die notwendig werdende Erweiterung des Röhrennetzes war durch folgende Bestimmungen Sorge getragen worden: Der Unternehmer hatte die Fortsetzung über die vereinbarten Straßenzüge hinaus in jeder Zeit und in jeder Richtung zu gewähren, so oft ihm für eine Verlängerung von je 60 bayr. Fuß (= 17,51 m) Röhrenleitung von der Gemeinde und den Privaten zusammen ein Gaskonsum von 3000 engl. Kubikfuß (= 84,945 cbm) pro Jahr garantiert wurde. Außerdem konnte der Magistrat eine Vermehrung von 5000 bayer. Fuß (= 1459,30 m) Röhrennetz in beliebiger Richtung verlangen, sobald der Unternehmer einen Privatabsatz von 3000 Flammen, jede zu jährlich 1400 Stunden, und zu einem Konsum von $4^{1}/_{2}$ engl. Kubikfuß (= 0,127 cbm) pro Stunde gerechnet, erreicht haben würde. Die gleiche Vermehrung der Röhrenleitung konnte der Magistrat wiederum verlangen für jede weitere Ausdehnung des Privatabsatzes um 1000 solcher Flammen. Eine Konsumgarantie übernahm der Magistrat im übrigen nur bei der Straßenbeleuchtung für 1000 Lichter mit einem Verbrauch von $4^{1}/_{2}$ engl. Kubikfuß (= 0,127 cbm) pro Laterne oder Licht und Stunde. Er verpflichtete sich, jährlich 1400 Stunden für jede Laterne zur Straßenbeleuchtung zu verwenden, behielt sich aber Abweichungen von dieser Regel ausdrücklich vor. Genaue Vereinbarungen waren auch über das zur Verwendung kommende Gas getroffen. Es mußte so beschaffen sein, daß es im unangezündeten Zustande keine andere Wirkung hervorbrachte, als die von allen vorkommenden Gasen bekannte. Es mußte im Brennen eine weiße Flamme haben, durfte keinen üblen Geruch verbreiten und mit Ausschluß aller irgend schädlichen Verbrennungsprodukte nur Kohlensäure und Wasserdampf enthalten. Die Leuchtkraft mußte der von 7 Wachskerzen bester Qualität gleichkommen, von welchen 4 von 15 bayr. Zoll Länge ein Pfund wogen. Der städtischen Behörde war eine Kontrolle über die Qualität, Spannung, Druckkraft und Verbrauch des Gases freigestellt. Etwaige Mängel mußten abgestellt werden. Wenn während der Dauer des Vertrages eine Gas- oder Beleuchtungsart erfunden werden würde und benutzt werden könnte, welche in bezug auf Helligkeit, Reinheit und ruhiges Brennen des Lichtes oder andere Bequemlichkeiten weitere Vorteile gewährte, so war Unternehmer verpflichtet, jene auf Verlangen des Magistrats nach Übereinkunft sowohl bei der städtischen als auch bei der Privatbeleuchtung anzuwenden. Der Unternehmer war ferner verpflichtet, alle Beleuchtungsapparate während der ganzen Dauer des Vertrags in einem vorwurfsfreien Zustande zu erhalten. Für die Straßenbeleuchtung erhielt er folgende Vergütungen: Für jede Laterne, welche in einer Stunde $4^{1}/_{2}$ engl.

Kubikfuß (= 0,127 cbm) konsumierte und jährlich 1400 Stunden mit der bedungenen Helligkeit brannte, waren ihm 22 fl. (= 37,71 ℳ) von der Gemeinde zu zahlen. Das entsprach nach heutiger Berechnung einem Preise von 21,1 Pf. pro 1 cbm. Dieser Preis sollte bei einer Konsumtion bis zu 1000 Laternen oder 6 300 000 engl. Kubikfuß Gas in Anrechnung kommen. Jeder Mehrbetrag sollte um 8 % pro Laterne oder pro engl. Kubikfuß weniger bezahlt werden. Von finanziellen Leistungen aus dem Unternehmen an die Stadtgemeinde war in dem Vertrage nichts enthalten. Für gewisse Fälle, in welchen der Unternehmer seinen Verpflichtungen nicht nachkam, konnte die Stadtgemeinde Konventionalstrafen verhängen. Für Streitigkeiten, die sich hierbei ergeben hätten, war ein Schiedsgericht zuständig, zu dem beide Parteien zwei Mitglieder zu wählen hatten; ein fünftes Mitglied wählten diese Mitglieder selbst.

Der Vertrag enthielt ferner eingehende Bestimmungen über die Benutzung der öffentlichen Straßen und Plätzen zu Zwecken der Gasbeleuchtung, über die Beschaffung der Leitungsröhren, über die Aufstellung der Kandelaber und Laternen[1] und über die Notbeleuchtung. Was die Notbeleuchtung betraf, so war der Unternehmer z. B. für den Fall, daß die Gasbeleuchtung wegen Explosion, Bruch in den Leitungsröhren, notwendiger Ausbesserungen oder sonst eines unerwarteten Hindernisses nicht stattfinden konnte, verpflichtet, eine entsprechende andere Beleuchtung herzustellen. Außer der Beleuchtung der S t r a ß e n mit Gas hatte er ferner auf Verlangen auch alle öffentlichen Gebäude mit Gas derselben Lichtstärke oder Helligkeit zu einem mit den betreffenden Verwaltungsbehörden besonders zu vereinbarenden billigen Preise zu versehen.

Für die getreue Erfüllung des Vertrages haftete der Unternehmer mit einer Kaution von 50 000 fl., von der er nach Inbetriebsetzung der Anstalt 30 000 fl. zurück erhielt. Außerdem räumte er der Stadtgemeinde auf das ganze Etablissement eine erste Hypothek in der Höhe von 100 000 fl. ein.

Nach 15 Jahren vom Vertragsschlusse ab hatte die Stadtgemeinde alljährlich das Recht, die ganze Gasanstalt mit allen ihren Rechten, Gebäuden, Röhrenleitungen, Laternen, kurz, das ganze zur Fabrikation des

[1] So hatte z. B. die Zahl der aufzustellenden Laternen der Magistrat zu bestimmen. Auch konnte er statt der Laternen an den Häusern oder auf Holzpfählen gußeiserne Kandelaber verlangen. Für den Fall jedoch, daß die Zahl der von ihm verlangten Kandelaber den dritten Teil der neu einzurichtenden Straßenflammen überstieg, sollten die Mehrkosten eines Kandelabers der Gesellschaft vergütet werden.

Gases und zur Beleuchtung gehörige Besitztum nach vorheriger einjähriger Ankündigungsfrist als Eigentum zu erwerben. Jedoch sollte in diesem Falle der Unternehmer nach Maßgabe der Rentabilität des Geschäftes entschädigt werden. Die Entschädigungssumme sollte durch das Schiedsgericht nach Einsicht der Geschäftsbücher und Rechnungen in der Weise festgesetzt werden, daß der durchschnittliche jährliche Nettobetrag des Geschäftes in den letzten 10 Jahren, wie er sich nach Abzug sämtlicher ihn beeinträchtigender Kosten ergab, mit $3^{1}/_{2}$ % zum Kapital erhoben würde. Das Durchschnittserträgnis mußte eine reine, unbelastete Rente sein. Das zur Gasfabrikation und zur Beleuchtung bestimmte Betriebsmaterial (Inventar, Material, Apparate und Leitungsröhren) mußte gehörig verzeichnet und nach vorgängiger Untersuchung in vollkommen gutem Zustande anerkannt sein. Insoweit dieser gute Zustand nicht vorhanden sein würde, sollte das Schiedsgericht nach Taxierung des Minderwertes durch Sachverständige feststellen, welcher Betrag von der Entschädigungssumme in Abzug zu bringen war. Mit dem Schlusse des 25. Jahres sollten alle vertraglichen Rechte und Ansprüche des Unternehmers sowohl gegenüber der Gemeindeverwaltung als auch den Privaten unbedingt aufhören, so daß, wenn nicht eine neue Übereinkunft geschlossen würde, ein fernerer Fabrikationsbetrieb oder Besitz der Leitungen auf städtischem Grund und Boden durch den Unternehmer nicht stattfinden sollte und der Magistrat die Wegschaffung der Laternen u. dgl., sowie Ausgraben der Röhren von dem Unternehmer gegen Verpflichtung desselben zur ordentlichen Wiederherstellung des Pflasters und der Wege durch die städtischen Pflasterer verlangen konnte. Der Magistrat behielt sich aber das Recht der Ablösung des Unternehmens sowie des Inventars nach vorgängiger Schätzung desselben nach billigem Ermessen des Preises ausdrücklich vor, ohne jedoch überhaupt von der Ablösung Gebrauch machen zu müssen.

Dies waren im wesentlichen die Bestimmungen, welche die Stadtgemeinde als solche berührten.

Für die Interessen der Einwohnerschaft im besonderen war durch folgende Vereinbarungen Vorsorge getroffen worden: Der Unternehmer war verpflichtet, den Privatpersonen, welche eine Gasbeleuchtung wünschten, unter der Voraussetzung das Gas in gleich guter Beschaffenheit wie für die Stadt entweder im festen Abonnement oder nach dem Maße zu liefern, daß die Preise für das abgegebene Gas nicht höher als 6 fl. pro 1000 engl. Kubikfuß (= 34 Pf. pro 1 cbm) sein und nie unter dem Preise des an die Gemeinde abzugebenden Gases stehen dürften, andernfalls auch das zur öffentlichen Beleuchtung abgegebene Gas zu dem niederen Preise überlassen werden mußte.

Ferner hatte die Gemeinde die privaten Konsumenten gegenüber dem Monopol des Unternehmers vor Ausbeutung durch die Einrichtung der gleitenden Gaspreise zu schützen versucht. Es sollte, wenn das zur Gasbereitung erforderliche Material, damals die Steinkohlen, nachhaltig, d. h. wenigstens im Jahresdurchschnitte um 10 % pro Zentner, wohlfeiler als zur Zeit des Vertrages sich stellen würde, für die privaten Abnehmer eine Ermäßigung von 6 kr. mit jedem Tausend Kubikfuß Gas (= 0,6 Pf. für 1 cbm) eintreten.

Jedes weitere nachhaltige Sinken der Steinkohlenpreise um 10 % sollte denselben Abschlag zur Folge haben. Unter den genannten Voraussetzungen sollte auch für die Straßenbeleuchtung eine Preisermäßigung eintreten, und zwar um 30 kr. pro Licht, d. h. für 1400 Brennstunden mit 4½ Kubikfuß Konsum (= 0,48 Pf. für 1 cbm). Der Unternehmer war zur Abgabe von Gas an Private verpflichtet, wenn der Platz, wo das Gas gewünscht wurde, nicht weiter als 100 bayr. Fuß (= 29,186 m) von dem nächsten Gaslichte entfernt und eine Einleitung ausführbar war. Die Herstellung und gute Unterhaltung der Gasapparate im Innern (Gasmesser) konnte nach freier Wahl entweder vom Unternehmer oder von Handwerkern, die durch die privaten Konsumenten bestellt wurden, geschehen. Die Privaten konnten sich jede beliebige Flammenstärke wählen. Die Herstellung der genannten Arbeiten geschah in allen Fällen auf Kosten der privaten Konsumenten. Für den Fall, daß der Unternehmer für die Herstellung der Apparate unbillige Forderungen erhob, war die Stadtgemeinde berechtigt, die Forderung billig zu ermäßigen. Endlich war auch noch auf die Handwerker und Arbeiterbevölkerung der Stadt durch die Bestimmung Bedacht genommen, das zur Herstellung der ganzen Anlage erforderliche Material bei gleichen Verhältnissen womöglich nur von den ortsansässigen Gewerbsleuten zu beziehen und bei gleicher Tüchtigkeit und anerkannter Verlässigkeit nur Angehörige der Stadt München als Arbeiter und Gehilfen zu verwenden.

Von seinem ihm ebenfalls im Vertrage zugestandenen Rechte, zur Deckung der Auslagen für Herstellung des ganzen Etablissements auch die Mittel anderer zu Hilfe zu nehmen, machte der Unternehmer alsbald Gebrauch. Er bildete mit bayrischen Firmen eine Gesellschaft, die sich in der Generalversammlung vom 21. Mai 1850 den Namen „Gasbeleuchtungsgesellschaft München" gab. Das Unternehmen hatte in den ersten Jahren seines Betriebes mit mancherlei Schwierigkeiten zu kämpfen[1]. Die nahen bayrischen Kohlen, von denen man eine gute Gasausbeute erhofft hatte, erwiesen sich als Vergasungsmaterial sehr wenig geeignet, so daß man unter hohen Transportkosten die Kohlen von Stockheim und aus Sachsen zu beziehen sich genötigt sah. Ferner trat fast zu gleicher Zeit eine Holzgasfabrik auf dem Bahnhofe zu München ins Leben. Dies veranlaßte, daß in dem Gaskonsum eine empfindliche Stockung eintrat, da man auf seiten des Publikums lange Zeit unschlüssig blieb, welcher Gasbeleuchtung der Vorzug zu geben sei. Die Gasbeleuchtung konnte überdies eventl. gezwungen werden, die Holzgasbeleuchtung einzuführen. Der Steinkohlengaskonsum betrug daher bis zum Jahre 1863 nicht über 1½ Millionen Kubikmeter im Jahre. Da nun aber die Zeit, von der ab die Anstalt in städtische Regie genommen werden konnte, bereits mit dem 1. November 1863 eintrat, fanden schon anfangs der 60er Jahre Verhandlungen über eine Verlängerung der Vertragsdauer statt, die zu dem Vertrage vom 25. August 1863 führten. Danach erhielt die Gesellschaft auf weitere 36 Jahre, vom Vertragsschlusse ab gerechnet, die Konzession bis zum 31. Oktober 1899.

Zu Grunde gelegt wurden dem neuen Vertrag im allgemeinen die bisherigen Bestimmungen. Einige Änderungen traten bezüglich der Ausdehnung der Gasbeleuchtung ein. Die Gesellschaft wurde verpflichtet, dieselbe auszudehnen auf alle Teile des alten Burgfriedens, wo noch Unschlittbeleuchtung bestand, auf die Vorstädte Au, Haidhausen und Giesing und auf die etwa sonst noch zur Stadt gelangenden Bezirke, auf die Maximiliansstraße und auf einige vom Magistrat noch näher zu bezeichnende Straßen, in einer Gesamtlänge von 10000 Fuß (= 2918,59 m). Ferner konnte der Magistrat alljährlich eine Ausdehnung der Gasbeleuchtung auf eine Länge von 1500 Fuß (= 437,79 m) in beliebiger Richtung in einer Strecke oder in mehreren verlangen. Für den Fall, daß in einem Jahre von diesem Rechte nicht oder nur teilweise Gebrauch gemacht werden würde, sollte die auf ein Jahr entfallende Strecke von 1500 Fuß oder deren Rest auf die folgenden Jahre übertragen werden. Sollte in einem Jahre die Ausdehnung dann jedoch mehr als 3000 Fuß (= 875,58 m) betragen, so konnte die Gesellschaft die über 3000 Fuß hinausgehende Ausdehnung auf das folgende Jahr verschieben. Unabhängig von diesen Bestimmungen war die Gesellschaft auch zu einer Ausdehnung der Gasbeleuchtung verpflichtet, wenn ihr für

[1] Festschrift zur XXX. Jahresversammlung des deutschen Vereins von Gas- und Wasserfachmännern. München 1890, S. 6—8.

je 60 bayrische Fuß (= 17,5 m) ein jährlicher Gasverbrauch von je 6000 statt der früheren 3000 engl. Kubikfuß (= 169,89 cbm) garantiert wurde. Eine sonstige Gasabnahmegarantie durch die Gemeindeverwaltung fand nicht mehr statt. Die Kosten der für diese Erweiterungen nötigen Ausdehnung der gesamten Gasanstaltsanlage hatte die Gesellschaft zu tragen. Betreffs der Qualität des Gases wurde bestimmt, daß eine Flamme mit 4½ engl. Kubikfuß (= 1274 cbm) Gasverbrauch in der Stunde die Leuchtkraft von 10 Stearinkerzen haben müsse, welche aus einem Stearin von 76—76,6 % Kohlenstoffgehalt angefertigt wären und in einer Stunde 10,2—10,6 g Stearin in ruhiger Luft, ohne zu rußen und geputzt zu werden, verbrennen würden. Neu war ferner die Bestimmung, daß der Magistrat bei außerordentlichen Veranlassungen und in Stunden, wo die Beleuchtung nicht vorgeschrieben war, außerordentliche Beleuchtung verlangen konnte, und daß er jederzeit eine Untersuchung und Prüfung der Gasanstalt, sowie die Kontrolle des Betriebes in technischer und polizeilicher Beziehung durch eine Kommission vornehmen konnte. Auch sollte das Schiedsgericht fortan über alle zwischen dem Magistrat und der Gesellschaft entstehenden Differenzen bezüglich der Auslegung und des Vollzugs des Vertrages in erster und letzter Instanz entscheiden, ohne daß eine Berufung an die ordentlichen Richter möglich wäre. Eine wesentliche Änderung gegenüber dem bisherigen Zustande war in dem neuen Vertrage jedoch die Bestimmung, daß fortan an die Stadtgemeinde fixierte finanzielle Leistungen aus dem Unternehmen zu entrichten waren. So hatte die Gesellschaft zu zahlen:

in den ersten	6 Jahren des Vertrages je	8 000 fl.	(= 13 714,29 ℳ)
„ „ zweiten	6 „ „ „ „	12 000 „	(= 20 571,43 „)
„ „ dritten	6 „ „ „ „	16 000 „	(= 27 428,57 „)
„ „ vierten	6 „ „ „ „	20 000 „	(= 34 285,71 „)
„ „ fünften	6 „ „ „ „	24 000 „	(= 41 142,86 „)
„ „ sechsten	6 „ „ „ „	28 000 „	(= 48 000,00 „)

Im Falle eines Kontraktbruches seitens der Gesellschaft war die Gemeinde nach vorheriger vergeblicher Mahnung berechtigt, den Vertrag zu kündigen und die Gasanstalt mit dem gesamten Zubehör einzulösen. Als Einlösungspreis für diesen Fall sollte das durchschnittliche Reinerträgnis der letzten 10 Jahre kapitalisiert mit 9 % gelten. Die Vereinbarungen über die Wirkungen des Ablaufs der Vertragsperiode blieben die gleichen wie im Vertrage vom Jahre 1848. Entweder sollte jeder weitere Fabrikationsbetrieb durch die Gesellschaft aufhören und Rohrnetz, Laternen usw.

mußten ausgegraben und entfernt werden, oder der Magistrat kaufte der Gesellschaft „nach billigem Ermessen des Preises“ das ganze Unternehmen ab.

Schließlich durfte die Gesellschaft ihre im Vertrage festgesetzten Rechte und Verbindlichkeiten ohne ausdrückliche schriftliche Genehmigung der Gemeinde nicht an andere abtreten.

Die Interessen der privaten Konsumenten hatte die Gemeindeverwaltung, außer daß sie die bisherigen Bestimmungen fortbestehen ließ, durch eine periodische Ermäßigung der Gaspreise wirksamer zu wahren gesucht. Der Preis für 1000 engl. Kubikfuß (= 28,315 cbm) sollte betragen

vom 1. Nov. 1863	bis 31. Oktbr. 1869	4 fl.	48 kr.	(= pro	1 cbm	29	Pf.)
„ 1. „ 1869	„ 31. „ 1875	4 „	36 „	(= „	1 „	27,8	„)
„ 1. „ 1875	„ 31. „ 1881	4 „	24 „	(= „	1 „	26,6	„)
„ 1. „ 1881	„ 31. „ 1887	4 „	12 „	(= „	1 „	25,4	„)
„ 1. „ 1887	„ 31. „ 1889	4 „	00 „	(= „	1 „	24,2	„)

Diese Preisberechnung sollte übrigens auch bei der Straßenbeleuchtung für die Folge Einführung finden. Den Großkonsumenten wurde auch noch ein Rabatt verschafft bei einer jährlichen Gasabnahme

über 200 000	Kubikfuß	(= 5 663	cbm)	von $2^1/_2$ %
„ 300 000	„	(= 8 494,5	„)	„ 5 %
„ 500 000	„	(= 14 157,5	„)	„ 10 %
„ 1 000 000	„	(= 28 315,3	„)	„ 15 %
„ 2 000 000	„	(= 56 630,6	„)	„ 20 %
„ 8 000 000	„	(= 226 522,5	„)	„ 28 %.

Die Bestimmung des ersten Vertrages, wonach bei nachhaltigem Sinken der Steinkohlenpreise um 10 % der Preis für jedes Tausend Kubikfuß Gas um 6 kr. (= 0,6 Pf. pro 1 cbm) herabgesetzt werden sollte, blieb zwar bestehen, doch wurde im andern Falle bei einem nachhaltigen Steigen der Kohlenpreise um 10 % der Gesellschaft das Recht eingeräumt, die Preise auch um 6 kr. für jedes Tausend Kubikfuß Gas zu erhöhen. Zu Grunde gelegt für eine Preisminderung oder -Erhöhung wurde der damalige Steinkohlenpreis von 70 fl. 45 kr. per Lowry, d. i. 90 Zollzentner loco Fabrik (= 2,69 ℳ pro Doppelzentner).

Das war im wesentlichen der Inhalt des Vertrages vom 25. August 1863.

Bei dem raschen Wachstum der Stadt erwiesen sich aber auch die im Vertrage enthaltenen Bestimmungen über die Ausdehnung der Gasbeleuchtung als nicht genügend. Infolgedessen mußten über diesen Punkt alsbald neue Vereinbarungen getroffen werden. Das geschah in dem Nachtragsvertrage vom 21. März 1870. Die Gesellschaft verpflichtete sich, im Jahre 1870 die Straßenbeleuchtung um 62470 bayr. Fuß (= 18232,44 m) zu erweitern, vom Jahre 1875 an eine außerordentliche Beleuchtungsausdehnung von 1000 bayr. Fuß (= 291,86 m) vorzunehmen. Dagegen sollte sie nicht mehr eine jährliche Beleuchtungsausdehnung von 1500 Fuß (= 437,79 m), sondern nur eine solche von 500 Fuß (= 145,93 m) zu machen haben. Als „Entschädigung für die Opfer, welche die Gesellschaft durch die nach gegenwärtigem Vertrage vorzunehmende Beleuchtungsausdehnung zu bringen hat", so heißt der Wortlaut des Vertrages, sollte sie vom 1. Januar 1870 ab von der Stadt eine jährliche Summe von 3000 fl. (= 5142,86 ℳ) erhalten, die sich jedoch nach 10 Jahren bis zum Ende der Vertragsdauer auf 2500 fl. ermäßigen sollte.

Die Ausdehnung der Gasbeleuchtung nun gab mehrfach zu Reibereien zwischen der Stadt und der Gesellschaft Anlaß. Näher hierauf einzugehen, verbietet leider der Raummangel.

Ein weiterer Streit zwischen Gemeinde und Gesellschaft entstand, als von ersterer Mitte der 80er Jahre die Einführung der elektrischen Beleuchtung für einen Teil der Straßen und Plätze geplant wurde. Die Gasbeleuchtungsgesellschaft berief sich auf die Stelle des Vertrages, wonach ihr die Zusicherung gegeben worden war, daß der Magistrat auf die Dauer des mit ihr abgeschlossenen und aufrecht bestehenden Vertrages auf die Befugnis verzichte, einem anderen Unternehmer die Benützung der öffentlichen Straßen und Plätze der Stadt zur Anlegung von Röhrenleitungen behufs einer Gasbeleuchtung zu gestatten, vermeinte daraus für sich ein Beleuchtungsmonopol herzuleiten und erhob demzufolge gegen die Einführung der elektrischen Beleuchtung Einspruch. Die Angelegenheit wurde dem Schiedsgerichte überwiesen. Dieses fällte seinen Spruch dahin: die Gasbeleuchtungsgesellschaft habe nach dem Vertrage vom 25. August 1863 die Verpflichtung übernommen, auf die Dauer von 36 Jahren die Straßen und Plätze der Stadt München mit Gas zu beleuchten, die Stadtgemeinde sei aber auch vertragsmäßig verbunden, für die festgesetzte Periode die Straßenbeleuchtung ausschließlich durch die Gasbeleuchtungsgesellschaft besorgen zu lassen, da es sich nach den gesetzlichen Bestimmungen und dem unser ganzes gegenwärtiges Vertragswesen beherrschenden Prinzip von Treue und Glauben — bona fides — von selbst verstehe, daß derjenige, der sich auf eine bestimmte Reihe von Jahren hinaus Leistungen seitens eines Dritten versprechen ließe, sich dadurch auch anheischig mache, alle diese Leistungen für die Zukunft, soweit es bedungen sei, anzunehmen und den hierfür vereinbarten Preis zu zahlen. Der Stadtmagistrat sei also nicht berechtigt, die Verwertung der Elektrizität zum Zwecke der öffentlichen oder Privatbeleuchtung der städtischen Straßen und Plätze selbst in die Hand zu nehmen oder einem Dritten zu gestatten.

Der Stadtgemeinde stand nun noch die Verwertung der Vertragsbestimmung offen, nach welcher, wenn während der Vertragsdauer eine Gas- oder Beleuchtungsart erfunden oder benutzt werden sollte, die in bezug auf Helligkeit, Reinheit oder ruhiges Brennen des Lichtes oder wegen anderer Bequemlichkeiten weitere Vorteile als die mit der Gesellschaft vertraglich vereinbarten gewährte, oder die wohlfeiler wäre, die Gesellschaft verpflichtet sein sollte, jene Beleuchtungsart nach billiger Übereinkunft im Verhältnisse der billigeren Produktionskosten einzuführen, falls sie sich praktisch in größerem Maßstabe bewährt hätte. Doch ließ man sich auf seiten der Stadtverwaltung auf die Geltendmachung dieser Bestimmung nicht ein, weil — nach dem Verwaltungsbericht für 1882 bis 1887 — „schon der Wortlaut des Paragraphen die Schwierigkeiten andeutete, welche bei den so verschiedenen technischen Anlagen beider Beleuchtungsarten im Wege ständen". War also durch den Schiedsspruch die Verbesserung der Straßenbeleuchtung durch elektrisches Licht vereitelt worden, so suchte man von seiten der Gemeindeverwaltung auf gütlichem Wege durch Vereinbarungen mit der Gesellschaft eine dem steigenden Straßenverkehr entsprechende bessere Beleuchtung zu erzielen. Nach dem Übereinkommen zwischen der Stadt und der Gesellschaft vom Juni 1886 wurde der Gasverbrauch der Laternen in der inneren Stadt von 4½ auf 5 engl. Kubikfuß pro Stunde erhöht und der Abstand der Laternen voneinander durch Vermehrung derselben verringert. Die Kosten der Aufstellung bezw. der Versetzung der Laternen übernahm die Gesellschaft, die Kosten des erhöhten Gasverbrauchs die Gemeinde.

Mit dem Wachstum der Stadt und mit der Einbürgerung des Gaskonsums in der Einwohnerschaft in den 80er Jahren machte sich auch immer mehr das Bedürfnis nach einem niedrigeren Gaspreise geltend. Zwar hatte bereits im Jahre 1883 die Gesellschaft freiwillig, ohne eine rechtliche Verpflichtung dazu anzuerkennen, den Gaspreis um 6 kr. für 1000 Kubikfuß (= 0,6 Pf. für 1 cbm) ermäßigt, um durch diese Preisherabsetzung den Konsum noch zu ermuntern (und ihre Einnahmen zu steigern), aber der Preis war mit 24,8 Pf. noch immer außerordentlich hoch. Nun war nach dem Vertrage die Gesellschaft zwar verpflichtet, bei nachhaltigem Sinken der Kohlenpreise um 10 % den Gaspreis um 6 kr. zu ermäßigen, allein, als der Magistrat im Jahre 1887 von dieser Bestimmung Gebrauch zu machen verlangte, zeigte sich, wie lückenhaft sie war. Beim Vertragsschlusse war, wie wir sahen, ein Preis von 70 fl. 45 kr. pro Lowry zu Grunde gelegt worden. Doch bei der Art der Berechnung dieser geplanten Ermäßigung stellten sich zwischen Magistrat und Gesellschaft Meinungsverschiedenheiten heraus. Die Gesellschaft nahm den im Laufe eines Jahres für die verschiedenen Kohlensorten aufgewendeten Betrag dividiert durch die Zahl der Lowry zum Ausgangspunkt der Berechnung. Der Magistrat dagegen war der Meinung, daß diejenige Kohlensorte, die zur Zeit des Vertrages im Gebrauch war, für die Berechnung der etwaigen Preisherabsetzung maßgebend sein müsse. Die Gesellschaft nämlich hatte inzwischen eine teurere, aber für die Gasgewinnung geeignetere Kohle in Anwendung gebracht, als sie sie während des Vertragsschlusses im Gebrauche gehabt hatte.

Die seitens des Magistrats eingezogenen Erkundigungen ergaben für das Jahr 1884/85 ein Sinken der Kohlenpreise um 15 %, für 1885/86 gar um 16 % gegenüber der Normalkohle von 1863. Er errechnete der Gesellschaft aus den besseren Kohlensorten für 1885/86 eine Verbilligung des Produktionsmaterials von 40 %, für das Jahr 1884/85 eine Verminderung der Produktionskosten um 28—29 %. Die Gesellschaft bestritt dies unter Vorlegung von umfangreichem Beweismaterial aufs entschiedenste und behauptete sogar, sie hätte aus Billigkeitsgründen selbst bei gestiegenen Kohlenpreisen die berechtigte Preiserhöhung nicht vorgenommen und andererseits den Gaspreis bereits erniedrigt, ohne dazu verpflichtet zu sein[1].

Es mögen die Erfahrungen, die man in München auf Grund des Vertrages mit der Gasbeleuchtungsgesellschaft hinsichtlich einer Regelung der Gaspreise gemacht hat, vielleicht als Beitrag dazu dienen, wie schwer es im allgemeinen für Staat oder Gemeinde hält, gegenüber monopolisierten oder kartellierten Unternehmungen durch Gesetz oder Vertrag dem Publikum angemessene Preise zu sichern und es vor Ausnutzung zugunsten weniger Produzenten zu schützen[2]. Die Preise, die zur Zeit des Vertragsschlusses und damals auch für spätere Perioden als durchaus annehmbar erschienen, stellten sich mit der Zeit in ungeahnter Weise als sehr hoch

---

[1] Gem.-Ztg. 1887, S. 763, 1105 ff.

[2] Doch vgl. hierzu: Dr. L. Sinzheimer, Der Londoner Grafschaftsrat S. 256 ff.

heraus, sowohl was die Bedürfnisse des Verkehrs anging, als auch die Differenz zwischen den Preisen und den durch Vervollkommnung der Technik erheblich erniedrigten Produktionskosten. Wie groß diese Differenz gewesen sein muß, geht einmal aus der hohen Dividende hervor, welche die Gesellschaft jährlich ausschüttete (20 %), dann aber auch aus einem Anerbieten der Gesellschaft, das sie der Gemeinde im Jahre 1887 machte.

Es kam ihr nämlich sonst das Verlangen des Magistrats nach einer Ermäßigung des Gaspreises nicht ungelegen. Der Ablauf ihrer Konzession lag nicht mehr in weiter Ferne, und es drückte sie die im Vertrage enthaltene Bestimmung, wonach sie eventuell zur Wegschaffung der Laternen und Ausgrabung der Röhren usw. gezwungen werden konnte. So sinnlos auch diese Bestimmung auf den ersten Blick erscheinen mochte, so mußte die Gesellschaft doch mit der Möglichkeit ihrer Anwendung rechnen. In diesem Falle wären ihr aber sehr beträchtliche Kosten erwachsen. Sie erklärte sich daher bereit, eine Preisreduktion noch über das vom Magistrat jemals gewünschte Maß hinaus vorzunehmen, nämlich nach einer Skala, deren höchster Preis 20 Pf. und deren niedrigster Preis 14 Pf. pro cbm, je nach dem Jahreskonsum, sein sollte, wenn die Gemeinde auf ihr Recht, die Wegschaffung des Leitungsnetzes usw. zu verlangen, verzichten und, falls sie nicht selbst die Gasanstalt in städtische Regie zu nehmen beabsichtige, ihr, der Gesellschaft, die Fortbenutzung des Gemeindegrundes zum Weiterbetriebe ihrer Fabriken gestatte. Sie begründete ihre Offerte damit, „daß es technisch und wirtschaftlich ein Unsinn sei, eine in gutem Betriebe stehende Gasanstalt niederzureißen, Hunderte von Kilometern Rohrleitung auszugraben und Tausende von Laternen zu beseitigen, bloß um die ganze Anlage neu herzustellen“ [1]. Und doch müsse sie für diesen Fall gerüstet sein und, um späteren Verlusten zu entgehen, eine forcierte Amortisation ihrer Anlagen vornehmen.

Eine vertragliche Verpflichtung, die Gaspreise herabzusetzen, erkannte also die Gesellschaft nicht an, sondern verstand sich nur unter der Bedingung zu einer Preisermäßigung, daß gleichzeitig eine Regelung des Konzessionsendes vorgenommen würde.

Es läßt ahnen, welche Spannung zwischen den Produktionskosten und den bis dahin geltenden Gaspreisen bestanden haben muß, und wie vorteilhaft somit die im Vertrage vorgesehenen Gaspreise für die Gesellschaft gewesen sein müssen, — die Reinerträgnisse aus den Nebenprodukten

[1] Gem.-Ztg. 1887, S. 1106.

hatten damals noch bei weitem nicht eine solche Bedeutung wie heute — wenn die Gesellschaft bei einer so erheblichen Preiserniedrigung von 23 bzw. 16,56 Pf. (28 % Rabatt!) auf 20 bzw. 14 Pf. noch immer erstrebenswerte Gewinne zu erzielen hoffte.

Auf seiten der Gemeindeverwaltung gab man sich dem Angebot der Gesellschaft gegenüber langjährigen Erwägungen hin. Offenbar scheint nun die Gasbeleuchtungsgesellschaft durch zuvorkommendes Verhalten diese Erwägungen der Gemeindebehörde in für sie günstigem Sinne zu beeinflussen versucht zu haben. Gelegentlich der vertraglich am 1. Nov. 1887 fälligen Preisherabsetzung um 0,8 Pf. behauptete sie nämlich, daß auch der Fall des vertraglich vorgesehenen Kohlenpreisrückganges eingetreten sei und setzte den Gaspreis gleich um 1,8 Pf., d. h. von seinem damaligen Preise von 24,8 auf 23 Pf. herab.

Auch bei einer abermaligen Meinungsverschiedenheit mit der Stadtgemeinde über die Beleuchtungsausdehnung und auch bei anderer Gelegenheit bewies sie großes Entgegenkommen.

Am 27. Dezember 1889 endlich beschloß der Magistrat, als Antwort auf die Offerte vom Jahre 1887 an die Gasbeleuchtungsgesellschaft die Anfrage zu stellen, unter welchen Bedingungen sie bereit sei, nach Ablauf des Vertrags die Anstalt an die Stadt abzutreten bzw. ob und unter welchen Bedingungen sie schon vor dieser Zeit dazu geneigt sei.

Am 13. Februar 1890 antwortete die Gesellschaft, daß sie gerne bereit sei, über die künftige Ablösung bei Ablauf des Vertrages mit der Stadtgemeinde zu verhandeln und daß sie als Ablösungswert den Bauwert aller Gebäulichkeiten abzüglich einer zweiprozentigen Amortisation seit Abschluß des Vertrages von 1863, d. h. 4 Millionen Mark und für den Grundwert ihrer Anstalten 3 Millionen Mark verlange. Von diesen 7 Millionen Mark sollten jedoch von vornherein als Zeichen ihres Entgegenkommens der Gemeinde 1 Million erlassen werden. Ferner sollten die vorhandenen Materialien, Produkte und Werkzeuge zum Selbstkostenpreis abgegeben werden. Alle Erweiterungen und der Unterhalt der Anlagen sollten fortan nach dem ausschließlichen Ermessen der Gesellschaft ausgeführt werden. Die Ausgaben für die künftigen Erweiterungen sollten nach Abzug einer zweiprozentigen jährlichen Amortisation von der Gemeinde getragen werden. Dagegen sollten alle Beschränkungen, welche der Stadt bisher hinsichtlich des Verlangens nach Beleuchtungsausdehnung auferlegt waren, fortfallen. Schließlich wollte sie bei Annahme dieser Bedingungen der Gemeinde auch in gewissen Grenzen die Errichtung einer elektrischen Zentrale gestatten.

Es folgten nun längere Verhandlungen. Endlich einigte man sich, und es kam zum Vertrage vom 29. April bzw. 9. Mai 1891. Das Vertragsverhältnis mit der Gesellschaft über die Konzessionsdauer fortzusetzen, war man in der Stadtverwaltung ganz und gar nicht bereit. Das ganze Besitztum an Fabriken, Röhrenleitungen, Kandelabern und Laternen mit den zum Betriebe gehörigen Geräten und Mobilien sollte vielmehr vom 1. November 1899 in das Eigentum der Stadt übergehen. Dafür sollte die Gemeinde erstens einen Preis von 4 Millionen Mark zahlen, sodann sämtliche Ausgaben ersetzen, die vom 1. Juli 1890 ab bis zum Ende des Vertragsschlusses von der Gesellschaft für Erweiterungsbauten der gesamten Gasanstaltsanlage aufgewendet sein würden, jedoch nach Abzug einer jährlichen fünfprozentigen Amortisation. Am 1. November 1899 vorhandene Materialvorräte sollten zum Selbstkostenpreise übernommen werden. Die Gesellschaft war verpflichtet, ihre Anstalten nebst Rohrnetz und Zubehör in bestem betriebsfähigen Zustande zu übergeben und zu diesem Zwecke die auf sorgsame Unterhaltung, sowie auf Erhöhung der Leistungsfähigkeit der Anstalten abzielenden Arbeiten aufs gediegenste auszuführen und die erforderlichen Reparaturen rechtzeitig und mustergültig vorzunehmen. Wenn der Gasverbrauch während der Restdauer des Vertrages innerhalb eines Jahres die Höhe von 21 Millionen erreichen oder die Errichtung einer dritten Anstalt (es bestanden zur Zeit des Vertrages zwei) nach Anschauung des Magistrats und der Gesellschaft schon früher sich als zweckmäßig herausstellen sollte, war die Gesellschaft verpflichtet, über die Anlage und Ausführung einer solchen Fabrik sich vorher mit dem Magistrate zu verständigen. Auch konnte die Stadtgemeinde vor Ablauf des Vertrages eine Gasanstalt nach eigenem Ermessen errichten. Jedoch durfte der Betrieb derselben während der Dauer des Vertrages nur der Gesellschaft übertragen werden, welche dieselbe dann zu übernehmen und mustergültig und vollständig zu unterhalten hatte. Schließlich gestand die Gesellschaft der Gemeinde, worum dieser besonders zu tun war, noch das Recht zu, eine oder mehrere elektrische Beleuchtungsanlagen mit einem Umfange von nicht mehr als 300 Pferdestärken herzustellen und zu betreiben. Vom 1. Januar 1896 ab durfte die elektrische Anlage auf 600 Pferdestärken erweitert werden. Die Stadtverwaltung hatte zwar noch weitere Vorteile zu erzielen versucht, vor allem eine Herabsetzung des Gaspreises, in Hinsicht darauf, daß sie auf ihr Recht der Entfernung der Röhrenleitungen verzichtete und die Gesellschaft im Sommer 1887 eine so bedeutende Preisermäßigung in Aussicht gestellt hatte. Allein die Gesellschaft lehnte ein solches Verlangen mit Hinweis auf die gestiegenen Kohlenpreise in entschiedener Weise ab und verpflichtete sich lediglich dazu, von ihrem Recht bei steigenden Kohlenpreisen die Gaspreise zu erhöhen, keinen Gebrauch machen zu wollen. Auch das Verlangen der Stadtgemeinde, ihr, da sie ja zu den künftigen Erweiterungsbauten ganz wesentlich beitrage, eine Gewinnbeteiligung zu gewähren, hatte die Gesellschaft als absolut unerfüllbar erklärt. Dagegen war der Magistrat festgeblieben, als bei einem Ablösungspreise von 4 Millionen Mark die Gasbeleuchtungsgesellschaft ihr Einverständnis mit einer städtischen elektrischen Beleuchtung widerrufen wollte.

Die letzten Jahre der Konzessionsdauer verflossen ohne bedeutende Störungen des Einvernehmens zwischen Stadt und Gesellschaft.

Wenn wir nun noch einmal einen kurzen Rückblick auf die Entwicklung des Verhältnisses zwischen Stadtgemeinde und Gasbeleuchtungsgesellschaft werfen, finden wir, daß es hauptsächlich drei Punkte waren, die zu Streitigkeiten zwischen den beiden Parteien Anlaß gaben: die Bestimmungen über Beleuchtungsausdehnungen, die Bestimmungen über die Festsetzung der Gaspreise und das alleinige Recht der Gesellschaft, die öffentlichen Straßen und Plätze zu beleuchten.

Im übrigen war man — das sei zur Ergänzung noch hinzugefügt — hinsichtlich der technischen und der administrativen Seite der privaten Betriebsführung in der Gemeindeverwaltung sehr zufrieden. Anerkennungen hierfür finden sich öfter in Auslassungen der Gemeindeverwaltung und ihrer Organe. So sagt z. B. der Verwaltungsbericht 1890 [1], daß der bauliche Zustand der beiden Fabriken (Thalkirchnerstraße und Haidhausen) nach einem Gutachten nichts zu wünschen übrig lasse. Die Fabrik an der Thalkirchnerstraße (die ältere Fabrik) zeige zwar weder eine rationelle noch übersichtliche Disposition, aber die in viel größeren Verhältnissen errichtete Anstalt in Haidhausen entspräche allen Anforderungen der neueren Technik, wäre mustergültig eingerichtet und unterhalten. Eine noch später zu erwähnende Denkschrift vom Jahre 1889, die im allgemeinen der Gesellschaft wenig wohlgesinnt ist, berichtet [2], daß die Münchener Gasbeleuchtungsgesellschaft seit Jahren die erste Autorität auf dem Gebiete des Gasbeleuchtungswesens in Deutschland (Dr. N. H. Schilling) ihren Chef nenne und „ein in technischer und juristischer Beziehung ausgezeichnet geleitetes Institut“ sei. Ähnliche

---

[1] S. 108.

[2] „Denkschrift und Antrag betreffend die künftige Regelung des Beleuchtungswesens von München“, München 1889, S. 12.

Anerkennungen ließen sich noch mehr anführen. Die gegen die Gesellschaft allseitig vorhandene Abneigung hatte eben nur in dem bestehenden rechtlichen Verhältnisse, wie es die Verträge geschaffen hatten, und das nicht bloß von der Gemeindeverwaltung, sondern von der ganzen Stadt als eine drückende Last empfunden wurde[1], ihren Grund.

2. Die Straßenbahn.

Wie die Gasanstalt mit schweizerischem Kapital gegründet und mit schweizerischem Kapital auch hauptsächlich betrieben wurde, so war es ebenfalls wieder ausländisches Kapital, das München mit der Straßenbahn versah. Am 23. Juni 1876 schloß die Stadtgemeinde mit dem Industriellen Eduard Otlet aus Brüssel einen Vertrag, wonach sich dieser für bestimmt bezeichnete Straßen zum Bau und Betrieb einer Pferdeeisenbahn verpflichtete. Der Vertrag sollte 30 Jahre vom Tage der Bauerlaubnis an laufen. Ein Monopol des Unternehmers jedoch, wie es die Gasverträge aufweisen, enthielt er nicht. Nur in denjenigen Straßen, für welche der Unternehmer die Konzession erhielt, sollte eine weitere Pferdebahn nicht zugelassen werden. Doch wollte die Gemeinde, bevor sie einem anderen Unternehmer die Ausführung und den Betrieb einer Pferdeeisenbahn oder den Anschluß an die bestehenden Geleise innerhalb ihres Burgfriedens gewährte, den ersten Unternehmer hiervon verständigen und ihm bei gleichen Bedingungen vor anderen Bewerbern den Vorrang einräumen. Gegen das Durchkreuzen der Geleise seiner Bahn durch andere Bahnanlagen war der Unternehmer im übrigen nicht berechtigt, Einspruch zu erheben. Demzufolge enthielt der Vertrag keine Vereinbarungen über eine spätere Ausdehnung des Bahnnetzes. Vor Beginn des Baues der Linien waren dem Magistrat genaue Pläne vorzulegen, an denen er nach Belieben Änderungen vornehmen durfte. Innerhalb 15 Monaten nach Erteilung der Bauerlaubnis mußten die bezeichneten Linien dem Verkehr übergeben werden. Die zum Bau und Betrieb der Bahn zu verwendenden Bestandteile mußten von durchaus gutem und haltbarem Material sein, und die ganze Anlage mit beweglichem und unbeweglichem Inventar mußte während der vollen Zeit der Vertragsdauer in gutem bau- und betriebsfähigem Zustande unterhalten werden. Im anderen Falle konnte der Magistrat etwaige Mängel auf Kosten des Unternehmers abstellen lassen. Der Unternehmer war ferner verpflichtet, neue Erfindungen und Verbesserungen, die auf dem Gebiete

[1] Gemeinde-Ztg. 1893, S. 581.

des Pferdebahnwesens gemacht und für erprobt befunden würden, auf Verlangen des Magistrats auf seiner Bahn einzuführen, wenn deren Einführung nicht mit unverhältnismäßigen Kosten verbunden sein würde. Bei hierüber entstehenden Differenzen sollte ein Schiedsgericht entscheiden.

Einen besonders breiten Raum im Vertrage nahmen, ähnlich wie dies auch in den Gasverträgen der Fall, die Bestimmungen über die Benutzung des Straßengrundes ein. Die Bahn sollte in der Regel in die Mitte der Straße gelegt werden. Das Oberbausystem war vom Magistrate zu genehmigen und hatte den übrigen Wagenverkehr in keiner Weise zu beeinträchtigen. Es durfte in der Straßenfahrbahn weder Erhöhungen noch Vertiefungen mit Ausnahme der Nut für den Spurkranz der Wagenräder bilden. Das Niveau der Straßen sowohl bezüglich des Längen- wie des Querprofils durfte nur mit vorgängiger Genehmigung des Magistrats verändert werden. Die Kosten hatte dann der Unternehmer zu tragen. Soweit die Bahn gepflasterte Straßen durchzog, hatte er die nötige (Um-)Pflasterung vorzunehmen. In ungepflasterten Straßen konnte er bei Kreuzungen und Kurven gehalten werden, den Bahnkörper bis zu einer Strecke von 1500 m zu pflastern. Ebenfalls hatte er die Reinigung und die Kehrichtabfuhr des Bahnkörpers zu besorgen. Im übrigen hatte er sich den gesetzlichen und ortspolizeilichen Vorschriften ohne Entschädigungsanspruch zu unterwerfen.

Wichtig erscheint, daß sich die Stadtgemeinde von vornherein auch einen Gewinnanteil ausbedungen hatte. Allerdings war er sehr bescheiden; er sollte nur 1 % der Bruttoeinnahmen aus dem ganzen Bahnunternehmen betragen. Der Magistrat erhielt das Recht, die zur Kontrolle der Bruttoeinnahmen erforderliche Einsicht der Bücher, Rechnungen und Belege vorzunehmen. Natürlich hatte der Unternehmer auch Staatssteuern und Gemeindeumlagen zu zahlen. Für seine Verbindlichkeiten aus dem Vertrage haftete er zunächst persönlich, sodann mit einer Kaution von 80 000 ℳ und mit dem Bahnüberbau als Faustpfand. Nach Inbetriebsetzung einer bestimmten Strecke sollte diese Kaution auf 44 000 ℳ herabgesetzt werden. Auch war der Magistrat gegebenenfalls zur Verhängung von Konventionalstrafen berechtigt. Bei groben Pflichtwidrigkeiten konnte dem Unternehmer nach vorgängiger einmaliger Verwarnung durch übereinstimmenden Beschluß beider Kollegien die Bewilligung des Bahnbetriebes entzogen werden: eine Bestimmung, die schon nach kurzer Zeit Wichtigkeit erhielt. Der Unternehmer mußte in diesen Fällen sowohl auf ein Klagerecht vor den Gerichten als auch auf ein Beschwerderecht an die Administrativstellen verzichten. Die Konzession sollte auch bei Zahlungsunfähigkeit des Unternehmers erlöschen. Für den Fall, daß innerhalb der Bewilligungsdauer die Konzession verwirkt oder das Unternehmen sonst aufgegeben werden würde, hatte der Unternehmer, wenn er sich nicht vorher mit der Stadtgemeinde über die Übernahme einigte, den früheren Zustand wiederherzustellen. Bei allen Streitigkeiten zwischen den Vertragschließenden hatte ein Schiedsgericht zu entscheiden, das sich zu gleichen Teilen aus Abgeordneten der beiden Parteien und dem Vorstande des Königl. Handelsgerichtes München zusammensetzte. Der Unternehmer durfte ferner die ihm nur persönlich eingeräumten Befugnisse und Vergünstigungen ohne Zustimmung des Magistrats nicht an Dritte übertragen, insbesondere nicht, solange die konzessionierten Linien nicht ausgebaut, für erprobt befunden und dem Betrieb übergeben worden waren. Nach Erfüllung der vereinbarten Bedingungen wollte jedoch der Magistrat einer Übertragung an eine Gesellschaft nicht hinderlich sein, wenn der vorgeschlagene Nachfolger Bürgschaft dafür böte, daß er den Betrieb in der vertraglich festgesetzten Weise führen würde. Auch diese Bestimmungen wurden bald von Bedeutung.

Nach Ablauf der Vertragsdauer sollte das gesamte Unternehmen unentgeltlich in das Eigentum der Stadt übergehen. Falls während der Vertragszeit zu Betriebszwecken noch Grunderwerb zu Stallung, Remisen und sonstigem Zubehör erforderlich würde, wollte die Gemeinde dieses Areal entweder selbst kaufen und es der Bahn zur Benutzung überlassen oder innerhalb 10 Jahren gegen Erstattung des Kaufpreises von dem Unternehmer die Abtretung verlangen. Bei Ablauf der Konzession sollte für diese Bauten bezw. etwaige Erweiterungen der Gemeinde ebenfalls der Ankaufspreis gezahlt werden, jedoch nach Abzug einer Summe, die einer jährlichen Amortisation von 1 % der ursprünglichen und der Erweiterungsbaukapitalien bei Anwendung eines fünfprozentigen Zinsfußes und der Zinseszinsenberechnung gleichkäme.

Für die Interessen der Einwohnerschaft war einmal durch Vorschriften über die Gestaltung der Straßenfläche durch die Bahnanlage gesorgt worden. So mußte u. a. aus triftigen Gründen der Bau-, Sicherheits-, Gesundheits- oder Wasserpolizei der Unternehmer auf seine Kosten nötigenfalls Verlegungen der Bahngeleise vornehmen. Sodann war er, um Unfälle usw. der Passanten möglichst zu verhindern, verpflichtet, für den Betriebsdienst nur zuverlässiges und befähigtes Personal zu verwenden. Der Magistrat behielt sich das Recht vor, jederzeit die Tüchtigkeit der Bahn, des Materials und des Personals zu prüfen und zweckentsprechende Abänderungen, namentlich die Entlassung unzuverlässiger Bediensteter, zu verlangen. Vor allem mußten die Fahrpläne, Tarife, Fahrordnungen und Reglements vor Eröffnung des Betriebes dem Magistrat zur Genehmigung vorgelegt werden. Auch mußte der Wagenpark so stark sein, daß 10-Minutenverkehr eingeführt werden konnte. In Anwendung kam ein Teilstreckentarif mit je 5 Pf. für etwa 1 km Strecke. Der Mindestpreis jedoch betrug 10 Pf.

Der uns zur Verfügung gestellte Raum verbietet nun leider, auf die an sich gewiß nicht uninteressante Geschichte der Münchener Trambahn näher einzugehen. Wir müssen uns daher mit einer dürftigen Wiedergabe der allerwichtigsten Hauptereignisse begnügen.

Kurze Zeit nach Inbetriebsetzung der ersten Bahnstrecke veräußerte Otlet ohne Genehmigung des Magistrats das Unternehmen an eine belgische Aktiengesellschaft. Statt nun wegen dieses Kontraktbruches Otlet die Konzession zu entziehen, ließ der Magistrat sich mit ihm in langwierige Verhandlungen ein, die schließlich zur Gründung einer deutschen Gesellschaft, der „Münchener Trambahn-Aktiengesellschaft" führten. Mit dieser wurde am 25. August 1882 ein neuer Konzessionsvertrag abgeschlossen.

Er war ein mühsam zustande gekommener Kompromiß, wie der Verwaltungsbericht sich ausdrückt, bei dem die Gesellschaft alle nicht sehr rentablen Linien möglichst auszuschließen sich bemüht hatte[1]. Die Gesellschaft übernahm die bereits bestehenden Linien und verpflichtete sich, gewisse, bestimmt bezeichnete Linien neu zu bauen und zu betreiben. Die Konzessionsdauer sollte sich auf 25 Jahre, bis zum 1. Juli 1907, erstrecken. Die Gesellschaft erhielt nur in denjenigen Straßen ein Monopol, für welche ihr die Konzession zu Bahnanlagen erteilt war, doch mußte sie sich das Durchkreuzen ihrer Geleise durch andere Bahnanlagen und auf eine Strecke von 200 Meter auch die Anlage von Parallelbahnen durch andere Unternehmer gefallen lassen. Die Geleise waren in der Regel doppelspurig, nur ausnahmsweise und mit Genehmigung des Magistrats einspurig anzulegen. Ihre Lage bestimmte er ebenfalls. Vor Beginn des Baues waren ihm genaue Pläne vorzulegen, an denen ihm nach Gutdünken Änderungen vorbehalten waren. Auch konnte er vor Inbetriebsetzung einer Linie sie einer technischen Untersuchung unterwerfen. Im allgemeinen galten bei diesem neuen Vertrage betreffs der Beschaffenheit des Baumaterials und des Oberbausystems, des guten Betriebs-

[1] Verwaltungsber. 1882—1887, S. 213.

zustandes der ganzen Anlage, der Benutzung des Straßengrundes, des Unterhalts und der Reinigung des Bahnkörpers und etwaiger Verlegung einzelner Bahnstrecken die Bestimmungen des Vertrages vom Jahre 1876 fort. Einige Abänderungen bzw. Zusätze waren mit folgendem getroffen worden: Das Niveau der Straßen, des Längen- und des Querprofils durfte nur mit vorgängiger Genehmigung des Magistrates und mußte stets auf seine Anordnung verändert werden. Falls durch im öffentlichen Interesse gelegene Arbeiten (Gas-, Kanalisations-, Wasserleitungen u. dergl.) der Betrieb der Bahn irgendwie gestört oder die Bahn selbst verändert und verlegt werden würde, hatte die Gesellschaft keinerlei Anspruch auf Entschädigung. In ungepflasterten Straßen sollte sie fortan statt der bisherigen Strecke des Bahnkörpers bis zu 1500 m die Pflasterung bis zu einer Gesamtfläche von 10000 qm vorzunehmen haben [1].

Die Schotterdecke des Bahnkörpers hatte sie, falls der Magistrat nicht anders bestimmte, mit demselben Material zu unterhalten, aus dem die übrige Straßendecke bestand.

Was vor allem für die späteren Ereignisse von Wichtigkeit wurde, war die Aufrechterhaltung jener Bestimmungen, daß die Gesellschaft während der ganzen Vertragsdauer sämtliche Linien in ununterbrochenem und ordnungsfähigem Betriebe zu erhalten und neue erprobte Erfindungen und Verbesserungen auf Verlangen des Magistrats einzuführen hatte, wenn deren Einführung nicht mit unverhältnismäßig hohen Kosten verbunden wäre. Sollten sich durch irgendeine Verbesserung die Unkosten bedeutend verringern, so hatte die Gemeinde einen Anteil an dieser Minderung zu erhalten.

Bezüglich der Gewinnbeteiligung der Gemeinde war gegen den früheren Vertrag insofern eine Änderung eingetreten, als sie nicht mehr 1 % der Bruttoeinnahmen, sondern bei einer 1 Million Mark nicht übersteigenden Bruttoeinnahme 2 %, bei einer Bruttoeinnahme bis zu 1050000 ℳ 2½ %, bei einer solchen über 1050000 ℳ 3 % zu beanspruchen hatte.

Die bare Kaution der Gesellschaft wurde auf 100000 ℳ erhöht und nach Inbetriebsetzung der einzelnen Linien auf 50000 ℳ ermäßigt. Bei groben Pflicht- oder Vertragswidrigkeiten konnte ihr die Konzession entzogen werden. Die Übergangsbestimmungen bei Ablauf des Vertrages blieben dieselben.

[1] Seit dem Vertrage vom 17. Februar 1892 hatte sie außerdem jährlich eine Fläche von 1000 qm des Bahnkörpers zu pflastern.

In den Bestimmungen zur Wahrnehmung der Interessen des Publikums wurden wesentliche Änderungen nicht vorgenommen. Die Fahrpläne, Tarife und Fahrordnungen waren wie nach dem ersten Vertrage dem Magistrat zur Genehmigung vorzulegen. Der zu damaliger Zeit bestehende Teilstreckentarif sollte beibehalten werden. Auf neu zu bauenden Linien sollte mit einigen Ausnahmen mindestens 10-Minutenverkehr eingerichtet werden. Eine Neuerung war die Verpflichtung der Gesellschaft zur Einführung von Abonnementsbillets. Nach näherer Anordnung des Magistrats mußte sie solche für mindestens 50 Fahrten mit Preisermäßigungen von nicht unter 15 % gewähren. Auch mußte sie den Übergang der Passagiere von einer Linie auf eine zu ihrem oder zu einem anderen Unternehmen gehörige Linie ermöglichen. Vom Magistrat bezeichnete Beamte und Angestellte, ebenso die im Dienst befindlichen Feuerwehrmannschaften, erhielten freie Fahrt. Schließlich mußte die Gesellschaft zur Erleichterung und Bequemlichkeit des Verkehrs an gewissen Punkten Wartesalons, Haltestellentafeln u. dergl. Einrichtungen auf ihre Kosten herstellen.

Die Geschichte des Verhältnisses zwischen Gemeinde und Gesellschaft in den ersten 10 Jahren nach diesem Vertragsschlusse bildet nun eigentlich eine ununterbrochene Reihe von für beide Teile höchst unerquicklichen Streitigkeiten und Reibereien.

Die Gemeinde hatte des öfteren Grund, schnelleren und intensiveren Betrieb auf den verschiedensten Strecken und Tarifverbesserungen zu beantragen, die Gesellschaft berief sich auf ihre vertragsmäßig festgesetzten Verpflichtungen und kam Wünschen nur nach, wenn sie ihr pekuniären Vorteil brachten. Auch die Auslegung einiger Vertragsbestimmungen gab zu Uneinigkeit Anlaß. Vor allem aber bildete die Frage der Erweiterung des Bahnnetzes den Gegenstand mehrjähriger Unterhandlungen Ende der 80er Jahre. Die Gesellschaft wollte wegen des nahen Endes ihrer Konzession neue Bahnbauten ohne besondere Entschädigung nicht übernehmen, die Gemeinde aber scheute sich, neben den verkehrsreichen Linien der Gesellschaft auf eigene Faust ein selbständiges neues Straßenbahnunternehmen zu betreiben. Endlich einigte man sich in dem Vertrage vom 17. Februar 1892. Er wurde Betriebsvertrag genannt und bildete eine Ergänzung zu dem weiter in Kraft bleibenden Vertrage vom 25. August 1882, dem Grundvertrage.

Die Gemeinde übernahm danach den Bau von neuen Linien bzw. Linienverlängerungen. Die Ausführung konnte sie entweder in eigener Regie oder auch durch die Gesellschaft vornehmen, die sich in diesem Falle ihren Anweisungen zu fügen hatte.

Die Gesellschaft dagegen verpflichtete sich, sämtliche von der Gemeinde bis zum 1. Juli 1907 gebaute Linien und Strecken für Rechnung der Gemeinde zu betreiben. Die Verteilung des auf den gemeindlichen Linien erzielten Reingewinnes sollte in folgender Weise geschehen:

Von den Bruttoeinnahmen dieser (gemeindlichen) Linien sollten zunächst die Betriebsausgaben abgezogen werden. Dann erhielt die Stadtgemeinde zuerst eine vierprozentige Verzinsung und eine zweiprozentige Abschreibungsquote der festgesetzten Anlagekosten und ferner 3 % aus den Bruttoeinnahmen, entsprechend dem Einnahmeanteil der Stadt bei den älteren Linien. Von dem Rest schließlich sollte die Gemeinde $^3/_4$, die Gesellschaft $^1/_4$ erhalten. Die Begriffe Bruttoeinnahmen, Betriebsausgaben und Anlagekosten wurden dabei sehr eingehend präzisiert.

Von den gemeinschaftlichen Linien (Verlängerungslinien) sollte der Gewinnanteil nach dem Verhältnis von gemeindlicher Strecke zu gesellschaftlicher Strecke berechnet werden. Doch mußte der Trambahngesellschaft für ihren Teil wenigstens diejenige Bruttoeinnahme gesichert bleiben, welche sie in den letzten 12 Monaten vor der Inbetriebsetzung der neuen Teilstrecke erzielt hatte.

Zu den Generalunkosten (Gehälter des Direktionspersonals, Unterhalt, Reinigung, Beleuchtung und Heizung des Direktionsgebäudes, Direktionsregieausgaben) hatte die Gemeinde nicht beizutragen. Die gemeindlichen Linien durften den Bahnkörper der Gesellschaft auf je eine zusammenhängende Strecke von höchstens 350 m benutzen. Die Stadt erhielt überdies das Recht, auf ihren selbständigen Linien Erfindungen und Verbesserungen, die auf dem Gebiete des Trambahnwesens gemacht werden würden, einzuführen. Außerhalb der Betriebszeit durfte sie ihre Bahngeleise auch zu Gütertransporten benutzen. Neben der fortbestehenden Verpflichtung zur Pflasterung bis zu 10 000 qm hatte die Gesellschaft fortan noch jährlich 1000 qm zu pflastern.

Im Interesse des Publikums wurden einige Zugeständnisse von der Gesellschaft erreicht: Sie gab Abonnementsbücher zu 50 Fahrten mit nunmehr drei- statt bisher zweimonatiger Gültigkeit und 15 % Ermäßigung aus. Die bisher freiwillig erfolgte Ausgabe von Schülerkarten wurde obligatorisch. Es wurden an Schüler auch Semesterkarten zu 2 Mk. verabfolgt. Streckenkarten wurden für $^1/_4$, $^1/_2$ und 1 Jahr zum Jahrespreise von 30 Mk. pro Sektion eingeführt. Auch gelangten Netzkarten zur Ausgabe zum Preise von 15 ℳ für einen Monat und 37,50 ℳ für $^1/_4$ Jahr. Schließlich wurden noch einige Vereinbarungen über Beginn, Schlußzeit und Dichtigkeit des Betriebes auf einzelnen Linien getroffen.

Für den Fall, daß die auf den gemeindlichen Linien in einem Betriebsjahre erzielten Betriebsüberschüsse zur Deckung der erwähnten Verzinsungs- und Abschreibungsquoten nicht hinreichten, konnte der Magistrat am 1. Januar jedes folgenden Jahres, angefangen vom 1. Januar 1894, den Vertrag kündigen. Spätestens jedoch erloschen die Vereinbarungen über die gemeindlichen Linien mit Ablauf der Konzession für alle anderen Linien am 1. Juli 1907.

Im übrigen blieb der Vertrag vom 25. August 1882 weiter in Kraft. Ausdrücklich wurde noch die Bestimmung aufrecht erhalten, daß das gesamte Unternehmen in gutem und betriebsfähigem Zustande von der Gesellschaft unterhalten und nach Ablauf des Vertrages unentgeltlich an die Gemeinde abgetreten werden sollte. —

Bis Anfang der 90er Jahre war die Straßenbahn mit Ausnahme der Linie nach Nymphenburg, die mit Dampf betrieben wurde, Pferdebahn. Mit der zunehmenden Größe der Stadt und dem immerfort steigenden Verkehr jedoch ergaben sich dadurch bald schwere Mißstände, daß der Pferdebahnbetrieb sich immer unzulänglicher erwies gegenüber dem ungeheueren Andrang von Fahrgästen, wie er besonders an schönen Sonn- und Feiertagen herrschte. Die ausgedehnteste Einstellung von Hilfswagen vermochte den Übelständen in keiner nennenswerten Weise abzuhelfen. Besonders stark war die Frequenz auf der gemeindlichen Linie Färbergraben—Isartalbahnhof. Nach eingehenden Beratungen entschloß man sich daher im Jahre 1895 in der Gemeindevertretung, auf dieser Linie den elektrischen Betrieb einzuführen. Der Erfolg war so günstig, daß man nach wenigen Monaten auch die zweite gemeindliche Linie mit elektrischem Betriebe versah. Mit den offensichtlichen Vorzügen des elektrischen Betriebes auf den gemeindlichen Linien mußte sich aber die völlige Unzulänglichkeit des Pferdebahnbetriebes auf den gesellschaftlichen Linien nur desto fühlbarer machen. Der Verwaltungsbericht für 1897 sagt, daß die Münchener Trambahnverhältnisse sich seit mehreren Jahren als unzureichend erwiesen, und stellt dem Pferdebahnbetrieb das Zeugnis aus, daß er seiner großen Aufgabe, durch rasche Personenbeförderung die Entfernung in der Großstadt weniger fühlbar zu machen, nicht mehr gerecht würde.

Die Trambahngesellschaft war nun zwar vertraglich verpflichtet, neue Erfindungen und Verbesserungen in der Betriebsweise auf ihren Bahnen einzuführen, allein nur, wenn deren Ausführung nicht mit unverhältnismäßig hohen Kosten verknüpft wäre. Da jedoch die zur Einführung des elektrischen Betriebes auf dem gesamten Bahnnetz erforderliche Summe auf etwa 4 Millionen Mark geschätzt wurde, behauptete die Gesellschaft, sie sei, da eine Amortisation dieses Betrages ihr in den wenigen noch verbleibenden Jahren der Konzessionsdauer nicht möglich erscheine, ohne die künftigen jährlichen Reinerträgnisse des Unternehmens sehr zu verringern, unter diesen Umständen nicht zur Einführung des elektrischen Betriebes verpflichtet. Nur gegen Bewilligung einer entsprechenden Konzessionsverlängerung erklärte sie sich dazu bereit.

Es mag nun aber dahingestellt sein, ob bei diesem Stande der Dinge nicht überhaupt der Fall gegeben gewesen wäre, den der Vertrag ebenfalls vorsah, daß gegen Verschlechterungen des Betriebes, worunter die Gemeinde leiden würde, die Kündigung des Vertrages mit der Gesellschaft schützen könne. Die Gesellschaft war verpflichtet das ganze Unternehmen in betriebsfähigem Zustande zu erhalten, der Zustand aber „des im übrigen ja anerkannt vorzüglich organisierten und geleiteten Verkehrsmittels" war — mit Einspännern, kleinen Wagen — nichts weniger als betriebsfähig. Die Gesellschaft hätte selbst durch die doppelte Anzahl Pferde, größere Wagen, dichteren Verkehr den Mißständen nur vorübergehend abgeholfen, ganz abgesehen davon, daß sie wegen des nahen Konzessionsendes zu ganz außerordentlichen Aufwänden nicht mehr fähig gewesen wäre. Sagt doch der Verwaltungsbericht für 1897 [1], daß die Trambahn unter den damaligen Betriebsverhältnissen so ziemlich an der äußersten Grenze ihrer Leistungsfähigkeit angelangt wäre.

Doch scheint man an die Möglichkeit einer Konzessionsentziehung in der Gemeindeverwaltung nicht gedacht zu haben. Man schien es im Gegenteil als ein besonderes Entgegenkommen der Gesellschaft aufzufassen, als diese sich bereit erklärte, in einem neuen Vertrage eine Vereinbarung über die Einführung des elektrischen Betriebes zu treffen. Dies geschah im Vertrage vom 25. Oktober 1897. Er ging von der Voraussetzung aus, daß den Interessen der Trambahngesellschaft in keiner Weise zu nahe getreten werden dürfte [2].

In der Hauptsache wurde darin folgendes festgesetzt:

Die Stadtgemeinde erhielt das Recht der unumschränkten Einführung des elektrischen Betriebes. Die Leitung und die Verwaltung des Unternehmens sollte nach wie vor in den Händen der Trambahnaktiengesellschaft liegen. Doch erlangte die Gemeinde den weitgehendsten Einfluß auf dem ganzen Betrieb. Die entscheidendste Änderung aber in den

---

[1] S. 155.

[2] Verwaltungsber. 1897, S. 156.

bisherigen Verhältnissen lag auf finanziellem Gebiete. Das ganze Trambahnunternehmen sollte fortan durch die Gesellschaft für Rechnung der Gemeinde betrieben werden. Letztere erhielt demgemäß das Recht einer unumschränkten Kontrolle über das ganze Unternehmen. Hierzu wurde eine städtische Trambahninspektion eingerichtet. Das Betriebserträgnis sollte derartig verteilt werden, daß

a) von den bisherigen selbständigen gemeindlichen Linien die gesamten Einnahmen der Stadtgemeinde zuflossen, wogegen diese auch die für diese Linien erwachsenen Ausgaben zu bestreiten hatte,

b) aus den Erträgnissen der reinen Gesellschaftslinien und der gemeinschaftlichen Linien bis zum Ablaufe des Vertrages am 1. Juli 1907 der Gesellschaft der von ihr aus diesen Linien im Betriebsjahre 1896/97 erzielte Bruttobetriebsüberschuß in Höhe von 812132,90 ℳ jährlich fortbezahlt und ihr außerdem die im genannten Jahre von ihr aus dem Abonnement erzielten Einnahmen in Höhe von 111086,06 ℳ jährlich weiter entrichtet würden, zuzüglich der Kontokorrentzinsen dieser Beträge. Der leitende Gedanke dabei war, daß der Gesellschaft ihre bisherigen Einnahmen auch in Zukunft gesichert sein sollten, um ihr die Versehung ihres Finanzdienstes zu ermöglichen. „Damit war aber das Maß der der Trambahngesellschaft garantierten Summen noch nicht erschöpft“ [1]. Da mit der Einführung des elektrischen Betriebes das gesamte Fahrmaterial mehr oder minder wertlos wurde, sollte die Gesellschaft dafür bis zum Ablauf des Vertrages eine Annuität von 40550,58 ℳ erhalten. Mit Ablauf der Vertragsperiode hatte dann das vorhandene Fahrmaterial unentgeltlich in das Eigentum der Gemeinde überzugehen, auch war sie berechtigt, etwaige schon vorher erzielte Erlöse aus dem Verkaufe des Fahrmaterials für sich zu vereinnahmen.

Ferner sollte nach Abzug aller dieser an die Gesellschaft zu leistenden Beträge zum Zwecke der Erneuerung der zum Betriebe erforderlichen Objekte (Wagen, Hochbauten, maschinellen Einrichtungen) zunächst ein Erneuerungsfonds angesammelt werden, der 6% der Bruttoeinnahmen nicht übersteigen, mindestens aber die Summe von 120000 ℳ jährlich zu erreichen hatte; sodann sollte an die Stadtgemeinde eine sechsprozentige Abschreibungsquote für Neubauanlage- und Umwandlungskosten, d. i. für Einführung des elektrischen Betriebes, überwiesen werden.

Von dem Rest, der nach Erfüllung aller dieser Leistungen verblieb, sollte die Gemeinde noch $^3/_4$, die Trambahnaktiengesellschaft $^1/_4$ erhalten.

---

[1] Verwaltungsber. 1897, S. 154.

Für den Fall, daß bei der Gesamtabrechnung die auf die Stadtgemeinde entfallenden Einnahmen zur Deckung aller der vorgenannten Ausgaben nicht hinreichten, hatte die Gesellschaft den Fehlbetrag gegen $3^1/_2$ prozentige Verzinsung vorzuschießen. Die Rückerstattung dieser Beträge sollte aus den Betriebsüberschüssen der folgenden Jahre, spätestens aber mit Ablauf der Vertragsperiode erfolgen.

Der Strom für den Betrieb der Straßenbahn sollte vom städtischen Elektrizitätswerk unter Zugrundelegung der Selbstkosten nach einer an anderer Stelle noch mitzuteilenden Preisskala geliefert werden. Ebenfalls wird dort auch über die Tarifänderungen, welche der neue Vertrag brachte, sowie über die ganze weitere Gestaltung der Münchener Trambahnverhältnisse, insbesondere über die ungünstigen Erfahrungen, welche die Stadtgemeinde mit diesem Vertrage machen mußte, eingehend berichtet werden.

Ziehen wir nun zum Schlusse das Resultat aus der Gestaltung der Beziehungen zwischen Stadtgemeinde und Trambahngesellschaft, so sind auch hier drei Punkte hervorzuheben: die Gebundenheit der Stadt und ihre Abhängigkeit von der Gesellschaft, wenn es galt, notwendige Verkehrs- und wünschenswerte Tarifverbesserungen durchzusetzen; die ungünstige Lage der Gemeinde bei unumgänglichen Bahnnetzerweiterungen, insofern als die Gesellschaft sich im Besitze der ertragreichsten Linien befand und der Gemeinde nur minderergiebige Linien verblieben wären; schließlich die Schwierigkeit, auf Grund der Bestimmungen in den bestehenden Verträgen von der Gesellschaft ein zeitgemäßes Betriebssystem, wie die Einführung des elektrischen Betriebes, zu beanspruchen.

Der Hauptübelstand lag auch bei der Trambahn — gleichwie bei der Gasanstalt — auf *rechtlichem* Gebiete, in dem Konzessionsverhältnis an und für sich, in der Unzulänglichkeit der, wenn auch mit noch so viel juristischem Scharfsinn und größter Sorgfalt ausgearbeiteten Verträge gegenüber *unvorhergesehenen künftigen Verhältnissen*. Die Gesellschaften nutzten ihr Monopol, das sie entweder rechtlich oder tatsächlich besaßen, rückhaltlos aus, ohne nach dem Wohl des Publikums zu fragen, nur sorgsam abwägend, nichts zu tun, was ihre Rente irgendwie schmälern könnte. Der Gemeinde stand gegen ein solches Gebahren in den Verträgen keine wirksame Handhabe zu [1]. Sie hatte sich in die Gewalt der privaten Gesellschaften begeben und mußte sich bescheiden mit dem, was ihr von ihnen zuteil wurde.

---

[1] Verwaltungsber. 1889, S. 91.

Das Verhältnis speziell zwischen Gemeinde und Trambahn war aus diesen Gründen zuzeiten ein äußerst gespanntes, die Stimmung gegen die Trambahngesellschaft, besonders im Kollegium der Gemeindebevollmächtigten, aufs höchste gereizt, trotzdem der gebotene Betrieb an und für sich, die Betriebsführung selbst, — von den allerletzten Jahren vielleicht abgesehen — in der Gemeindeverwaltung wiederholt unumwunden als vortrefflich bezeichnet werden mußte.

3. Das Plakatwesen.

Soweit das Plakatwesen ein von der Gemeinde konzessionierter Privatbetrieb ist, kommt hierfür nur die Überlassung von Flächen des gemeindlichen Bodens und an gemeindlichen Gebäuden in Betracht. Daneben findet natürlich durch die konzessionierte Firma auch die Benutzung von Flächen an Privateigentum für Reklamezwecke statt. Die erste Konzession zur Aufstellung von Plakatsäulen und -Tafeln an öffentlichen Plätzen und Straßen erhielt, wie im ersten Kapitel bereits erwähnt, im Jahre 1862 auf ihr Gesuch die Firma Hartl. Ein förmlicher Vertrag wurde mit ihr nicht abgeschlossen; die für die Plakatsäulen und -Tafeln bestimmten Plätze mußten genau eingehalten werden, und es konnte die Erlaubnis vom Magistrat jederzeit widerrufen werden. Es wurde weder eine finanzielle Leistung an die Stadt, noch auch die Festsetzung eines Tarifs für die Anschläge vorgesehen. Bekanntmachungen der städtischen Behörden hatte sie jedoch, wenigstens an gemeindlichen Anschlagstellen, unentgeltlich zu bewirken.

In den folgenden Jahren erhielten auch noch einige andere Firmen die Erlaubnis zur Benutzung von Flächen an Gemeindegebäuden für Reklamezwecke. Im Jahre 1879 wurde die Vermietung der Flächen zur Anheftung von Plakaten öffentlich ausgeschrieben. Unter fünf Bewerbern ging die Firma Hartl mit einem Gebot von 20 ℳ pro Säule (je 9,36 qm) und dem gleichen Preise für entsprechende Flächen bei Tafeln als Meistbietender hervor. Die von der Gemeinde vermietete Gesamtfläche (Säulen und Tafeln) betrug damals 1018 qm, mithin die von der Firma Hartl jährlich an die Stadtkasse abzuliefernde Summe etwa 2000 ℳ. Die Tariffestsetzung wurde nunmehr der Genehmigung des Magistrats unterworfen. Doch erhielt Hartl fortan ein Monopol insofern, als der Magistrat nur mit seiner Genehmigung auch an andere Unternehmer Flächen gemeindlichen Eigentums zur Plakatierung überlassen konnte. Die Säulen und Tafeln durften an anderen als den vom Magistrate angegebenen Plätzen nur mit seiner (des Magistrats) Genehmigung errichtet werden. Auf Verlangen des Magistrats war der Unternehmer verpflichtet, neue Säulen bezw. Tafeln anzubringen oder auch vorhandene zu entfernen. Das Abkommen war zwar jederzeit kündbar, doch war man seitens der Gemeindevertretung mit Rücksicht auf Hartls „reelle Geschäftsführung", wie es hieß, nicht gesonnen, das Verhältnis vor Ablauf von 10 Jahren (vor dem Jahre 1890) zu lösen. Überhaupt war man mit der Firma zufrieden. Nach vom Magistrate gepflogenen Erhebungen sollte sie „sehr loyal" sein und „bei Anzeigen zu wohltätigen Zwecken eine sehr niedrige oder gar keine Gebühr erheben". Auch wurde hervorgehoben, daß die Tarife seit dem Jahre 1876 nicht mehr erhöht worden seien und bedeutend niedriger als in anderen Städten wären. Bei Aufträgen für längere Dauer würden von ihr 40 % Rabatt berechnet.

Einige Jahre hindurch war Hartl die einzige Plakatfirma in München. Im Jahre 1887 erhielt dann der Unternehmer Pierling von der Königl. Polizeidirektion die Erlaubnis zur Gründung eines zweiten Plakatinstituts. In diesem entstand der Firma Hartl bald eine sehr gefährliche Konkurrenz. Pierling bewarb sich alsbald auch um die Erlaubnis zur Aufstellung von Plakatsäulen und -Tafeln auf gemeindlichem Eigentum und bot der Gemeinde eine etwas höhere Entschädigung dafür an. Allein „mit billiger Rücksichtnahme, daß das Plakatwesen mit der Firma Hartl verknüpft sei und sie auch das Monopol habe", wurde er abgewiesen. Doch Besprechungen zwischen Magistrat und der Firma Hartl führten dazu, daß letztere die Gebühr von 20 ℳ pro Säule auf 30 ℳ (= 3,20 ℳ pro Quadratmeter) erhöhte. Damit ging sie nach ihrer Aussage bis zum Maximum ihrer Leistungsfähigkeit.

Inzwischen bemühte sich Pierling weiter um eine Konzessionsverleihung. Infolgedessen erbot sich die Firma Hartl beim Ablauf ihrer Konzessionsfrist im Jahre 1890, für die bereits vorhandenen Plakattafeln von 1250 qm eine jährliche Gebühr von 7500 ℳ zu zahlen. Dafür sollte sie zu einer Vermehrung der Flächen bis zu 1500 qm berechtigt sein. Für jedes Quadratmeter über 1500 wollte sie 5 ℳ entrichten. Auch war sie bereit, den Anschlag von gemeindlichen Bekanntmachungen an Privattafeln unentgeltlich zu übernehmen. Die Vertragsdauer sollte dann jedoch nicht unter 10 Jahren sein. Pierling seinerseits stellte das Ersuchen, ihm eine Hälfte der gemeindlichen Plakattafeln zu überlassen.

Nun hielt es die Gemeindevertretung nicht länger für gerechtfertigt, dem zweiten Plakatinstitute wegen seiner „bewährten Konkurrenzfähigkeit" die Zulassung zu versagen. Die um ihr Einverständnis mit dem Pierlingschen Gesuch befragte Firma Hartl erklärte eine Teilung der Stadt nicht für angängig, außer daß das Stadtgebiet in zwei Kreise, einen äußeren und einen inneren, geteilt würde, und ihr der letztere, der Firma Pierling aber der äußere überwiesen würde. Sie bot für diesen Fall 4 ℳ pro Quadratmeter. Außerdem machte sie noch einen anderen Vorschlag, nämlich ihr die bisherigen Plätze zu belassen und der Konkurrenzfirma ebenfalls die Erlaubnis zur Benutzung von Flächen an gemeindlichem Eigentum zu überlassen. Im letzteren Falle bot sie 5 ℳ für den Quadratmeter. Pierling erklärte, in beiden Fällen das gleiche zahlen zu wollen. Der letzte Hartlsche Vorschlag wurde von der Gemeindevertretung angenommen, und von 1893 ab die beiden Firmen zugelassen. Die Dauer des Vertrages wurde auf 5 Jahre festgesetzt. — Im Jahre 1894 vereinigten sich die beiden Konkurrenzfirmen in einer Gesellschaft m. b. H. unter dem Namen „Vereinigte Münchener Plakatinstitute Hartl & Pierling“. Der Vertrag von 1891 galt nun auch für die Gesellschaft weiter. Am 1. Mai 1896 wurde er auf 7 Jahre bis zum 1. Mai 1903 verlängert.

Bei seinem Ablauf wiederholte sich nun der Vorgang zu Ende der 80er Jahre. Eine neue Plakatfirma, das „Münchener Kindl-Plakatinstitut“, bewarb sich ebenfalls um die Konzession, bezw. eine Teilung des Stadtgebietes und suchte die bisherige Firma zu überbieten. Der Magistrat ließ nunmehr eine Versteigerung der Anschlagstellen unter Festsetzung eines Aufwurfpreises von 15 ℳ für den Quadratmeter eintreten. Hartl & Pierling erzielten mit 15,10 ℳ das Meistgebot. Eine Tariferhöhung wurde nicht vorgenommen. Die genannte Firma gab jedoch die Erklärung ab, daß sie einen Gewinn aus der Plakatierung an gemeindlichen Plätzen fortan nicht mehr erzielen könne und das Vertragsverhältnis nur noch fortsetze, weil gerade die Anschlagstellen auf gemeindlichem Grunde die unumgängliche Ergänzung ihrer sonstigen Anschlagstellen bildeten und ihre Kunden bei Vergebung von Aufträgen gerade auf Anschläge an den in den belebtesten Gegenden befindlichen gemeindlichen Plätzen reflektierten.

Nach Verlauf weniger Jahre kaufte schließlich die Firma Hartl & Pierling ihre Konkurrenzfirma auf, und gegenwärtig ist sie wieder das einzige Plakatinstitut.

Der Inhalt der Verträge aber ist im wesentlichen immer derselbe geblieben und bestimmt in der Hauptsache folgendes:

Die Stadtgemeinde gestattet der Gesellschaft die Anbringung von Plakattafeln an Gemeindegebäuden bezw. Plakatsäulen auf gemeindlichen Grundflächen. Die Genehmigung erfolgt nur in stets widerruflicher

Weise. Die Auswahl der Plätze, die Form und Größe der Anschlagtafeln und -Säulen unterliegt der Genehmigung des Magistrats, auf dessen Anordnung die Gesellschaft auch ohne Entschädigungsanspruch bestehende Säulen und Tafeln entfernen und versetzen oder neue herzustellen hat. Gegebenenfalls ist der Magistrat berechtigt, diese Arbeiten auf Kosten der Gesellschaft auszuführen. Gewisse vom Magistrat zu bezeichnende Plakatsäulen muß die Gesellschaft mit verschließbaren Türen versehen, so daß im Innenraume der Säule Geräte für die Zwecke des städtischen Tiefbaues, des Beleuchtungswesens u. dgl. aufbewahrt werden können. Auch ist der Magistrat berechtigt, zu verlangen, daß die Gesellschaft die Anbringung von Signalen, Kontrolluhren, Meldeapparaten und ähnlichen Vorrichtungen außerhalb der für Anschlagszwecke bestimmten Fläche oder in dem zu diesem Zwecke zugängig gemachten Innenraum der Säulen unentgeltlich gestatte. Bekanntmachungen der städtischen Behörden und der Königl. Polizeidirektion sind ebenfalls unentgeltlich zu bewirken und solange angeschlagen zu belassen, als es ihr Zweck erfordert. Die Säulen und Tafeln sind stets in gutem und sauberem Zustande zu unterhalten. Eine Verunreinigung der Straßen durch abgerissene Papierreste darf nicht stattfinden. Während der Dauer des Vertrages verpflichtet sich die Stadtgemeinde, einem andern Unternehmer die Genehmigung zur Errichtung gleicher oder ähnlicher Anlagen auf öffentlichen Straßen oder Plätzen nicht zu erteilen. Diese Bestimmung bezieht sich jedoch nicht auf solche Anschlagstellen, welche die Gemeinde auf eigene Kosten schafft, doch sollen auch solche Anschlagstellen zunächst der Gesellschaft zur Benutzung angeboten werden. Die Gesellschaft haftet der Stadt für Erfüllung aller Bedingungen zunächst mit einer Kaution von 6000 ℳ, reicht diese nicht aus, dann haften die Gesellschaft und die Gesellschafter mit ihrem übrigen Vermögen. Konventionalstrafen kann die Gemeinde unter Umständen bis zur Höhe von 500 ℳ verhängen. Fortgesetzt vertragswidriges Verhalten der Gesellschaft berechtigt die Stadtgemeinde, ohne daß es eines gerichtlichen Verfahrens bedarf, einseitig vom Vertrage zurückzutreten. In diesem Falle steht der Gemeinde das Recht zu, die Säulen und Tafeln gegen Vergütung ihres Wertes als Eigentum zu erwerben. Die Ermittlung des Wertes geschieht dann durch zwei von den beiden Parteien zu wählende Sachverständige, die bei Uneinigkeit einen Obmann wählen können. Eine Ablösung des Unternehmens ist in den Verträgen also nur für den einen Fall des Vertragsbruches der Gesellschaft vorgesehen. Bestimmungen über das, was sonst etwa nach einem Aufhören der Konzession geschehen soll, fehlen. Ihre Rechte ferner darf die Gesellschaft nicht an Dritte abtreten.

Was nun die finanziellen Leistungen an die Gemeindekasse anbelangt, so war, wie gesagt, im Vertrage vom Jahre 1891 eine Gebühr von 5 ℳ pro Quadratmeter vorgesehen. Bei Erneuerung des Vertrages am 1. Mai 1896 wurde diese Gebühr auf 6 ℳ erhöht. Die Folge davon war, daß die Gesellschaft mit Genehmigung des Magistrats auch die Tarife erhöhte. Bei der letzten Erneuerung des Vertrages am 1. Mai 1903 wurde dann von der Gemeinde die erwähnte Erhöhung von 6 auf 15,10 ℳ pro Quadratmeter Anschlagfläche erreicht[1]. Eine Tariferhöhung erhielt die Gesellschaft diesmal nicht[2].

Speziell für die Interessen des Publikums ist dadurch gesorgt, daß die Gesellschaft vertragsgemäß jedem Dritten nach der Reihenfolge der Anmeldung die Benutzung der Säulen und Tafeln gestatten muß. Doch ist jedes Plakat vor dem Anschlagen der Königl. Polizeidirektion zur Einsicht einzureichen. Ferner unterliegt Feststellung und jede Abänderung des Tarifes der Zustimmung des Magistrats, der auch über die Innehaltung der Tarife zu wachen hat. Schließlich ist auch noch die Bestimmung getroffen, daß an sämtlichen Plakatsäulen und -Tafeln (mit Ausnahme ganz kleiner für Theaterzettel) deutlich verzeichnet sein muß:

1. die Firma der Gesellschaft,
2. die Nummer des Stadtbezirkes,
3. die Wohnung des für den Stadtbezirk aufgestellten Königl. Polizei- und Bezirkskommissärs und des Städtischen Bezirksinspektors,
4. die nächste Feuermeldestation.

Im Vertrage vom 1. Mai 1903 kamen noch hinzu:

5. der Sitz des einschlägigen Polizeiamtes und
6. die nächste Sanitätswache.

Die Einnahmen, welche die Stadt aus dem Plakatwesen bezieht, be-

---

[1] Bei der Vertragsverlängerung im Jahre 1908 ist diese Gebühr auf 20 ℳ pro Quadratmeter festgesetzt worden; nach weiteren 5 Jahren soll sie auf 25 ℳ steigen.

[2] Die Preisfestsetzung für Plakate richtet sich nach dem Format und der Menge der Exemplare und nach der Anzahl Tage, welche die Plakate angeschlagen bleiben. Gegenwärtig beträgt der Preis für einen Tag bei 1—10 Exemplaren 50 Pf. bis 1,50 ℳ, ansteigend mit der Menge der Exemplare bis 3,30 bezw. 9,90 ℳ bei 100 Stück. Für jeden folgenden Tag kommt ein Zuschlag von 25 Pf. bezw. 90 Pf. bei 1—10 Exemplaren, bei 100 Exemplaren ein solcher von 2—6 ℳ in Anrechnung.

tragen jährlich etwa 30 000 ℳ. Das ist im Vergleich z. B. mit Berlin[1], das 400 000 ℳ Pacht aus dem Plakatwesen bezieht, gering. Doch ist zu beachten, daß sich dort die Säulen im Eigentum der Stadt befinden bezw. dahin übergehen, nachdem sie von der Firma gebaut sind.

4. Die chemische Verarbeitung des Hausunrats.

Für die Beziehungen zwischen der Gemeinde und der „Haus-Müll-Verwertung München, G. m. b. H.", war zunächst der Konzessionsvertrag vom 27. Juli 1898 gültig. Es wurde darin folgendes vereinbart: Die Stadtgemeinde München verpflichtete sich, den gesamten Hausunrat ohne Ausnahme, wie derselbe von der gemeindlichen Abfuhranstalt mitgenommen würde, der Gesellschaft zu überweisen. Dies sollte in der Weise geschehen, daß die Stadtgemeinde den Unrat auf hierzu bestimmte Bahnwaggons auf einem der Münchener Bahnhöfe verladen ließ.

Die Gesellschaft erhielt also ein ausschließliches Recht auf den Unrat. Sie hatte den so verladenen Hausunrat mit der Eisenbahn nach der Verarbeitungsstelle zu befördern und ihn dort in einer Fabrik zu landwirtschaftlich verwertbarem Dünger zu verarbeiten. Die Vertragsdauer wurde vom 1. Juli 1898 ab auf 20 Jahre festgesetzt. Die Verladung sollte auf Kosten der Stadtgemeinde, der Hintransport, das Ausladen und der Rücktransport auf Kosten der Gesellschaft geschehen. Letztere übernahm ferner auch die ausschließliche Haftung für die Möglichkeit der jederzeitigen Übernahme des gelieferten Hausunrats. Sie verpflichtete sich, die ganze Fabrikanlage mit allem beweglichen und unbeweglichen Inventar in gutem baulichen und betriebsfähigem Zustande nach Maßgabe der dem Magistrat zur Genehmigung vorzulegenden Pläne herzustellen und während der Vertragsdauer in demselben zu erhalten und nur befähigtes und zuverlässiges Personal zu verwenden. Der Magistrat behielt sich das Recht vor, den guten Zustand der zum Betriebe erforderlichen Objekte jederzeit zu untersuchen, eventuell Abänderungen zu verlangen und auch Einsicht in die Bücher, Rechnungen, Belege usw. der Gesellschaft zu nehmen. Hinsichtlich der finanziellen Leistungen wurde vereinbart, daß die Gemeinde in den ersten 10 Jahren an die Gesellschaft die jährliche Summe von 160 000 ℳ zu zahlen hätte. Nach Ablauf dieser Zeit sollte die

[1] In Berlin bestehen 1100 Säulen (keine Tafeln). Rechnet man die Säule, wie in München, zu 9,36 qm, so ergibt das 10 296 qm. Die jährliche Pacht für 1 qm würde nach dieser Rechnung etwa 38,85 ℳ betragen. Es bestehen folgende Maximaltarifsätze: je nach dem Format des Plakates pro 100 Exemplare und Tag für Säulenraum 40 Pf. bis 2,50 ℳ, für Anschlag 25 Pf. bis 1 ℳ.

Pauschalsumme nach dem Verhältnis des sich ergebenden Mehranfalls entsprechend erhöht werden. Dagegen hatte die Stadtgemeinde vom elften Vertragsjahre ab einen Anteil von 5 % des Reingewinnes aus dem Verkaufe der aus dem Unrate erzielten Fabrikate zu beanspruchen. Unter Reingewinn wurde verstanden die Differenz zwischen den aus dem Verkauf des verarbeiteten Hausunrats sich ergebenden Bruttoeinnahmen einerseits und den auf die Verarbeitung und den Verkauf sich ergebenden persönlichen und sachlichen Auslagen, sowie den Kosten für Amortisation und für eine 3½prozentige Verzinsung der jeweils noch nicht amortisierten Anlagekapitalien andererseits. Die Amortisationsquoten wurden für die einzelnen Objekte genau festgelegt.

Für die Erfüllung des Vertrages haftete die Gesellschaft der Stadtgemeinde mit einer Hypothek von 80 000 ℳ auf ihrem Gesamtbesitz und einer Kaution in Wertpapieren im Betrage von 20 000 ℳ. Außerdem konnte der Magistrat Konventionalstrafen verhängen. Wenn die Gesellschaft ihren vertraglichen Verpflichtungen nicht nachkommen sollte, konnte der Magistrat nach vorheriger Warnung den Vertrag als aufgelöst betrachten und die Übernahme und Verarbeitung des Hausunrats auf Gefahr und Kosten der Gesellschaft anderweitig besorgen lassen. Die Stadtgemeinde hatte schließlich das Recht, die Fabrikanlage mit allem beweglichen und unbeweglichen Inventar am Schluß der Vertragsperiode zu erwerben.

Mit Erwerbung der v. Poschingerschen Güter Ismaning und Zengermoos war für die Gemeinde Gelegenheit geboten, den Hausunrat dort zu verwerten. Da nun aber die Haus-Müll-Verwertungsgesellschaft ein Monopol auf den Unrat hatte, wurde im Jahre 1900 eine Änderung des Vertrages vorgenommen, derzufolge sich die Gemeinde das Recht ausbedang, bei einer gewissen jährlichen Unratmenge (15 000, 16 000, 16 500 Waggons usw.) eine gewisse Anzahl Waggons täglich zurückzubehalten. Dagegen leistete sie Verzicht auf den ihr nach dem ersten Vertrage gegebenenfalls zukommenden Gewinnanteil. Ferner wurde vereinbart, daß an Stelle des Einlösungsrechtes ein Vorkaufsrecht der Gemeinde für die gesamte Fabrikanlage treten solle. Statt der bisherigen Pauschalsumme wurde der Gesellschaft fortan für jeden Eisenbahnwaggon ein Übernahmepreis von 16 ℳ gewährt, der sich vom 1. Juli 1908 auf 15,50 ℳ ermäßigen sollte.

Von ihrem Zurückbehaltungsrecht hat die Gemeinde bis zur Zeit noch nicht Gebrauch gemacht, da die Bahn nach Ismaning noch nicht fertiggestellt ist.

Drittes Kapitel.

Die Bedeutung der gewerblichen Betriebe für den Gemeindehaushalt.

Es sollen in diesem Kapitel nunmehr die finanziellen Ergebnisse der Betriebe vor Augen geführt und im Anschluß daran ihre Bedeutung für den Gemeindehaushalt betrachtet werden. Zunächst seien jedoch einige Bemerkungen über das rechnerische Zustandekommen der weiter unten folgenden Ergebnisse vorausgeschickt.

In der Gemeindeverwaltung Münchens findet, wie im bayrischen Staatshaushalt, die sogenannte kameralistische Buchführung Anwendung [1]. Bekanntlich ist diese nur eine einfache Zusammenstellung der Einnahmen und Ausgaben, die in einem bestimmten Zeitabschnitt, gewöhnlich im Laufe eines Jahres, tatsächlich „anfallen". Sie weist infolgedessen auch immer nur den Betriebsüberschuß bzw. das Betriebsdefizit aus, d. h. die Differenz von Einnahmen und Ausgaben, nicht wie die sogenannte doppelte Buchführung bei kaufmännischen Unternehmungen das Geschäftsergebnis, das nicht nur aus dem eigentlichen Betriebe, sondern auch aus anderen Umständen, z. B. durch bloße Wertsteigerung oder Wertminderung der Vermögensobjekte, sich ergeben kann. Weiter werden bei der kameralistischen Buchführung Zahlungsrückstände des laufenden Rechnungsjahres sowohl bei Einnahmen wie Ausgaben, die naturgemäß noch zu diesem Jahre hinzugerechnet werden müssen, um den wahren Betriebsgewinn feststellen zu können, erst unter Einnahmen bzw. Ausgaben desjenigen Jahres verrechnet, in dem sie tatsächlich Erledigung finden. Somit sind unter den Einnahmen bzw. Ausgaben eines be-

[1] Seit dem Jahre 1906 werden für die wichtigsten Betriebe (Gasanstalt, Elektrizitätswerke, Straßenbahn, Wasserversorgung, Kanalisation) auch nach kaufmännischer Buchführung Rechnungsausweise veröffentlicht (neben den nach kameralistischer Buchführung gewonnenen Ausweisen).

stimmten Rechnungsjahres noch immer Posten aus den Vorjahren enthalten. Eine Folge dieser Buchführung ist, daß die Betriebsrechnung des laufenden Jahres neben ihren Einnahmen bzw. Ausgaben in der Hauptrubrik auch noch immer in Nebenrubriken die Rückstände des Betriebsjahres und nicht nur des laufenden, sondern auch die der Vorjahre mit sich schleppt. Der kameralistischen Buchführung ist es nur um Feststellung des tatsächlichen „Anfalls" zu tun. Aus diesen Gründen hält es schwer, einen richtigen Einblick in das tatsächliche Betriebsergebnis zu erhalten.

Ein weiterer Nachteil der kameralistischen Buchführung ist der gleiche, den auch die einfache kaufmännische Buchführung mit sich bringt. Während es nämlich im Wesen der sogenannten doppelten Buchführung liegt, jeden Verlust und jeden Gewinn zweimal auszuweisen, erstens auf dem betreffenden Bestandkonto und zweitens auf dem Gewinn- und Verlustkonto, und beim Abschluß dieser Konten der schließliche Geschäftsgewinn bzw. -Verlust der gleiche sein muß, zwingt sie auf diese Weise notwendig zu einer absoluten Kontrolle der Rechnungsführung. Diese Kontrolle fällt bei der kameralistischen Buchführung fort. Das finanzielle Ergebnis eines Jahres erscheint bei ihr nur e i n m a l, und zwar, wie gesagt, als Differenz von Einnahmen und Ausgaben der Betriebsrechnung. Infolgedessen können Rechen- und Buchungsfehler trotz sorgfältiger Kollationen sehr leicht unentdeckt bleiben. In den amtlichen Veröffentlichungen befinden sich nun unter den Einnahmen und Ausgaben des laufenden Jahres häufig Beträge unter dem Titel „Rechnungsberichtigungen der Vorjahre". Zwar sind darunter nicht immer Berichtigungen von Rechenfehlern zu verstehen, die auf einem Versehen beruhen. Meistenteils sind es einfache Umbuchungen von einer Teilrechnung des Gemeindehaushalts auf eine andere, aber auch wirkliche Rechenfehler können darin mit enthalten sein.

Man ist daher, wenn man durch mehrere Manipulationen das wirkliche Betriebsergebnis endlich gefunden zu haben glaubt, nicht sicher, ob nicht durch den in der Rechnung des folgenden Jahres befindlichen Betrag „Rechnungsberichtigungen der Vorjahre" das errechnete Resultat wieder beeinflußt wird. Mit exakter Genauigkeit lassen sich demnach die finanziellen Ergebnisse der Betriebe, wenigstens nach den amtlich veröffentlichten Rechnungsberichten, nicht feststellen.

Bei Berechnung der nachfolgenden Resultate — wie überhaupt auch bei allen späteren Darstellungen finanzieller Ergebnisse — ist nun, soweit es nach den amtlichen Veröffentlichungen möglich war, versucht worden, tunlichst die tatsächlichen Betriebsergebnisse auszuweisen. So sind die Rückstände des laufenden Jahres dem laufenden Jahre zugeschlagen worden, wogegen die Beträge der Vorjahre, welche die kameralistische Buchführung hinzuzählt, unberücksichtigt blieben. Ferner sind auch Beträge, die in den betrachteten Jahren 1880, 1890 und 1895 in den amtlichen Rechnungsausweisen noch als Ausgabeposten unter den Ausgaben sich befanden, wie z. B. die Mietanschläge, zu den Einnahmen hinzugerechnet. Im übrigen können die errechneten Resultate jedoch aus den genannten Gründen keinen Anspruch auf absolute Richtigkeit erheben.

Die Rechnungsausweise für die einzelnen Betriebe gestalten sich nun folgendermaßen:

Gasanstalt[1].

Rechnungsergebnisse.

Jahr	Einnahmen	Ausgaben	Reineinnahmen
1	2	3	4
	ℳ	ℳ	ℳ
1900	4 667 964	3 629 926	1 198 038
1901	4 504 079	3 446 666	1 037 413
1902	4 490 679	3 538 951	951 728
1903	4 746 508	3 671 135	1 075 373
1904	5 106 209	3 844 685	1 261 524
1905	5 537 696	4 142 665	1 395 031
1906	6 110 134	4 621 740	1 488 394

[1] Siehe S. 95 und 97.

Elektrizitätswerke. Einnahmen.

Jahr	Abgabe von Strom an: Straßenbeleuchtung	Straßenbahn	Gemeindegebäude und öffentliche Uhren	Staatsgebäude und Private	Elektrizitätszählermieten	Magazin und Werkstätten	Sonstige Einnahmen	Abgabe von Dampf an das Müller-Volksbad	Einnahmen insgesamt	Reineinnahmen
1	2	3	4	5	6	7	8	9	10	11
	ℳ	ℳ	ℳ	ℳ	ℳ	ℳ	ℳ	ℳ	ℳ	ℳ
1897	299 277	56 397	61 562	36 518	567	31 974	21 295	—	507 590	194 862
1898	317 219	73 140	50 580	111 372	2 262	410 011	11 454	—	976 038	230 455
1899	309 591	176 981	685 255		959 912		2 135	—	2 133 874	248 213
1900	323 244	303 671	182 055	983 755	49 630	1 843 993	8 900	—	3 695 248	177 343
1901	323 244	484 072	207 224	1 260 710	74 156	1 632 557	81 462	—	4 063 425	229 167
1902	324 331	536 917	126 293	1 440 355	91 147	1 101 916	17 774	78 169	3 716 904	212 303
1903	335 126	530 002	140 390	1 581 029	105 101	1 208 867	15 873	70 532	3 986 920	269 705
1904	321 704	525 902	161 266	1 746 076	120 239	1 240 264	16 800	73 383	4 205 634	352 647
1905	316 951	540 018	226 993	1 968 106	137 047	1 411 920	25 148	78 100	4 704 283	469 408
1906	342 710	611 523	205 129	2 081 291	154 247	1 652 610	19 890	85 797	5 153 197	413 352

Elektrizitätswerke. Ausgaben.

Jahr	Allgemeine Verwaltungs- und Betriebskosten	Brennmaterial	Schmier-, Putz- und Dichtungsmaterial	Unterhalt und Ergänzung	Sonstige Ausgaben	Magazin und Werkstätten	Verzinsung und Tilgung	Erneuerungsfonds	Ausgaben insgesamt
1	2	3	4	5	6	7	8	9	10
	ℳ	ℳ	ℳ	ℳ	ℳ	ℳ	ℳ	ℳ	ℳ
1897	77 221	25 269	16 116	12 201	48 030	—	70 332	63 559	312 728
1898	274 126	79 488	32 638	12 847	209 013	—	73 276	64 195	745 583
1899	195 035	239 718	49 269	45 067	168 285	914 967	212 658	60 662	1 885 661
1900	316 719	439 284	46 352	59 253	65 142	1 778 247	424 857	388 051	3 517 905
1901	388 762	687 033	51 874	78 437	54 637	1 579 860	504 085	489 570	3 834 258
1902	410 547	584 618	49 491	97 714	54 104	1 069 285	690 828	548 014	3 504 601
1903	427 669	575 926	42 385	90 397	50 363	1 172 838	714 967	642 670	3 717 215
1904	461 139	572 436	44 052	106 592	49 583	1 198 280	742 130	678 775	3 852 987
1905	499 766	639 793	56 159	116 338	103 799	1 367 462	771 515	680 043	4 234 875
1906	556 004	739 687	56 828	112 962	89 860	1 589 471	834 876	760 157	4 739 845

Straßenbeleuchtung.

Jahr	Einnahmen	Ausgaben	Abschreibungen (Verzinsung, Tilgung, Erneuerungsfonds)	Reine Ausgabe
1	2	3	4	5
	ℳ	ℳ	ℳ	ℳ
1880	27 769	186 301	—	158 532
1890	41 782	312 823	—	271 041
1896	48 836	733 779	—	684 943
1897	49 070	804 115	115 641	755 045
1900	11 258	868 945	123 263	857 687
1904	15 856	1 131 340	121 739	1 115 384
1906	21 931	1 218 631	102 424	1 196 700

Wasserversorgung.

Jahr	Einnahmen aus dem Wasserverkauf	Einnahmen aus Prüfungsgebühren u. Wassermessermieten	Sonstige Einnahmen	Gesamteinnahmen	Reineinnahmen (Abgleichung)	Gesamtausgaben	Verzinsung, Tilgung, Erneuerungsfonds
1	2	3	4	5	6	7	8
	ℳ	ℳ	ℳ	ℳ	ℳ	ℳ	ℳ
1885	376 969	27 302	21 137	425 408	4 582	420 826	323 974
1890	642 814	68 874	92 040	803 728	286 140	517 588	306 025
1895	1 063 698	103 796	114 218	1 281 712	437 541	844 171	538 157
1896	1 114 872	109 143	135 127	1 359 142	429 867	929 275	611 119
1897	1 268 895	114 921	160 784	1 544 600	500 468	1 044 132	689 180
1898	1 296 003	120 492	182 022	1 598 517	420 689	1 177 828	778 830
1899	1 402 266	124 562	248 926	1 775 754	477 267	1 298 487	805 327
1900	1 482 396	133 084	173 422	1 788 902	526 452	1 262 451	832 402
1901	1 649 311	140 094	225 698	2 015 103	670 375	1 344 728	867 764
1902	1 684 279	148 939	169 706	2 002 924	644 098	1 358 826	891 025
1903	1 707 944	154 831	144 794	2 007 569	658 397	1 349 172	914 234
1904	1 747 729	158 387	153 919	2 060 035	670 457	1 389 578	944 798
1905	1 765 490	161 173	136 994	2 063 657	651 739	1 411 918	981 698
1906	1 783 999	163 768	165 744	2 113 511	585 713	1 527 798	1 054 942

Weinkellerei mit Ratskeller[1].

Jahr	Einnahmen	Ausgaben	Darunter Abschreibungen	Reineinnahmen
1	2	3	4	5
	ℳ	ℳ	ℳ	ℳ
1880	112 341	90 691	5 000	21 650
1890	132 886	115 240	5 000	17 646
1895	120 378	106 477	5 000	13 901
1896	118 973	106 723	9 000	12 250
1897	127 266	112 240	7 850	15 026
1898	130 276	114 001	7 650	16 275
1899	141 415	122 878	7 700	18 537
1900	142 169	124 372	7 900	17 797
1901	132 609	117 916	8 000	14 693
1902	125 064	113 143	8 150	11 921
1903	123 522	111 600	8 185	11 922
1904	119 657	108 394	8 137	11 263
1905	364 461	278 818	27 881	85 643
1906	473 384	388 949	54 092	84 435

[1] Ratskeller seit 1904 inbegriffen.

Gesamtrechnungsergebnisse des gemeindlichen Straßenbahnunternehmens, einschließlich der Ausgaben für die Trambahn-Inspektion.

Betriebsjahr 1. Juli bis 30. Juni	Gesamteinnahmen	Vertragsmäßige Zuschüsse der Trambahngesellschaft (enthalten in den Gesamteinnahmen)	Reineinnahmen (Abgleichung)	Gesamtausgaben	Verzinsung, Tilgung, Erneuerungsfonds	Insgesamt an die Gesellschaft abgeführt
1	2	3	4	5	6	7
	ℳ	ℳ	ℳ	ℳ	ℳ	ℳ
1897—98	3 458 816	—	98 219	3 360 597	131 335	1 037 014
1898—99	4 018 471	—	341 493	3 676 978	316 523	1 116 962
1899—1900	4 500 362	—	138 838	4 361 524	558 458	1 052 074
1900—01	4 983 953	—	108 394	4 875 559	807 375	1 042 004
1901—02	5 121 480	188 714	— 17 328	5 138 808	906 059	1 002 796
1902—03	4 986 769	120 781	— 16 855	5 003 624	945 548	1 002 796
1903—04	5 003 405	172 655	— 10 926	5 014 331	978 964	1 002 796
1904—05	5 140 420	173 745	— 12 130	5 152 550	992 730	1 002 796
1905—06	5 626 210	122 562	— 33 797	5 660 007	1 130 671	1 002 796

Schlacht- und Viehhof mit Vieh- und Pferdemärkten.

Jahr	Schlachtgebühr	Marktgebühr	Futtergebühr	Einnahmen insgesamt	Ausgaben	Darunter Verzinsung, Tilgung und Erneuerungsfonds	Reineinnahme
1	2	3	4	5	6	7	8
	ℳ	ℳ	ℳ	ℳ	ℳ	ℳ	ℳ
1880	258 588	126 890	78 775	591 204	517 393	259 888	73 811
1890	347 974	157 624	90 129	738 463	632 547	284 376	105 916
1895	400 262	190 140	140 108	933 478	735 192	297 909	198 286
1896	445 805	225 949	150 585	1 027 143	721 819	297 909	297 909
1897	453 374	230 048	130 412	1 003 105	757 842	298 220	245 263
1898	454 288	234 358	119 123	992 684	808 852	366 191	183 922
1899	487 115	257 456	122 448	1 131 214	819 202	267 683	312 012
1900	525 029	272 855	143 223	1 222 918	1 210 315	429 467	12 603
1901	514 105	272 372	162 122	1 247 956	1 217 112	430 100	30 844
1902	488 239	275 342	155 072	1 267 365	1 185 453	503 205	81 922
1903	492 774	280 015	167 121	1 309 431	1 216 409	?	93 022
1904	499 601	271 112	157 298	1 314 192	1 219 294	?	94 898
1905	468 389	261 522	141 438	1 278 969	1 346 248	543 696	— 67 279
1906	451 361	247 707	146 373	1 258 298	1 271 878	547 340	— 13 580

	Einnahmen			Ausgaben		
Jahr	Schlachthof	Viehhof	Kühlanlage	Schlachthof	Viehhof	Kühlanlage
1	2	3	4	5	6	7
	ℳ	ℳ	ℳ	ℳ	ℳ	ℳ
1903	610 884	579 693	116 044	580 593	464 908	169 347
1904	625 043	564 175	122 295	564 730	482 244	169 079
1905	616 577	536 528	123 233	659 280	515 571	169 910
1906	598 447	520 846	129 903	617 496	488 268	164 716

Freibank.

Jahr	Einnahmen	Ausgaben	Reineinnahmen
1	2	3	4
	M	M	M
1880	9 927	3 907	6 020
1890	6 952	2 215	4 737
1895	6 404	2 976	3 428
1896	6 786	3 013	3 773
1897	7 199	2 976	4 223
1898	6 973	3 039	3 934
1899	6 317	3 113	3 204
1900	6 331	3 679	2 652
1901	5 982	3 523	2 459
1902	5 793	3 600	2 193
1903	6 384	3 852	2 532
1904	7 010	4 167	2 843
1905	7 071	4 016	3 055
1906	7 205	8 285	— 1 080

Schranne mit dem Hopfenmarkt.

Jahr	Einnahmen	Darunter Gebühren von nicht zur Schranne gebrachtem Getreide	Ausgaben	Reineinnahmen
1	2	3	4	5
	M	M	M	M
1880	165 794	91 135	61 072	104 722
1890	239 260	178 128	73 642	165 618
1895	246 273	191 779	60 494	185 779
1896	265 301	209 474	81 114	184 187
1897	261 307	206 140	82 457	178 850
1898	268 066	214 608	76 398	191 668
1899	242 572	194 367	82 750	159 822
1900	246 502	204 938	91 303	155 199
1901	237 879	198 076	74 827	163 052
1902	238 630	201 626	73 305	165 325
1903	231 947	196 100	77 263	154 684
1904	230 477	195 624	75 456	155 021
1905	240 843	205 678	79 091	161 752
1906	203 105	168 542	88 651	114 454

Ehemaliges Lagerhaus.

Jahr	Einnahmen	Ausgaben	Verzinsung und Amortisation	An die Stadtkasse abgeführt
1	2	3	4	5
	M	M	M	M
1880	234 999	233 563	81 693	—
1890	265 633	279 121	79 930	—
1895	252 756	255 657	40 655	—
1896	273 592	271 943	78 665	—
1897	321 333	312 806	113 779	—
1898	229 864	201 554	26 453	28 310
1899	173 669	143 797	—	29 872
1900	163 433	138 091	—	25 342
1901	140 143	133 580	—	6 563

Lebensmittelmärkte.

Jahr	Einnahmen	Ausgaben	Darunter Abschreibungen	Reineinnahmen
1	2	3	4	5
	M	M	M	M
1880	97 268	19 279	—	77 989
1890	177 374	25 992	—	151 382
1895	190 961	58 412	—	132 549
1896	215 818	69 961	—	145 857
1897	226 395	80 141	—	146 254
1898	235 964	81 751	—	154 213
1899	229 094	89 452	—	139 642
1900	232 915	79 810	—	153 105
1901	232 074	54 356	—	177 718
1902	230 628	54 171	—	176 357
1903	232 213	58 688	—	173 525
1904	227 187	53 386	—	173 801
1905	233 422	71 967	—	161 455
1906	236 497	145 479	59 566	91 018

Märkte für Holz u. Torf, Heu u. Stroh

Jahr	Einnahmen	Ausgaben	Reineinnahmen
1	2	3	4
	M	M	M
1880	18 929	6 744	12 185
1890	24 611	5 025	19 556
1895	23 246	6 164	17 082
1896	21 516	8 009	13 507
1897	22 673	10 186	12 487
1898	23 251	17 213	6 038
1899	23 756	11 077	12 679
1900	23 470	12 733	10 737
1901	24 097	11 343	12 754
1902	24 070	11 930	12 140
1903	22 739	11 847	10 892
1904	23 006	13 476	9 530
1905	22 400	19 018	3 382
1906	20 571	15 081	5 490

Dulten.

Jahr	Einnahmen	Ausgaben	Reineinnahmen
1	2	3	4
	ℳ	ℳ	ℳ
1880	30 730	17 573	13 157
1890	34 626	21 415	13 211
1895	38 208	19 686	18 522
1896	37 164	20 294	16 870
1897	37 816	20 897	16 919
1898	35 856	20 641	15 215
1899	36 328	24 273	12 055
1900	37 317	24 323	12 994
1901	39 190	24 368	14 822
1902	37 903	24 315	13 568
1903	59 119	41 933	13 186
1904	44 045	26 510	17 535
1905	39 227	28 152	11 075
1906	39 753	26 051	13 702

Stadtwagen.

Jahr	Einnahmen	Ausgaben	Reineinnahmen
1	2	3	4
	ℳ	ℳ	ℳ
1880	10 628	4 039	6 589
1890	9 549	2 978	6 571
1895	11 062	3 381	7 681
1896	10 545	3 750	6 795
1897	10 640	4 155	6 485
1898	11 091	3 861	7 230
1899	10 760	4 283	6 477
1900	10 898	4 722	6 176
1901	11 124	4 209	6 915
1902	10 590	4 350	6 240
1903	10 807	4 770	6 037
1904	10 177	4 291	5 886
1905	9 984	4 939	5 045
1906	9 707	4 797	4 910

Eichanstalten.

Jahr	Einnahmen	Ausgaben	Reineinnahmen
1	2	3	4
	ℳ	ℳ	ℳ
1880	15 942	8 057	7 885
1890	69 032	18 941	50 091
1895	92 380	26 737	65 643
1896	85 874	18 764	67 110
1897	89 175	20 203	68 972
1898	91 623	19 589	72 034
1899	91 195	20 048	71 147
1900	105 624	23 629	81 995
1901	102 222	23 422	78 800
1902	104 896	25 811	79 485
1903	102 841	25 999	76 842
1904	107 270	27 017	80 253
1905	110 586	27 671	82 915
1906	114 864	34 088	80 776

Lände[1].

Jahr	Einnahmen	Ausgaben	Darunter Verzinsung und Tilgung	Reineinnahmen
1	2	3	4	5
	ℳ	ℳ	ℳ	ℳ
1880	15 895	17 371	—	— 1 476
1890	21 826	20 121	—	+ 1 705
1895	16 082	19 641	—	— 3 559
1896	13 536	18 135	—	— 4 599
1897	14 432	17 665	—	— 3 233
1898	16 368	18 048	—	— 1 680
1899	26 003	23 674	—	+ 2 329
1900	25 831	60 653	22 241	— 34 822
1901	23 650	71 967	22 241	— 48 317
1902	25 240	42 913	16 251	— 17 673
1903	23 980	40 196	16 251	— 16 216
1904	23 629	44 499	16 251	— 20 870
1905	21 035	40 830	16 251	— 19 795
1906	22 468	43 014	16 251	— 20 546

[1] Nur Flößerei.

Sparkasse.

Jahr	Aktiva (Kurswert)	Passiva (Einlagen)	Reinvermögen (Kurswert)	Reingewinn (Kurswert)	Beitrag zu den allgemeinen Verwaltungskosten an die Stadtkasse
1	2	3	4	5	6
	ℳ	ℳ	ℳ	ℳ	ℳ
1880	4 121 082	3 701 869	419 213	+ 64 753	8 545
1890	17 437 771	16 941 600	496 171	— 235 825	34 083
1895	29 213 350	27 517 317	1 696 032	+ 201 700	53 370
1896	32 024 508	30 267 742	1 756 766	+ 60 734	60 746
1897	34 239 438	32 436 297	1 803 141	+ 46 375	65 612
1898	35 337 308	33 622 808	1 714 500	— 88 641	68 749
1899	36 308 058	34 917 447	1 390 611	— 323 889	71 415
1900	37 410 732	35 989 926	1 420 806	+ 30 195	73 342
1901	40 630 223	38 589 756	2 040 467	+ 619 661	76 675
1902	44 682 858	42 150 820	2 532 038	+ 491 571	83 710
1903	49 290 303	46 360 130	2 930 173	+ 398 135	80 000
1904	53 194 167	50 092 022	3 102 145	+ 171 972	80 000
1905	57 302 462	53 943 263	3 359 199	+ 257 054	80 000
1906	60 345 516	56 973 994	3 371 522	+ 12 323	80 000

Pfandleihanstalt.

I. Betriebsgebarung.

Jahr	Einnahmen insgesamt	Darunter: Leihzinsen	Darunter: Pfandzettelgebühren	Darunter: Versteigerungsgebühren	Darunter: Mehrerlös aus versteigerten Pfändern	Ausgaben insgesamt	Darunter: Zahlungen an Armenpflege, Militär-, Witwen- und Waisenfonds	Darunter: Beitrag zu den allgemeinen Verwaltungskosten an die Stadtkasse	Reineinnahmen
1	2	3	4	5	6	7	8	9	10
	ℳ	ℳ	ℳ	ℳ	ℳ	ℳ	ℳ	ℳ	ℳ
1890	264 790	147 569	25 887	10 128	61 886	253 964	7 047	2 640	10 826
1895	314 512	183 791	28 302	14 323	60 937	289 289	7 029	8 054	25 223
1896	313 264	183 052	28 264	13 185	62 478	301 064	7 029	10 517	12 200
1897	306 912	193 763	29 046	14 827	67 968	319 114	7 029	10 205	— 12 202
1898	315 988	201 331	29 905	15 037	69 386	317 519	7 029	10 907	— 1 531
1899	330 271	206 730	30 163	14 948	77 472	319 878	7 029	11 278	10 393
1900	350 806	211 270	29 914	16 141	82 157	340 599	7 029	11 553	10 207
1901	382 086	238 340	31 705	17 462	83 422	348 782	7 029	11 808	33 304
1902	408 134	261 127	33 308	20 389	92 133	349 477	7 029	13 165	58 657
1903	419 664	265 513	32 788	20 598	98 885	371 482	7 029	14 242	48 182
1904	419 384	257 345	32 516	20 679	107 850	378 960	7 029	14 030	40 424
1905	415 996	259 066	32 417	18 933	104 697	390 321	7 029	13 594	25 675
1906	422 549	255 238	32 772	18 700	114 786	402 982	7 029	13 965	19 567

Pfandleihanstalt.

II. Vermögensgebarung.

Jahr	Einnahmen	Darunter Mieten aus vermieteten Räumen	Ausgaben	Zuschüsse an das Kinderasyl
1	2	3	4	5
	ℳ	ℳ	ℳ	ℳ
1895	41 998	31 389	1 475	40 523
1896	54 252	39 426	9 868	44 384
1897	52 469	40 625	7 390	45 079
1898	54 140	41 373	3 121	51 019
1899	52 813	41 373	4 064	48 749
1900	56 644	40 173	4 064	52 580
1901	57 672	23 213	3 767	53 905
1902	54 103	40 424	2 068	52 035
1903	50 290	40 038	8 920	41 370
1904	54 456	40 160	52 098	2 358
1905	58 149	42 608	49 561	8 588
1906	62 147	44 814	29 848	32 299

Badeanstalten.				Karl Müller-Volksbad.				
Jahr	Einnahmen	Ausgaben	Reine Einnahme	Jahr	Einnahmen	Ausgaben	Darunter Verzinsung und Tilgung	Reine Ausgabe[1]
1	2	3	4	1	2	3	4	5
	ℳ	ℳ	ℳ		ℳ	ℳ	ℳ	ℳ
1880	51	1 017	— 966	1880	—	—	—	—
1890	7 493	6 314	+ 1 179	1890	—	—	—	—
1895	40 074	37 897	+ 2 177	1895	—	—	—	—
1896	47 824	57 055	— 9 231	1896	—	—	—	—
1897	54 393	62 353	— 7 960	1897	—	—	—	—
1898	59 047	60 771	— 1 724	1898	—	—	—	—
1899	63 940	69 351	— 5 411	1899	—	—	—	—
1900	85 437	106 560	— 21 123	1900	—	—	—	—
1901	90 356	162 402	— 72 046	1901	—	—	—	—
1902	84 136	154 370	— 70 234	1902	228 862	283 601	86 465	54 739
1903	89 382	153 381	— 63 419	1903	253 541	291 139	95 110	37 598
1904	98 045	146 428	— 47 803	1904	276 846	307 160	95 360	30 314
1905	94 187	174 357	— 80 170	1905	286 142	322 834	107 676	36 692
1906	104 476	165 591	— 61 115	1906	303 202	335 584	103 893	32 382

[1] Von der Stadtkasse zugeschossen und unter „Badeanstalten" verausgabt.

Kanalisation.

Jahr	Einnahmen insgesamt	Darunter: einmalige Gebühren	Darunter: jährliche Gebühren	Ausgaben insgesamt	Darunter: Verzinsung und Tilgung	Reine Ausgaben
1	2	3	4	5	6	7
	ℳ	ℳ	ℳ	ℳ	ℳ	ℳ
1885	—	—	—	54 183	—	54 183
1890	137 192	—	—	203 584	—	66 392
1895	467 566	189 763	147 658	576 535	387 640	108 969
1896	467 801	172 505	201 640	623 014	434 328	155 213
1897	619 666	263 991	267 905	664 907	494 153	45 241
1898	559 179	158 030	311 407	731 581	544 718	172 402
1899	631 690	183 342	353 307	812 425	612 498	170 735
1900	651 373	179 140	391 940	860 311	663 938	208 938
1901	708 019	609 941		948 354	716 451	240 335
1902	724 074	653 055		1 007 336	775 513	283 262
1903	701 676	626 560		1 059 548	822 152	357 872
1904	745 781	648 747		1 151 311	882 642	405 530
1905	796 044	107 939	598 670	1 184 268	931 374	388 224
1906	822 537	124 678	607 388	1 256 223	979 862	433 686

Straßenreinigung.

Jahr	Einnahmen	Ausgaben	Reine Ausgaben
1	2	3	4
	ℳ	ℳ	ℳ
1880	21 246	42 354	21 108
1890	48 188	117 665	69 477
1895	76 244	195 224	118 980
1896	99 135	192 167	93 032
1897	98 910	248 280	149 370
1898	99 979	230 209	130 230
1899	103 711	300 344	196 633
1900	126 016	383 861	257 845
1901	162 763	454 619	291 856
1902	196 481	433 425	236 944
1903	214 590	516 763	302 173
1904	236 298	555 162	318 864
1905	259 254	638 008	378 754
1906	296 321	736 689	440 368

Hausunratabfuhr.

Jahr	Einnahmen	Ausgaben	Darunter: Zahlung an die Hausmüllverwertung	Darunter: Verzinsung und Tilgung	Reineinnahmen
1	2	3	4	5	6
	ℳ	ℳ	ℳ	ℳ	ℳ
1892	206 182	191 567	—	—	+ 14 615
1893	208 434	183 088	—	—	+ 25 346
1894	200 244	182 123	—	—	+ 18 121
1895	183 085	202 975	—	—	— 19 890
1896	190 277	200 189	—	—	— 9 912
1897	218 719	213 926	—	—	+ 4 793
1898	234 381	258 923	60 000	3 635	— 24 542
1899	250 786	361 605	160 000	27 023	— 110 819
1900	274 681	501 428	242 800	31 990	— 226 747
1901	288 414	475 981	214 624	31 990	— 187 567
1902	306 486	482 709	215 440	33 350	— 176 223
1903	311 907	485 370	221 504	33 350	— 173 463
1904	318 911	496 909	231 884	35 375	— 177 998
1905	364 510	507 095	242 032	34 891	— 142 585
1906	370 333	542 667	248 880	33 934	— 172 334

Desinfektionsanstalt.

Jahr	Einnahmen	Ausgaben	Reineinnahmen
1	2	3	4
	ℳ	ℳ	ℳ
1895	7 243	8 278	— 1 035
1896	6 224	8 462	— 2 238
1897	13 163	9 859	+ 3 304
1898	4 548	8 527	— 3 979
1899	3 919	8 119	— 4 200
1900	4 838	8 815	— 3 977
1901	4 732	9 288	— 4 556
1902	4 798	9 314	— 4 516
1903	5 933	9 715	— 3 782
1904	5 913	9 383	— 3 470
1905	8 272	11 415	— 3 143
1906	9 872	12 705	— 2 833

Thermische Tierleichenvernichtungsanstalt.

Jahr	Einnahmen	Darunter Erlöse aus den Abfallprodukten	Ausgaben	Reineinnahmen
1	2	3	4	5
	ℳ	ℳ	ℳ	ℳ
—	—	—	—	—
1896	16 682	14 550	15 446	+ 1 236
1897	24 971	22 732	30 342	— 5 371
1898	19 908	17 734	30 340	— 10 432
1899	21 812	17 368	17 361	— 4 451
1900	22 660	18 937	22 841	— 180
1901	22 950	20 138	22 190	+ 760
1902	19 684	16 888	16 757	+ 2 927
1903	23 838	21 030	17 684	+ 6 154
1904	30 898	28 079	21 673	+ 9 225
1905	31 156	28 328	20 011	+ 11 145
1906	25 134	22 390	18 744	+ 6 390

Plakatwesen.

Jahr	Reineinnahmen
1	2
	ℳ
1881	1 020
1887	1 805
1891	10 155
1905	30 251
1906	28 277

Stiftungsforst Kasten.

Jahr	Einnahmen	Ausgaben	Reineinnahmen
1	2	3	4
	ℳ	ℳ	ℳ
1899	78 322	32 853	45 469
1900	70 761	36 270	34 491
1901	87 461	32 865	54 596
1902	71 300	43 006	28 294
1903	77 158	31 562	45 596
1904	57 259	37 665	19 594
1905	68 984	35 387	33 597
1906	61 787	32 099	29 688

Stadtgärtnerei.

Jahr	Einnahmen	Ausgaben	Reine Ausgaben
1	2	3	4
	ℳ	ℳ	ℳ
1880	12 955	57 166	44 211
1890	18 038	138 285	120 247
1895	18 894	146 478	127 584
1896	9 719	150 537	140 818
1897	10 051	191 941	181 890
1898	11 952	194 129	182 177
1899	11 397	205 383	193 986
1900	11 228	309 824	298 596
1901	10 171	332 996	322 825
1902	12 010	289 398	277 388
1903	26 710	294 480	267 770
1904	38 593	377 524	338 931
1905	11 687	326 232	314 545
1906	8 119	290 432	282 313

Die **Gemeindezeitung** erforderte 1880, 1890 und 1900 zirka 10 000 ℳ, 1906 17 000 ℳ Zuschuß. Einnahmen fielen bei ihr nicht an.

Die **Steindruckerei** bilanzierte 1880 mit 4 261 ℳ, 1890 mit 2 866 ℳ.

Holz- und Kohlenhof.				Marstall.			
Jahr	Einnahmen	Ausgaben	Reineinnahmen	Jahr	Einnahmen	Ausgaben	Reineinnahmen
1	2	3	4	1	2	3	4
	ℳ	ℳ	ℳ		ℳ	ℳ	ℳ
1880	124 384	116 730	+ 7 654	1880	44 390	43 719	+ 671
1890	154 262	153 962	+ 300	1890	58 177	33 102	+ 25 075
1895	174 907	158 063	+ 16 844	1895	91 152	84 204	+ 6 948
1900	330 025	324 752	+ 5 273	1900	108 005	107 471	+ 534
1901	422 835	427 135	— 4 300	1901	113 932	110 251	+ 3 681
1902	455 779	452 877	+ 2 902	1902	113 142	113 384	— 242
1903	459 093	454 317	+ 4 776	1903	116 416	130 278	— 13 861
1904	474 387	467 133	+ 7 254	1904	115 192	113 336	+ 1 856
1905	469 330	467 245	+ 2 085	1905	126 927	119 752	+ 7 175
1906	466 455	462 644	+ 3 811	1906	125 989	127 514	— 1 525

Gemeindlicher Grundbesitz.

Allgemeine gewerbliche Verwertung.				Gemeindegebäude.				
Jahr	Einnahmen	Ausgaben	Reineinnahmen	Jahr	Einnahmen	Darunter Mieterträge an Private vermieteter Räume	Ausgaben	Reineinnahmen
1	2	3	4	1	2	3	4	5
	ℳ	ℳ	ℳ		ℳ	ℳ	ℳ	ℳ
1880	68 489	3 020	65 469	1880	147 796	147 750	114 150	+ 33 646
1890	176 552	12 110	164 442	1890	271 183	253 173	376 813	— 105 630
1895	159 457	26 795	122 662	1895	403 249	396 282	564 810	— 161 561
1896	236 318	43 288	193 030	1896	638 478	635 212	136 009	+ 502 469
1897	248 670	32 238	216 432	1897	641 971	637 571	143 545	+ 498 426
1898	253 099	34 974	218 125	1898	615 641	610 922	119 635	+ 496 006
1899	305 060	27 748	277 312	1899	501 416	499 042	118 864	+ 382 552
1900	ca. 335 520	ca. 33 510	ca. 302 010	1900	464 084	459 511	151 202	+ 312 882
1901	„ 325 860	„ 39 960	„ 285 900	1901	443 669	438 563	115 565	+ 328 104
1902	„ 310 480	„ 42 040	„ 268 440	1902	457 075	453 829	108 500	+ 348 575
1903	„ 326 210	„ 37 160	„ 289 050	1903	364 953	361 932	99 749	+ 265 204
1904	„ 310 090	„ 36 460	„ 273 630	1904	390 370	385 220	95 611	+ 294 759
1905	„ 305 400	„ 37 600	„ 267 800	1905	363 043	357 147	110 262	+ 252 781
1906	„ 320 970	„ 28 330	„ 292 640	1906	359 453	354 294	99 518	+ 259 935

Landwirtschaftliche Verwertung.

Jahr	Einnahmen	Ausgaben	Darunter Verzinsung	Reine Ausgabe
1	2	3	4	5
	M	*M*	*M*	*M*
1900	228 015	230 258	26 400	2 243
1901	281 988	312 014	38 303	30 026
1902	318 348	393 099	39 296	74 751
1903	358 275	407 047	39 552	48 772
1904	339 230	425 990	40 773	86 760
1905	350 720	399 530	43 708	48 810
1906	407 116	410 534	44 600	3 418

Die Betriebe zerfallen also in zwei Kategorien: ein Teil von ihnen liefert nach Abzug sämtlicher Ausgaben, einschließlich derjenigen für Verzinsung und Tilgung des Anlagekapitals und für den Erneuerungsfonds, Reingewinne, der andere dagegen weist unter Berücksichtigung aller der genannten Ausgaben Verluste auf[1] [2]. Wir bezeichnen deshalb vom

[1] Da die für Verzinsung, Tilgung und für den Erneuerungsfonds aufgewendeten Summen das finanzielle Ergebnis eines Betriebes wesentlich beeinflussen, seien hier zur besseren Würdigung der bei den Betrieben gezeitigten Reineinnahmen bzw. Verluste die bei einigen wichtigeren Betrieben üblichen Abschreibungsquoten für die genannten Zwecke angeführt:

Bei Gasanstalten, Elektrizitätswerken und Straßenbeleuchtung wird das Anlagekapital mit 4% verzinst und mit 1% in steigender Form getilgt. (Anschaffungskosten für Installationen und Mietapparate bei der Gasanstalt werden mit 4% verzinst und mit 10% getilgt.)

Dem Erneuerungsfonds werden zugeführt:

Bei der Gasanstalt 4% der Aufwendungen an Gebäuden und Einrichtungen, 3% von denen des Rohrnetzes, 6% von denen der Gasmesser.

Bei den Elektrizitätswerken für Hochbau 1%, für Maschinenanlagen 5%, für das Leitungsnetz 3%, für Akkumulatoren, Apparate, Beleuchtungseinrichtungen der Stationen, Elektrizitätszähler, Laboratorium und Lagerbestand 10%, für Einrichtungen und Werkzeuge 20% der Herstellungskosten.

Bei der Straßenbeleuchtung:

Zum Erneuerungsfonds: (bei der Gasbeleuchtung) 3% für Laternenzuleitungen, Kandelaber usw., 10% für Laternen; (bei der elektrischen Beleuchtung) 2% für Leitungsnetz, Kandelaber und Überspannungsmaste; Bogenlampen, Verteilungspunkte, Überspannungsvorrichtungen, Zubehör, Fahrpark, Leitern und Bogenanschlußkabel sind bereits völlig abgeschrieben. Bei letzteren wurden 20%, bei den übrigen 10% dem Erneuerungsfonds zugeführt.

Interesse des Gemeindehaushalts aus im ersten Falle die Betriebe als Einnahme-, im zweiten Falle als Zuschußbetriebe. Ferner zeigt sich — wohl schon bei einem flüchtigen Betrachten —, daß in ihrer Gesamtheit die aus den Einnahmebetrieben erzielten Reineinnahmen größer sind als die für die Zuschußbetriebe nötigen Zuschüsse. Die Reineinnahmen aus den Einnahmebetrieben stellen also einmal die zur Deckung dieser Zuschüsse erforderlichen Summen und liefern ferner darüber hinaus dem Gemeindehaushalt noch Überschüsse, mit denen wiederum Ausgaben bei anderen, nicht gewerblichen Verwaltungszweigen gedeckt werden können. Diese Überschüsse aber als den Unternehmergewinn aus der gewerblichen Tätigkeit der Gemeinde zu bezeichnen, ist insofern unzulässig, als

---

Bei der Wasserversorgung und bei der Kanalisation werden 5 % für Verzinsung und Tilgung abgeschrieben.

Bei Weinkellerei mit Ratskeller wird auf die Bauanlagekosten eine 5prozentige, auf die Einrichtungskosten eine 14prozentige Annuität berechnet. Das Betriebskapital für Anschaffung der Weine wird mit 4 % verzinst.

Bei dem Trambahnunternehmen war, soweit der Betrieb in Frage kam, gemäß dem Vertrage mit der Trambahn-Aktiengesellschaft vom 25. August 1897 eine 6prozentige Verzinsungs- und Abschreibungsquote von den Gesamtanlagekosten (Kosten für Neubauten und für Umwandlung des Pferde- bzw. Dampfbahnbetriebes in elektrischen Betrieb) zu entrichten. Für Erneuerung der Wagen, Hochbauten, maschinellen Einrichtungen sollte ebenfalls nach dem Vertrage ein Fonds angesammelt werden, der 6 % der Bruttoeinnahmen nicht zu überschreiten, mindestens jedoch 120000 ℳ zu betragen hatte.

Bei Schlacht- und Viehhof kommen zur Abschreibung für Verzinsung und Tilgung 5 % aus den Grunderwerbungskosten, 4 % aus dem Wert des alten Heumarktes, 5½ % für Baukosten des Schlacht- und Viehhofes, 5 % für Herstellung der Kühlräume und Kuttelei, sowie Erweiterungen des Schlacht- und Viehhofes.

Bei den Lebensmittelmärkten und bei der Lände werden die Anlagekosten mit 4 % verzinst.

Bei dem Karl Müller-Volksbad werden auf die mit den „Müller-Häusern" übernommenen Schulden 4 bzw. 8 % abgeschrieben. Das Anlehen für Bauschulden wird mit 4½ % verzinst und getilgt.

Bei der Hausunratabfuhr wird für Anschaffung von Abfuhrwagen eine Annuität von 12 %, für Erbauung eines Schuppens eine solche von 8 % entrichtet.

Bei dem landwirtschaftlich verwerteten Grundbesitz werden die Kosten für Erwerbung, Erweiterung und Verbesserung mit 4 % verzinst.

[2] Es muß bei einer Darstellung der Rechnungsergebnisse kommunaler Betriebe natürlich auch immer im Auge behalten werden, daß bei ihren Gewinnen oder Verlusten keine Kommunalsteuern in Anrechnung kommen, wie dies sonst bei privaten Betrieben gleicher Art geschieht. Insofern sind finanzielle Resultate kommunaler Betriebe nicht ohne weiteres wie Ergebnisse privater Betriebe aufzufassen.

die gemeindlichen Betriebe Monopolbetriebe sind und infolgedessen ihren Reineinnahmen auch ein Steuercharakter innewohnt [1].

Einige von den Betrieben haben jedoch eine von dem Gemeindehaushalt ausgeschiedene Verwaltung. Sie führen ihre Erträgnisse nicht der allgemeinen Gemeindekasse zu, sondern verwenden sie zur Ergänzung und Vergrößerung ihres eigenen Betriebskapitals. Hierhin gehören die Sparkasse, die Pfandleihanstalt, das Stadtlagerhaus von 1880—98, der Stiftungsforst Kasten und das Karl Müller-Volksbad. Diese Betriebe sind also auf die Gestaltung des Gemeindehaushalts im engeren Sinne, mit dem wir uns hier befassen wollen, von keinem Einfluß. Unter Gemeindehaushalt im engeren Sinne aber verstehen wir den eigentlichen Gemeindehaushalt, d. h. die Beschaffung und Verwendung derjenigen Mittel, die zur Führung aller übrigen nicht ausgeschiedenen Verwaltungszweige und Gemeindeanstalten nötig sind.

Für unsere Untersuchung über die Bedeutung der gewerblichen Betriebe für den Gemeindehaushalt im engeren Sinne scheiden also die letztgenannten Betriebe aus, und wir haben daher nur die Rechnungsergebnisse der übrigbleibenden Betriebe zusammenzufassen und sie in der Gemeindehaushaltsrechnung zu würdigen.

Im folgenden sind nun einmal die Bruttoergebnisse der Betriebe zu den Bruttoausgaben des Gemeindehaushalts und ferner die Nettoergebnisse der Betriebe zu den Nettoausgaben des Gemeindehaushalts in Vergleich gebracht. Dabei sind zunächst die Ergebnisse aller drei Gruppen der gewerblichen Tätigkeit (I. Betriebe zur Produktion für den Verkehr, II. Betriebe für den Eigenbedarf des Gemeindehaushalts und III. die gewerbliche Verwertung des Grundbesitzes) zusammengefaßt und vereinigt, sodann noch die Bedeutung der Betriebe für den Verkehr und die Bedeutung des Gemeindegrundbesitzes gesondert dargestellt. Die Betriebe für den Eigenbedarf des Gemeindehaushalts sind von so relativ geringer finanzieller Bedeutung, daß eine besondere Würdigung ihrer Ergebnisse wohl unnötig erscheint.

---

[1] Siehe Anm. 2 S. 74.

Die Bedeutung der gewerblichen Betriebe für den Gemeindehaushalt.

Gruppe I, II und III zusammen.

Bruttoerträge.

Jahr	Bruttoausgaben des Gemeindehaushalts	Pro Kopf der Bevölkerung	Bruttoeinnahmen der gewerblichen Betriebe[4]	Pro Kopf der Bevölkerung	In % der Bruttoausgaben des Gemeindehaushalts	Bruttoausgaben der gewerblichen Betriebe[5]	Pro Kopf der Bevölkerung	In % der Bruttoausgaben des Gemeindehaushalts	Bevölkerung
1	2	3	4	5	6	7	8	9	10
	ℳ	ℳ	ℳ	ℳ	%	ℳ	ℳ	%	
1880	7 147 400[1]	31,08	1 512 600	6,57	21,16	1 324 800	5,76	18,53	230 023
1890	14 277 900[1]	40,91	3 151 200	9,03	22,07	2 803 300	8,03	19,63	349 024
1900	40 872 100[1]	81,74	19 553 800	39,11	47,84	18 327 200	36,65	44,84	499 932
1906	54 191 600[1]	99,61	24 631 300	45,28	45,45	23 962 800	44,05	44,22	544 000

Nettoerträge.

Jahr	Nettoausgaben des Gemeindehaushalts	Pro Kopf der Bevölkerung	Nettoeinnahmen der gewerblichen Betriebe[4]	Pro Kopf der Bevölkerung	In % der Nettoausgaben des Gemeindehaushalts	Nettoausgaben der gewerblichen Betriebe[5]	Pro Kopf der Bevölkerung	In % der Nettoausgaben des Gemeindehaushalts	Nettoeinnahmen aus den Gemeindeumlagen[2]	Pro Kopf der Bevölkerung	In % der Nettoausgaben des Gemeindehaushalts	Nettoeinnahmen aus den Gemeindeaufschlägen und Zöllen[3]	Pro Kopf der Bevölkerung	In % der Nettoausgaben des Gemeindehaushalts
1	2	3	4	5	6	7	8	9	10	11	12	13	14	15
	ℳ	ℳ	ℳ	ℳ	%	ℳ	ℳ	%	ℳ	ℳ	%	ℳ	ℳ	%
1880	4 417 700[1]	19,21	424 100	1,84	9,60	236 300	1,03	5,35	2 301 400	10,01	52,09	1 865 900	8,11	42,24
1890	7 967 200[1]	22,82	990 700	2,84	12,44	642 800	1,84	8,07	4 202 600	12,03	52,75	2 800 400	8,02	35,15
1900	16 527 200	33,05	3 148 700	6,29	19,05	1 922 100	3,84	11,63	8 088 900	16,17	48,94	3 619 000	7,23	21,89
1906	19 912 800	36,60	3 469 800	6,38	17,42	2 801 300	5,15	14,06	12 308 800	22,63	61,81	3 270 100	6,01	16,42

[1] Zuzüglich der Rückstände und abzüglich der Reste aus den Vorjahren und der Mietanschläge.

[2] Grundsteuer, Haussteuer, Kapitalrentensteuer, Einkommensteuer, Gewerbesteuer. Der Zuschlag zur Staatssteuer betrug im Jahre 1880 100%, 1890 110%, 1900 110%, 1906 130%.

[3] Lokal-, Malz- und Bieraufschlag, Fleischaufschlag, Wildpret- und Mehlaufschlag, Pflasterzoll und Getreidezoll.

[4] Die Brutto- bzw. Nettoeinnahmen für das Plakatwesen sind für 1880 mit 1000 ℳ, 1890 mit 2500 ℳ und 1900 mit 10000 ℳ eingesetzt.

[5] Die Brutto- bzw. Nettoausgaben für die Gemeindezeitung sind für 1880, 1890 und 1900 mit 10000 ℳ, für 1906 mit 17000 ℳ berechnet.

Die Bedeutung der gewerblichen Betriebe für den Gemeindehaushalt.

Betriebe zur Produktion für den Verkehr. (Gruppe I.)

Bruttoerträge.

Jahr	Bruttoausgaben des Gemeindehaushalts	Pro Kopf der Bevölkerung	Bruttoeinnahmen der gewerblichen Betriebe	Pro Kopf der Bevölkerung	In % der Bruttoausgaben des Gemeindehaushalts	Bruttoausgaben der gewerblichen Betriebe	Pro Kopf der Bevölkerung	In % der Bruttoausgaben des Gemeindehaushalts	Bevölkerung
1	2	3	4	5	6	7	8	9	10
	ℳ	ℳ	ℳ	ℳ	%	ℳ	ℳ	%	
1880	7 147 400	31,08	1 118 700	4,86	15,65	975 800	4,24	13,64	230 023
1890	14 277 900	40,91	2 495 500	7,15	17,48	2 076 100	5,96	14,53	349 024
1900	40 872 100	81,74	18 082 700	36,16	44,24	17 160 200	34,32	41,94	499 932
1906	54 191 600	99,62	22 945 500	42,18	42,34	22 526 800	41,41	41,57	544 000

Nettoerträge.

Jahr	Nettoausgaben des Gemeindehaushalts	Pro Kopf der Bevölkerung	Nettoeinnahmen der gewerblichen Betriebe	Pro Kopf der Bevölkerung	In % der Nettoausgaben des Gemeindehaushalts	Nettoausgaben der gewerblichen Betriebe	Pro Kopf der Bevölkerung	In % der Nettoausgaben des Gemeindehaushalts	Nettoeinnahmen aus den Gemeindeumlagen	Pro Kopf der Bevölkerung	In % der Nettoausgaben des Gemeindehaushalts	Nettoeinnahmen aus den Gemeindeaufschlägen und Zöllen	Pro Kopf der Bevölkerung	In % der Nettoausgaben des Gemeindehaushalts
1	2	3	4	5	6	7	8	9	10	11	12	13	14	15
	ℳ	ℳ	ℳ	ℳ	%	ℳ	ℳ	%	ℳ	ℳ	%	ℳ	ℳ	%
1880	4 417 700	19,21	325 000	1,41	7,33	182 100	0,79	4,12	2 301 400	10,01	52,09	1 865 900	8,11	42,24
1890	7 967 200	22,82	826 300	2,37	10,37	406 900	1,17	5,11	4 202 600	12,03	52,75	2 800 400	8,02	35,15
1900	16 527 200	33,05	2 533 800	5,06	15,33	1 611 300	3,22	9,75	8 088 900	16,17	48,94	3 619 000	7,23	21,89
1906	19 912 800	36,60	2 917 300	5,36	14,65	2 498 600	4,59	12,55	12 308 800	22,63	61,81	3 270 100	6,01	16,42

Die Bedeutung der gewerblichen Betriebe für den Gemeindehaushalt.

Die gewerbliche Verwertung des Gemeindegrundbesitzes. (Gruppe III.)

Bruttoerträge.

Jahr	Bruttoausgaben des Gemeindehaushalts	Pro Kopf der Bevölkerung	Bruttoeinnahmen des Grundbesitzes	Pro Kopf der Bevölkerung	In % der Bruttoausgaben des Gemeindehaushalts	Bruttoausgaben des Grundbesitzes	Pro Kopf der Bevölkerung	In % der Bruttoausgaben des Gemeindehaushalts	Bevölkerung
1	2	3	4	5	6	7	8	9	10
	ℳ	ℳ	ℳ	ℳ	%	ℳ	%	ℳ	
1880	7 147 400	31,08	216 300	0,94	3,02	117 200	0,51	1,64	230 023
1890	14 277 900	40,91	447 700	1,28	3,13	388 900	1,11	2,72	349 024
1900	40 872 100	81,74	1 027 600	2,05	2,51	415 000	0,83	1,01	499 932
1906	54 191 600	99,62	1 087 600	2,00	2,02	538 400	0,99	0,99	544 000

Nettoerträge.

Jahr	Nettoausgaben des Gemeindehaushalts	Pro Kopf der Bevölkerung	Nettoeinnahmen des Grundbesitzes	Pro Kopf der Bevölkerung	In % der Nettoausgaben des Gemeindehaushalts	Nettoausgaben des Grundbesitzes	Pro Kopf der Bevölkerung	In % der Nettoausgaben des Gemeindehaushalts	Nettoeinnahmen aus den Gemeindeumlagen	Pro Kopf der Bevölkerung	In % der Nettoausgaben des Gemeindehaushalts	Nettoeinnahmen aus den Gemeindeaufschlägen und Zöllen	Pro Kopf der Bevölkerung	In % der Nettoausgaben des Gemeindehaushalts
1	2	3	4	5	6	7	8	9	10	11	12	13	14	15
	ℳ	ℳ	ℳ	ℳ	%	ℳ	ℳ	%	ℳ	ℳ	%	ℳ	ℳ	%
1880	4 417 700	19,21	99 100	0,43	2,24	—	—	—	2 301 400	10,01	52,09	1 865 900	8,11	42,24
1890	7 967 200	22,82	164 400	0,45	2,06	105 600	0,30	1,32	4 202 600	12,03	52,75	2 800 400	8,02	35,15
1900	16 527 200	33,05	614 900	1,23	3,72	2 300	0,00	0,01	8 088 900	16,17	48,94	3 619 000	7,23	21,89
1906	19 912 800	36,60	552 600	1,02	2,77	3 400	0,01	0,02	12 308 800	22,63	61,81	3 270 100	6,01	16,42

Nun ist bei einer Zusammenfassung der finanziellen Ergebnisse kommunaler Betriebe folgendes Moment zu beachten:

Die kommunalen Betriebe stehen miteinander in vielfachem Zusammenhang. Einnahmebeträge des einen sind Ausgabebeträge des andern. So hat z. B. die Straßenbahn Straßengrundbenutzungsgebühren zu zahlen, die bei der Straßenbahn als Ausgaben, bei dem Gemeindebesitze als Einnahmen erscheinen. Die meisten Betriebe haben Zahlungen für Beleuchtung und Wasser zu leisten, die dann wieder den Lichtversorgungsanstalten bzw. dem Wasserwerk zugute kommen. Die Straßenbahn zahlt einen erheblichen Betrag an die Elektrizitätswerke für Lieferung des elektrischen Stroms, und unter den Einnahmen der Gasanstalt und der Elektrizitätswerke befinden sich größere Summen, die aus der Einnahme für Straßenbeleuchtung herrühren. Diese wieder erscheinen in dem Gemeindehaushalt als Ausgaben unter dem Titel „Straßenbeleuchtung". Die Betriebe für den Eigenbedarf des Gemeindehaushalts vollends erhalten ihre gesamten Einnahmen aus anderen gemeindlichen Betrieben und Verwaltungszweigen.

Die Gesamtheit aller Einnahmen und Ausgaben der Betriebe liefert also kein ganz korrektes Bild von den Summen, welche die Gemeinde nun auch tatsächlich für ihre gewerbliche Tätigkeit einnimmt bzw. ausgibt. Der eigentliche Wert der gewerblichen Betriebe für den Gemeindehaushalt, d. h. inwiefern dieser aus der kommunalen gewerblichen Tätigkeit Verlust oder Gewinn zieht, ist daher überhaupt erst durch eine Abgleichung der Betriebsergebnisse der Einnahme- und Zuschußbetriebe ersichtlich.

Die Vereinigung der Rechnungsergebnisse aller drei Betriebsgruppen (Betriebe für den Verkehr, Betriebe für den Eigenbedarf des Gemeindehaushalts und gewerbliche Verwertung des Grundbesitzes) auf S. 76 liefert nun ein Bild von dem finanziellen Anteil der gesamten gemeindlichen Gewerbetätigkeit an dem Gemeindehaushalt. Es geht aus der Zusammenstellung hervor, daß die Gesamtheit der Bruttoeinnahmen und -ausgaben der Betriebe sich in den Jahren 1880 und 1890 in ungefähr dem gleichen Verhältnis zu den Bruttoausgaben des Gemeindehaushalts gehalten hat. Die ersteren betragen ein starkes, die letzteren ein schwaches Fünftel der Gemeindehaushaltsausgaben. In dem Jahrzehnt von 1890 bis 1900 sind Einnahmen und Ausgaben der Betriebe sprunghaft in die Höhe gegangen. Sie machen im Jahre 1900 47,84 bzw. 44,84 % der gesamten gemeindlichen Ausgaben aus. Also nahezu die Hälfte der für diese Ausgaben erforderlichen Summen stellten die Einnahmen aus den gewerblichen Betrieben. Einen ähnlichen Sprung weisen auch die Gesamtausgaben des Gemeindehaushalts auf. Sie haben sich nahezu verdreifacht. Das Anwachsen der Gemeindehaushaltsrechnung ist mithin durch die Ergebnisse der gewerblichen Betriebe wesentlich beeinflußt worden. Das sprunghafte Emporschnellen dieser Summen nun erklärt sich erstens daraus, daß gerade das Jahrzehnt 1890—1900 eine bedeutende Erweiterung der gemeindlichen Tätigkeit auf gewerblichem Gebiete brachte: Die Elektrizitätswerke wurden erbaut, die Gasanstalt wurde in städtische Regie genommen und die Trambahn für gemeindliche Rechnung betrieben. Zweitens nahmen auch die Betriebsrechnungen der einzelnen gewerblichen Unternehmungen in Einnahmen und Ausgaben immer größeren Umfang an. Das letzte Vergleichsjahr 1906 weist dagegen gegen das Jahr 1900 in den Bruttoeinnahmen wie -ausgaben der Betriebe einen kleinen Rückschritt auf. Zwar sind Einnahmen und Ausgaben absolut und auch pro Kopf der Bevölkerung noch gestiegen, aber im Verhältnis zur Gesamtheit der gemeindlichen Ausgaben sind sie von 47,84 auf 45,45 % bzw. von 44,84 auf 44,22 % gefallen. Im Verhältnis zu den Gesamtausgaben hat also die Bedeutung der gewerblichen Betriebe für den Gemeindehaushalt in letzter Zeit etwas abgenommen.

Der Grund hierfür ist weniger in der Minderergiebigkeit einzelner Betriebe, (Trambahn, Schlacht- und Viehhof, Lebensmittelmärkte,) als vielmehr in der größeren Belastung des Gemeindehaushalts durch gesteigerte Ausgaben für Bildungs- und Wohlfahrtszwecke und auch für Schuldentilgungen zu suchen.

Ein mehr stetes Anwachsen gegenüber den Bruttoergebnissen der Betriebe zeigen dagegen die Nettoergebnisse im Vergleich zu den Nettoausgaben des Gemeindehaushalts (Tab. S. 76). Sie veranschaulichen in den Einnahmen die Summen, welche die Gemeinde rechenmäßig als Reineinnahmen aus den Einnahmebetrieben bezogen und in den Ausgaben die Summen, welche die Gemeinde rechenmäßig als Zuschüsse zu den Zuschußbetrieben entrichtet hat. — Die Nettoeinnahmen aus den Betrieben betrugen im Jahre 1880 9,60 %, 1890 12,44 %; 1900 taten sie keinen sehr großen Sprung, sondern stiegen nur auf 19,05 %, und 1906 fielen sie analog den Bruttoeinnahmen ebenfalls etwas, nämlich auf 17,42 %. Pro Kopf der Bevölkerung weisen sie auch im Jahre 1906 eine, wenn auch geringe Steigerung auf: 6,29 ℳ im Jahre 1900 und 6,38 ℳ im Jahre 1906.

Die Nettoausgaben der Betriebe jedoch, d. h. also die als Zuschüsse für die Zuschußbetriebe erforderlichen Summen, sind prozentual den Gesamtnettoausgaben des Gemeindehaushalts und auch pro Kopf der Bevölkerung stetig gestiegen. Sie betrugen in den vier Vergleichsjahren 5,35 %, 8,07 %, 11,63 % und 14,68 % der Gesamtnettoausgaben und ergaben auf den Kopf der Bevölkerung 1,03, 1,84, 3,84 und 5,15 ℳ.

Die Ursache des Wachsens der für die Zuschußbetriebe erforderlichen Summen liegt in den bedeutend gestiegenen Zuschüssen für Kanalisation, Straßenreinigung, Hausunratabfuhr und in den zur Deckung des Defizits für Straßenbahn, Schlacht- und Viehhof und landwirtschaftlich verwerteten Grundbesitz aufgewendeten Beträgen. Dieses Defizit erklärt zugleich auch den relativen Stillstand in den Erträgnissen der Einnahmebetriebe.

Die Nettoergebnisse der Betriebe haben also an dem Nettohaushalt einen bedeutend geringeren Anteil als die Bruttoergebnisse an dem Bruttohaushalt, die, wie wir sahen, den letzteren stark belasten. Dies ist leicht erklärlich, denn den Bruttoeinnahmen der Betriebe stehen auch wieder große Ausgaben sowohl bei Einnahme- wie Zuschußbetrieben gegenüber, infolgedessen ist der Überschuß der Einnahmen über die Ausgaben aller Betriebe nur ein verhältnismäßig geringer.

Er betrug:

im Jahre	ℳ	in % der Nettoausgaben des Gemeindehaushalts	pro Kopf der Bevölkerung ℳ
1880	187 800	4,25	0,81
1890	347 900	4,37	1,00
1900	1 226 600	7,42	2,45
1906	668 500	3,36	1,23

Den Löwenanteil zur Deckung der Nettoausgaben des Gemeindehaushalts stellen natürlich die Gemeindeumlagen, weil bei ihnen als einzige Ausgaben nur die Erhebungskosten in Betracht kommen.

Ihr Anteil betrug:

im Jahre	1880	47,18 %	der Gemeindehaushaltsausgaben
" "	1890	48,77 "	" "
" "	1900	48,94 "	" "
" "	1906	61,81 "	" " ,

war also ungleich größer wie der Anteil aus der Betriebstätigkeit. Letzterer wird sogar auch von den Reinerträgnissen der indirekten Steuern, nämlich Aufschlägen und Zöllen, beträchtlich übertroffen, obwohl diese eine immer geringere Bedeutung für den Gemeindehaushalt einnehmen.

Zu den Gemeindeumlagen in Beziehung gesetzt betrug er[1]:

[1] Zu beachten ist auch hier wieder S. 74 Anm. 2.

im Jahre	1880	8,16 %	der Gemeindeumlagen
" "	1890	8,26 "	" "
" "	1900	15,16 "	" "
" "	1906	5,43 "	" "

Wenn die Ursachen des Defizits z. B. bei der Trambahn[1] weggefallen sein werden, dürfte dieser Prozentsatz allerdings bedeutend in die Höhe gehen.

In den Tabellen der S. 77 und 78 ist nun analog der eben besprochenen Zusammenstellung zu zeigen versucht worden, welchen Anteil die Betriebe zur Produktion für den Verkehr und die gewerbliche Verwertung des Grundbesitzes, jedes für sich, an dem Gemeindehaushalt haben. Aus ihnen geht hervor, daß die Betriebe zur Produktion für den Verkehr finanziell bei weitem die bedeutendsten von allen Betrieben sind. Das rasche Anwachsen der Bruttoergebnisse der Betriebe von 1890 auf die von 1900 ist ihnen allein zu verdanken, ebenso haben sie aber auch den Rückgang im prozentualen Steigen im Jahre 1906 größtenteils veranlaßt. Absolut und pro Kopf der Bevölkerung sind sie jedoch ständig gestiegen. Sie stellen auch den größten Teil der aus der gewerblichen Tätigkeit erzielten Reinerträgnisse zur Deckung anderer Ausgaben des Gemeindehaushalts.

Ihr Anteil betrug:

im Jahre	in % der Gesamt-Nettoausgaben des Gemeindehaushalts	pro Kopf der Bevölkerung ℳ
1880	3,21	0,62
1890	5,26	1,20
1900	5,58	1,84
1906	2,10	0,77

Die Erträgnisse des gemeindlichen Grundbesitzes dagegen sind sowohl für den Brutto- wie für den Nettohaushalt von geringer Bedeutung. Sie liefern jedoch, verglichen mit den Betrieben zur Produktion für den Verkehr, im Verhältnis zu ihren Bruttoergebnissen einen ungleich größeren Anteil auch an den Nettoergebnissen als jene, d. h. es entfallen auf sie weniger Betriebsausgaben.

Zur Deckung anderer Ausgaben des Gemeindehaushalts trugen sie bei:

[1] S. Kapitel IV.

im Jahre	in % der Nettoausgaben des Gemeindehaushalts	pro Kopf der Bevölkerung ℳ
1880	2,24	0,43
1890	0,74	0,15
1900	3,71	1,23
1906	2,75	1,01

Wir haben uns nun bisher immer mit der Bedeutung der gewerblichen Betriebe für den Gemeindehaushalt im engeren Sinne beschäftigt. Es erübrigt nun noch, auch einiges über den Anteil dieser Betriebe an dem Vermögen und den Schulden des gesamten gemeindlichen Eigentums einschließlich des Vermögens und der Schulden der getrennt verwalteten Anstalten (Sparkasse usw., Armenpflege, Stiftungen) zu sagen.

Eine Darstellung hiervon ist nach den für das Jahr 1906 veröffentlichten Ausweisen mit der auf S. 84 befindlichen Zusammenstellung zu geben versucht worden.

Der Vermögenswert der Betriebe setzt sich dabei zusammen aus den Werten an Gebäuden, Grundstücken und Rechten an solchen, (Ertragswert: Rohertrag, kapitalisiert bei Gasanstalt, Elektrizitätswerken, Straßenbahn mit 6 %, bei Wasserversorgung und Kanalisation mit 5 %), Aktivkapitalien und Materialvorräten. Die Schulden bestehen in Anlehenskapitalien und Passivvorschüssen.

Leider läßt sich eine richtige Vergleichsweise nur bei der Gruppe I, den Betrieben zur Produktion für den Verkehr, ermöglichen. Bei einer vergleichenden Darstellung der anderen Gruppen der Betriebe steht einmal hindernd im Wege, daß auf einige der als Betriebe bezeichneten gewerblichen Unternehmungen, z. B. Stadtgärtnerei, Verwertung des Gemeindegrundbesitzes im allgemeinen und Gemeindegebäude, die betreffenden Summen nicht genau ausgeschieden sind, d. h. nicht genau ausgeschieden auf denjenigen Teil des gemeindlichen Grundbesitzes oder der Gemeindegebäude, der durch Verwertung (Vermietung, Verpachtung) diejenigen Erträge liefert, mit denen wir uns bisher befaßt haben. Zum andern würde man, selbst wenn diese Ausscheidung getroffen wäre, auch nur immer ein schiefes Bild erhalten, da ja nur zum Teil eine gewerbliche Verwertung dieser Objekte stattfindet, sonst aber sie entweder gar nicht oder unentgeltlich oder auch nur zum Eigenbedarf benutzt werden.

Es geht aus der Übersicht hervor, daß die Betriebe zur Befriedigung von Bedürfnissen der Gemeindeangehörigen (Gruppe I) sowohl von dem Gesamtbruttovermögen und den Gesamtschulden als auch von dem Gesamt-

Ausweis[1]

des Vermögens und der Schulden der Betriebe (Ende 1906) und der auf sie von 1857[2]—1906 verwendeten Anlehensbeträge[3].

Betriebe	Vermögen	Schulden	Anlehen
1	2	3	4
	ℳ	ℳ	ℳ
1. Gasanstalt	39 386 790[4]	12 045 851	11 833 538
2. Elektrizitätswerke	34 806 264[5]	18 412 249	20 580 250
3. Straßenbeleuchtung	925 489	1 571 130	1 202 095
4. Wasserversorgung	32 870 064	19 383 737	24 427 160
5. Weinkellerei	184 186	701 600	—
6. Straßenbahn	23 812 449[6]	13 653 595	14 867 502
7. Schlacht- und Viehhof	14 999 556	7 971 212	8 745 405
8. Freibank	13 519	—	—
9. Schranne	2 362 894	—	1 466 112
10. Lebensmittelmärkte	3 663 354	1 472 431	1 342 431
11. Heumarkt	1 050 034	—	127 615
12. Dulten	395 766	—	—
13. Stadtwagen	40 648	—	—
14. Eichanstalt	21 464	—	75 175
15. Lände	543 207	406 277	593 517
16. Sparkasse	60 367 618	56 973 994	—
17. Pfandleihanstalt	3 612 044	1 444 348	—
18. Badeanstalten	1 381 027	521 599	548 983
19. Karl Müller-Volksbad	3 763 471	2 259 165	1 955 865
20. Kanalisation	10 984 019	30 540 530	33 907 889
21. Hausunratabfuhr	327 317	85 708	291 171
22. Desinfektionsanstalt	13 292	—	—
23. Thermische Tierleichenvernichtungsanstalt	164 282	109 070	19 320
24. Plakatwesen	—	—	—
25. Stiftungsforst Kasten	1 107 706	—	—
Summa	236 796 460	167 552 496	121 984 028
Gesamtvermögen der Gemeinde	489 202 081	—	—
Gesamtschulden der Gemeinde	—	286 706 095	—
Gesamtanlehensverwendung der Gemeinde	—	—	247 953 451

[1] Zusammengestellt nach Verwaltungsbericht 1906, II. Teil, Rechnungsergebnisse, und nach mündlichen Erkundigungen an maßgebender Stelle.

[2] Im Jahre 1857 wurde das erste konsolidierte Stadtanlehen aufgenommen.

[3] Bereits erfolgte Tilgungen sind nicht abgerechnet.

[4] Zuzüglich des Erneuerungsfonds von 167 292 ℳ.

[5] " " " " 1 319 763 "

[6] " " " " 3 235 872 "

reinvermögen der Gemeinde nahezu die Hälfte repräsentieren[1]. Ihr Bruttovermögen beträgt 236 796 460 ℳ gegenüber dem gemeindlichen Gesamtbruttovermögen von 489 202 081 ℳ, also 48,40 % derselben. Ihre Schulden belaufen sich auf 167 552 496 ℳ gegenüber den Gesamtschulden von 286 706 095 ℳ, das sind 58,54 % der letzteren. — Die Schulden der Gemeinde sind also wesentlich veranlaßt durch den Umfang ihrer Tätigkeit auf gewerblichem Gebiete, die gerade in den Betrieben zur Befriedigung von Bedürfnissen der Gemeindeangehörigen (für den Verkehr) am größten ist.

An dem Gesamtreinvermögen der Gemeinde haben diese gewerblichen Betriebe bei ihrem Reinvermögen von 69 243 964 ℳ nur teil mit 34,14 % des Gesamtreinvermögens im Betrage von 202 495 986 ℳ.

Spalte 4 der Tabelle auf S. 84 gibt uns schließlich noch an, in welchem Maße die gemeindliche Betätigung auf gewerblichem Gebiete bisher die Aufnahme von Anleihen verursacht hat. Insgesamt beläuft sich dieser Anteil auf 121 984 028 ℳ, das sind 49,19 % der Gesamtanlehensbeträge.

An dieser Stelle ist es vielleicht angebracht, die Bedeutung der Betriebe auch nach einer anderen Richtung in Hinsicht auf die Frage des kommunalen Wahlrechts[2] mit wenigen Worten zu würdigen. Es werden nämlich die Reineinnahmen, die einzelne der besprochenen Betriebe für den Gemeindehaushalt abwerfen[3], von verschiedener Seite für nichts anderes als versteckte Verbrauchssteuern erklärt, zu denen insbesondere die Arbeiterbevölkerung beitrage, wenn sie z. B. Gas und Wasser konsumiere oder auf der Straßenbahn fahre. Die Arbeiter hätten demnach auf diese Weise auch an der Deckung der Ausgaben für den Gemeindehaushalt Anteil, ein Umstand, der besondere Hervorhebung verdiene, wenn man das Recht zu den Wahlen für die Gemeindevertretung lediglich darauf basieren wolle, wieviel ein jeder zu den Lasten des Gemeindehaushalts durch Steuerzahlung beitrage.

Um nun für München diesen Anteil der Arbeiterbevölkerung an den

[1] Zu beachten ist hier wieder, daß sich unter dem Vermögensbestand der Sparkasse auch Schulden anderer gemeindlicher Betriebe und einiger Stiftungen befinden.

[2] Vgl. Schriften des Vereins f. Sozialpol. Bd. 125 (1908); Verhandlungen der Generalversammlung in Magdeburg 1907, Ausführungen von Dr. L. Sinzheimer, Fischbeck u. Landmann, S. 248 ff.

[3] Für die Münchener Trambahn kommen als Reineinnahmen bis zum 1. Juli 1907 diejenigen Summen in Frage, die an die Trambahn-Aktiengesellschaft gezahlt werden mußten. Siehe Kapitel II und III.

Reinerträgnissen mancher Betriebe ziffernmäßig genau zu erfassen, fehlen leider sichere Anhaltspunkte, da eine Gliederung der Einnahmen nach Bevölkerungsklassen nicht stattfindet. Überdies würde eine solche Gliederung, sofern Ziffern dafür bekannt wären, ein Eingehen auf die komplizierte und schwierige Frage der Überwälzung notwendig machen. Wir müssen uns daher darauf hinzuweisen begnügen, daß die Arbeiterbevölkerung einmal bezüglich ihrer Leistungsfähigkeit z. B. für Wasser und für die Straßenbahn relativ mehr zahlt, da — wie im nächsten Kapitel sogleich gezeigt werden soll — eine Abstufung der Preise bei jenen Betrieben nach den verschiedenen Stufen der Wohlhabenheit nicht stattfindet; daß sie ferner auch insoweit zu den wirtschaftlichen und finanziellen Ergebnissen mancher Betriebe beiträgt bzw. in Zukunft noch in erheblicherem Maße beitragen kann, als einige der Betriebe (z. B. Gasanstalt, Wasserversorgung, Straßenbahn) bei ihrer Tendenz, Bodenwert und damit die Steuerkraft der Gemeinde zu steigern, eine Massenbenutzung voraussetzen, durch die sich eine rationellere Betriebsausnutzung und eine größere relative Kostenersparnis erzielen läßt; daß schließlich die Arbeiterbevölkerung aber ein gut Teil dazu beiträgt, diese Massenbenutzung stattfinden zu lassen.

Viertes Kapitel.

Die Preispolitik bei den gemeindlichen Betrieben.

Bei der Mehrzahl der gewerblichen Betriebe gestattet ein Blick auf ihre finanziellen Ergebnisse schon einen allgemeinen Schluß auf die Art ihrer finanzpolitischen Behandlung.

Im folgenden soll nun des näheren dargestellt werden, wie diese Resultate wirtschaftlich zustande kommen, von welchen Grundsätzen die Gemeindeverwaltung sich bei Festsetzung der Preise für die einzelnen Betriebe leiten läßt, und wie diese Preisfestsetzung im besonderen sich gestaltet.

Einem Gemeinwesen stehen bekanntlich drei Möglichkeiten für die Art der Verwaltung seiner gemeinnützigen Anstalten und Einrichtungen offen:

1. Die von ihm geschaffenen Nutzungen oder Dienstleistungen werden unentgeltlich geboten oder doch gegen so geringfügige finanzielle Gegenleistungen, daß sie gegenüber den für die gemeinheitlichen Leistungen aufgewendeten Kosten gar nicht in Betracht kommen (Unentgeltlichkeitsprinzip);

2. für die geschaffenen Nutzungen oder Dienstleistungen werden von jedem, der sie in Anspruch nimmt, Gebühren erhoben, die entweder genau zur Deckung der aufgewendeten Kosten hinreichen oder doch einen erheblichen Teil derselben ersetzen (Gebührenprinzip);

3. die für die Inanspruchnahme der Nutzungen und Dienstleistungen des Gemeinwesens verlangten finanziellen Gegenleistungen sind so hoch, daß sie allen Kostenaufwand nicht nur ersetzen, sondern auch noch darüber hinaus einen Gewinn abwerfen (Prinzip der Erwerbseinkünfte).

1. Die Gasanstalt.

Die Frage, wie finanzpolitisch die Gasanstalt im Falle einer Kommunalisierung zu behandeln sei, trat zum ersten Male an die Gemeindeverwaltung heran, als im Jahre 1889 die Gasbeleuchtungsgesellschaft der Stadt ein Anerbieten machte, das die Änderung einer Vertragsbestimmung bei Ablauf der Konzession betraf. Auf seiten der Gemeindeverwaltung gab diese Offerte zu vielen und langen Verhandlungen Anlaß. In dem Kapitel „Frühere und gegenwärtige konzessionierte Privatbetriebe" ist darüber eingehender berichtet worden. Hier sei nur erwähnt, daß man in der Gemeindeverwaltung diese Gelegenheit ergriff, um überhaupt über das Weiter nach Ablauf des Vertrages mit der Gasbeleuchtungsgesellschaft ins reine zu kommen. Über die ganze Angelegenheit wurde damals von einem der höchsten städtischen Beamten eine Denkschrift verfaßt, die lange Zeit vom Magistrat geheim gehalten und erst veröffentlicht wurde, als man in der Bürgerschaft immer dringender Aufklärung über das, was man mit der Gasanstalt beabsichtige, verlangte.

In dieser Denkschrift ist u. a. auch zu der Frage der künftigen von der Gemeinde einzuschlagenden Preispolitik Stellung genommen. Es wird in ihr eingangs von der nach Ablösung der Gaswerke für die Gemeinde sich eröffnenden „Einnahmequelle" gesprochen, dann aber an anderer Stelle fortgefahren: „Die Gaspreise wären alsdann (nach Übernahme der Gasanstalt in städtische Regie) unter Zugrundelegung der Selbstkosten mit einem Zuschlag für Verzinsung und Amortisation, sowie einer mäßigen Entschädigung für Benutzung des Gemeindegrundes und Übernahme des finanziellen Risikos von Anfang an gleich billiger festzusetzen und je nach den wirtschaftlichen Konjunkturen, ohne an bestimmte Perioden gebunden zu sein, herabzumindern" [1]. Und weiter heißt es: „Die Lieferung ebenso vorzüglichen als billigen Lichtes muß daher den Hauptzweck bilden, die Erzielung eines möglichst hohen Reingewinns dagegen, der mit dem wirtschaftlich gerechtfertigten Preise nicht vereinbar wäre, als eine einseitige, indirekte Besteuerung der Konsumenten ausgeschlossen sein" [2].

Von dieser Ansicht scheint man jedoch bald abgekommen zu sein. Anders lautet nämlich schon der Verwaltungsbericht für 1890 [3]. Zwar sagt auch er noch, daß die Stadt nach Kommunalisierung der Gasanstalt in der Lage sein werde, dem Verlangen nach niederen Gaspreisen stattzugeben und dadurch den Lichtkonsum außerordentlich zu erhöhen, aber er hebt auch schon hervor, daß München dann endlich auch in die Reihe der Städte eintreten werde, welche aus der Benutzung der städtischen Straßen

---

[1] „Denkschrift und Antrag betreffend die künftige Regelung des Beleuchtungswesens von München". München 1889, S. 1.

[2] Ebenda S. 37.

[3] Verwaltungsber. 1890, S. 111.

und Plätze zum Zwecke von Gasanlagen in der Lage sind, hohe Renten zu schöpfen und einen Teil ihrer Ausgaben zu decken.

Wiewohl zwar bis zu einem gewissen Grade niedere Gaspreise und eine hohe Rente[1] miteinander nicht unvereinbar sind, indem bei einer Erniedrigung der Gaspreise auch der Konsum rascher steigen und damit auch der absolute Reingewinn der Gasanstalt wachsen wird, so blieb doch, als am 1. November 1899 dann die Gasanstalt tatsächlich auf die Gemeinde überging, bezüglich der Gaspreise alles beim alten. Das Statut vom 8. August 1899, das den Gasbezug regelte, „stellte sich", wie der Verwaltungsbericht vom Jahre 1899 anführt[2], „auf den Standpunkt, daß möglichst die bisherigen Verhältnisse beibehalten werden sollten, da es nicht tunlich sei, schon gleich mit der Überleitung der gesellschaftlichen Gasanstalt in den gemeindlichen Besitz jene Verbesserungen und Erleichterungen (Ermäßigung der Gaspreise usw.) eintreten zu lassen, auf welche das Publikum jedenfalls ein Recht habe; man müsse im Besitze und Betriebe der Anstalt vorerst Erfahrungen sammeln".

Dieser Argumentation gegenüber darf jedoch nicht darauf hinzuweisen unterlassen werden, daß man 10 Jahre vorher eine künftige mangelnde Erfahrung ganz außer Betracht gelassen hatte; ferner scheint auch aus dem Grunde die angegebene Beweisführung nicht standzuhalten, weil fast das gesamte Betriebspersonal der privaten Gesellschaft, einschließlich der Direktion, in den städtischen Dienst genommen wurde, und man also über ein technisch geschultes und in der Verwaltung erfahrenes Personal verfügte. — Zudem hätte man, wenn mangelnde Erfahrung der wirkliche Grund gewesen wäre, daß man von einer Ermäßigung der Gaspreise absah, in den acht Jahren, die seit der Übernahme verflossen sind, Zeit gehabt, Erfahrungen zu sammeln, auf Grund deren man gegebenenfalls die Gaspreise hätte herabsetzen können. Dies ist aber im großen ganzen nicht geschehen, obwohl die Gasanstalt nach wie vor der Übernahme bedeutende Reineinnahmen lieferte.

Mangelnde Erfahrung konnte also nicht der Grund gewesen sein. Der wahre Grund, daß man die Gaspreise nicht ermäßigte, ist nur darin zu suchen, daß man die Reineinnahmen der Gasanstalt zur Deckung anderer Ausgaben des Gemeindehaushalts verwenden wollte. Durch eine Herabsetzung der Gaspreise befürchtete man aber für die allerersten Jahre

[1] Wenn man darunter, wie die Verwaltungsberichte, lediglich den Reingewinn versteht.

[2] Verwaltungsber. 1899, S. 410.

einen Ausfall in den Reineinnahmen, wodurch sich dann die Schwierigkeiten der Beschaffung von Geldmitteln für den Gemeindehaushalt vergrößert hätten.

Nachdem man also zuerst die Wohlfahrt der Konsumenten als allein für die Preispolitik maßgebend bezeichnet und die Erzielung eines Reingewinnes zurückgewiesen hatte, nachdem dann beides, sowohl das Wohl der Konsumenten wie auch die Erzielung einer hohen Rente sich zum Zweck gesetzt hatte, ist man schließlich durch den Zwang der Verhältnisse dahin gekommen, das fiskalische Interesse allein zu verfolgen.

Um nun eine genauere Kenntnis von der städtischen Preispolitik im Gasanstaltsbetriebe zu erhalten, ist es notwendig, den ganzen Betrieb in zwei Teile zu zerlegen. Der erste soll die Produktion und Abgabe von Gas und überhaupt den eigentlichen Fabrikbetrieb mit seinem Zubehör umfassen, der zweite die Verwertung der Nebenprodukte. Zuzeiten der Gesellschaft hätte man auch noch einen dritten Betriebsteil nennen können, das Installationsgeschäft. Dieses und ebenso die Werkstätte für Gasmesserfabrikation ging jedoch beim Ablauf des Konzessionsvertrages nicht auf die Gemeinde über, sondern wurde Privatfirmen zur Ausübung überlassen. Auch bei den Elektrizitätswerken, der Wasserversorgung und der Kanalisation ist das Installationsgeschäft nicht in den Händen der Stadt. Der Grund hierfür liegt darin, daß man den vielen am Orte ansässigen Privatfirmen nicht den Verdienst nehmen will. Im übrigen waren unter der Gasbeleuchtungsgesellschaft die Gewinne aus dem Installationsgeschäft verhältnismäßig nicht von großer Bedeutung und auch recht schwankend [1].

I. Produktion und Abgabe von Gas.

Wesentliches preisbildendes Moment sind nun bei dem Betriebe einer Gasanstalt die Kosten für Vergasungsmaterial und für Löhne. Wie diese Kosten sich entwickelt haben, und von welchem Einfluß sie auf die Gestaltung der finanziellen Ergebnisse gewesen sind, ist für die Gasanstalt eingehend klargelegt worden in dem Kapitel „Gemeinde- und Privatbetrieb", wo der Betrieb unter gesellschaftlicher und der unter städtischer Regie miteinander verglichen sind. Es soll dies daher hier nicht schon vorweggenommen werden. Die Gemeinde war übrigens der Mühe über-

[1] Sie betrugen in den letzten 9 Jahren durchschnittlich etwa 16 700 *M*. Im Jahre 1894/95 betrug der Gewinn 43 206 *M*, dagegen im Jahre 1897/98 nur 2052 *M*.

hoben gewesen, die Produktionskostenberechnung der Preisnormierung zugrunde zu legen. Diese Arbeit hatte schon die Gesellschaft vollführt. Die Gemeinde brauchte also den Betrieb nur in derselben Weise weiterzuführen.

Die für den ersten Teil des Betriebes einschlägigen Preisfestsetzungen waren nach dem Statut vom 8. August 1899 die folgenden, wie sie eben schon zur Zeit der Gasbeleuchtungsgesellschaft bestanden hatten.

Es waren zu entrichten:

für 1 cbm Leucht- oder Motorengas 23 Pf.
„ 1 „ Heiz- „ Kochgas . 14 „

bei größerem Verbrauche wurde, wie nach kaufmännischer Gepflogenheit, ein Rabatt gewährt, der für Leuchtgas bei einem Mindestverbrauch von 5000 cbm begann und bei zunehmendem Konsum schließlich auf 20 % und unter Umständen sogar auf 28 % stieg. Für Motorengas wurde Rabatt schon bei dem geringsten Verbrauch berechnet; er betrug bis 10 000 cbm 25 % und stieg bei einem Konsum über 100 000 cbm auf 39 %. Da das zur Rabattberechnung nötige Minimalquantum für Leuchtgas sehr hoch angesetzt ist, können sich jedoch nur verhältnismäßig sehr wenige Konsumenten dieser Vergünstigung erfreuen. Es bezogen im Jahre 1906 von 35 404 Abnehmern überhaupt Rabatt an Leuchtgas nur 209. Im Jahre 1904 ermäßigte man den Preis für Motorengas auf 14 Pf. pro Kubikmeter. Eine Rabattgewährung fand dann in der Folge dergestalt statt, daß sich wieder bei höherem Konsum der Preis pro Kubikmeter Gas erniedrigte bis zum Minimalpreise von 12 Pf. pro Kubikmeter bei einem Gasverbrauch von mehr als 75 000 cbm. Von 209 Gasmotoren kam im Jahre 1906 wiederum nur 19 diese Vergünstigung zugute.

Die Preisermäßigung von Motorengas auf 14 Pf. pro Kubikmeter bedeutet nun aber nicht ein Einlenken in die im Jahre 1889 ausgesprochenen Grundsätze. Der Konsum des Motorengases befand sich seit dem Jahre 1901 infolge Konkurrenz der Elektrizität ständig in der Abnahme. Man suchte durch eine niedere Preisnormierung dem abzuhelfen, den Konsum wieder zu beleben und damit auch die Reineinnahmen zu steigern. Außerdem sprach dabei auch noch der Umstand mit, — welcher auch schon für die Gesellschaft maßgebend gewesen war, den Preis für Heiz- und Kochgas auf 14 Pf. festzusetzen, — daß der Gasverbrauch zu technischen Zwecken (und ebenso zum Heizen und Kochen) hauptsächlich am Tage stattfindet, während das Gas zu Beleuchtungszwecken überwiegend abends und nachts konsumiert wird. Durch einen billigeren Preis für Motoren-, Heiz- und Kochgas wird aber naturgemäß der Konsum zu diesen Zwecken gehoben und damit gegen die plötzliche starke Inanspruchnahme der Gasanstalt zu den Abend- und Nachtstunden in den Tagesstunden einigermaßen ein Gegengewicht geschaffen. Dadurch wird dann aber wieder eine rationellere Ausnutzung der Anlagen bewirkt.

Um die Reineinnahmen zu steigern, begann man in den ersten Jahren dieses Jahrhunderts auch mit der Einführung von Gasautomaten, indem man den Preis des durch sie bezogenen Gases auf 17 Pf. normierte. Der Gaskonsum überhaupt und mit ihm auch die Erträgnisse der Gasanstalt kamen nämlich in den ersten Jahren dieses Jahrhunderts in das Stadium einer gewissen Stagnation. Man versprach sich von der Einführung der Automaten und der für sie erfolgten Preisermäßigung um 6 Pf. wieder eine stärkere Zunahme des Gasverbrauchs, da infolge der Preisermäßigung auch weitere Volkskreise sich des Gases bedienen konnten. Durch einen erweiterten Gaskonsum sollten aber auch die Reinerträgnisse der Anstalt wieder steigen. Das war, wie sich aus den Verhandlungen der städtischen Kollegien klar ergibt, der eigentliche Zweck dieses Vorgehens. Ein Antrag, z. B. den Grundpreis für Leuchtgas von 23 Pf. auf 20 Pf. herabzusetzen, wurde von der Gemeindevertretung aus finanztechnischen Gründen abgelehnt.

In seinen Hoffnungen sah man sich nicht getäuscht. Die Automaten wurden und werden auch gegenwärtig noch sehr begehrt. Von 2870 zu Ende des Jahres 1905 mit einem jährlichen Verbrauche von 268 939 cbm stieg ihre Zahl auf 4762 mit einem jährlichen Verbrauche von 973 885 cbm. Die Aufstellung der Gasautomaten mit einer einfachen Gaseinrichtung (erforderliche Rohrleitung mit einfachen Beleuchtungs- und Kochapparaten) erfolgt unentgeltlich in Wohnungen mit einem jährlichen Mietpreis bis zu 800 Mk. Eine Minimalabnahme für durch Automaten bezogenes Gas ist nicht festgesetzt, doch wird im allgemeinen darauf gehalten, daß der jährliche Konsum mindestens 220 cbm beträgt, also einem monatlichen Gasverbrauch von etwa 3 M entspricht. Bei Nichtbenutzung oder bei ungenügender Benutzung der Einrichtung steht der Gasanstalt das Recht einer Kündigung zu. Auch diese Möglichkeit der Kündigung durch die Gasanstalt bei ungenügendem Konsum zeigt deutlich, daß das finanzielle Moment das ausschlaggebende bei der ganzen Einrichtung gewesen ist.

In betreff der Herstellung von Anschlußleitungen blieb nach Übernahme der Gasanstalt in städtische Regie ebenfalls zunächst derselbe Zustand wie zuvor bestehen. Die Herstellung geschah auf Antrag des Anwesenbesitzers und auf seine Kosten. Die Gasmesser wurden ausschließlich von der städtischen Gasanstalt geliefert und aufgestellt und wurden entweder mietweise oder käuflich abgegeben. Wenn der billigere Preis für Nutzgas (d. i. Motoren-, Heiz- und Kochgas) beansprucht wurde, so mußte dieses Gas durch besondere Gasmesser bezogen werden, andernfalls für den gesamten Bezug der Leuchtgaspreis zu zahlen war. Doch war der Anschluß einer Flamme an die Nutzgasleitung gestattet. Die monatliche Miete für Gasmesser betrug bei 500 l Stundenverbrauch (3 Flammen) 0,30 ℳ und stieg bis zu 3 ℳ bei 28 500 l Stundenverbrauch (200 Flammen). Das Statut vom 20. Dezember 1904 brachte jedoch in diesen Bestimmungen eine wesentliche Änderung. Die Gasanstalt erbot sich, „bis auf weiteres" die Anschlußleitungen und die Steigrohrleitungen bis zum Eintritt in die Wohnungen unentgeltlich herzustellen, und zwar

bei Neubauten, wo bereits eine Gasversorgung der Straße bestand oder durch Verbrauchsgarantie in Bälde ermöglicht wurde;

bei bestehenden Gebäuden dagegen nur, sofern ein entsprechender Gaskonsum vorauszusetzen war.

Aber auch in dieser Maßnahme ist nicht ein Abweichen von dem leitenden Prinzip zu sehen [1]. Wie schon erwähnt, war beim Gasverbrauch und bei den Reinerträgnissen der Anstalt eine gewisse Stagnation eingetreten. Den Grund hierfür suchte man vornehmlich in der Gleichgültigkeit der Hausbesitzer gegen die Versorgung mit Gas. Um nun den Stillstand im Gaskonsum zu beheben, wollte man den Gasabnehmern außer der bereits erörterten Ermäßigung des Gaspreises bei Entnahme durch Automaten eben durch die unentgeltliche Herstellung der Leitungen im Innern der Häuser entgegenkommen. Denn für eine Ausdehnung des Gaskonsums ist die Frage nach der Kostendeckung der Anschluß- und der Steigleitungen ein sehr wesentliches Moment. In den Fällen, wo ein Hausbesitzer sich dazu bestimmen läßt, sein Anwesen mit Gas zu versorgen, wird er auch meistens seine Mieter zur Deckung der Anschlußkosten heranziehen, ganz abgesehen davon, daß er auch häufig noch versuchen wird, den Mietpreis mit der Begründung zu steigern, die Wohnungen seien durch den Anschluß an die Gasleitung wertvoller geworden. In je weitere Volkskreise nun aber der Gaskonsum vordringen soll, desto

[1] In der Gemeindebevollmächtigten-Versammlung fielen u. a. die Worte: „Wir machen keine Geschenke, sondern erreichen dadurch nur die Hebung des Gaskonsums; wir wollen damit ein Werk der Stadt rentabler machen, es ist eine rein kaufmännische Manipulation." (Zuruf: „Ganz richtig!") Gem.-Ztg. 1904, S. 1641.

mehr fällt für den einzelnen Konsumenten die einmalige Ausgabe zur Mitbestreitung der Anschlußkosten ins Gewicht.

Die Bestimmung ferner in dem Statut „sofern ein entsprechender Gaskonsum vorauszusetzen sei", besagt, daß nicht unter allen Umständen, sondern nur, wenn es lohnend sei, d. h., wenn die Reineinnahmen dadurch gesteigert werden, die unentgeltliche Herstellung der Anschlußleitungen geschehen soll.

Zu dem nämlichen Zwecke wurde die Gasanstalt auch bis auf weiteres ermächtigt, bewährte, einfache Heiz- und Kochapparate gegen mäßige Miete an Konsumenten abzugeben.

Dies sind also die für den Hauptteil des Betriebes geltenden Preisbestimmungen.

Der Gaspreis, besonders der Grundpreis für 1 cbm Leuchtgas von 23 Pf., ist vielen Anfeindungen ausgesetzt. In der Tat ist er der höchste in den 45 im Statistischen Jahrbuch deutscher Städte (Jahrg. 1907) für das Jahr 1904 ausgewiesenen gemeindlichen Anstalten. Übertroffen wird er überhaupt nur von dem Leuchtgaspreise zu 37 Pf. pro Kubikmeter der Frankfurter Gasbeleuchtungsgesellschaft zu Frankfurt a. M. Die nächste gemeindliche Anstalt nach München ist Darmstadt mit einem Grundpreis von 22 Pf. pro Kubikmeter. Auch der Preis für Motoren-, Heiz- und Kochgas ist höher nur bei der Gasbeleuchtungsgesellschaft in Frankfurt a. M. (27 Pf.), in Plauen in der Zeit vom 1. November bis 1. März (15 Pf.), der Preis für Kraftmaschinengas in Augsburg mit 16 Pf. Die meisten Städte haben einen Gaspreis für technische Heiz- und Kochzwecke von 12 und 10 Pf.; einige, Düsseldorf, Elberfeld, Bochum von 8 Pf.

Man sollte nun meinen, daß durch die verhältnismäßig hohen Gaspreise auch der stattliche Reingewinn der Gasanstalt zum größten Teil veranlaßt wird. Das ist jedoch nicht der Fall. Bringen wir nämlich von den Gesamteinnahmen und -ausgaben der Gasanstalt diejenigen Einnahmen und Ausgaben in Abzug, die zu dem zweiten von uns angenommenen Betriebsteil, der Verwertung der Nebenprodukte, gehören, so erhalten wir von dem übrigen Betriebe folgendes Bild: (Siehe die Tabelle auf S. 95.)

Daraus geht also hervor, daß der Gewinn aus dem Hauptteil des Betriebes nur ein mäßiger ist. Im Jahre 1902 war sogar ein Defizit vorhanden. In jedem Falle (mit Ausnahme des Jahres 1900) bleibt aber der Gewinn hinter den Summen zurück, die unter den Einnahmen

Gasanstalt. Hauptbetriebsteil.

Einnahmen.

Jahr	Einnahmen aus der Gasabgabe insgesamt	Einnahmen aus der Straßenbeleuchtung	Gasmesserwerkstätte	Mieten für Gasmesser, Heiz- und Kochapparate	Werkstätte für Rohrlegung	Unterhalt des Rohrnetzes	Sonstige Einnahmen	Einnahmen insgesamt Sp. 1, 3, 5, 6, 7 zusammen	Reineinnahmen des Hauptbetriebsteiles
	1	2	3	4	5	6	7	8	9
	ℳ	ℳ	ℳ	ℳ	ℳ	ℳ	ℳ	ℳ	ℳ
1900	3 001 038	177 433	69 584	6 800	410 270	158 429	998	3 640 319	180 057
1901	2 922 402	241 896	56 772	17 438	293 584	—	5 516	3 278 274	15 946
1902	2 954 141	240 632	81 056	31 666	236 285	—	5 361	3 276 843	— 23 126
1903	3 097 528	264 421	102 176	51 055	269 248	—	28 602	3 497 554	62 582
1904	3 341 727	276 461	114 603	72 920	230 228	—	38 753	3 725 311	122 634
1905	3 642 035	292 165	128 674	105 803	259 854	—	58 806	4 089 369	155 767
1906	4 085 763	307 474	179 557	165 202	218 407	—	65 738	4 549 465	127 690

Ausgaben.

Jahr	Vergasungsmaterial	Heizmaterial	Allgemeine Verwaltung	Fabrikbetriebslöhne	Verzinsung und Erneuerungsfonds	Gasmesserwerkstätte	Werkstätte für Rohrlegung	Unterhalt des Rohrnetzes	Sonstige Ausgaben (Betrieb und Unterhaltung der Fabrik)	Ausgaben insgesamt Spalte 1–9
.	1	2	3	4	5	6	7	8	9	10
	ℳ	ℳ	ℳ	ℳ	ℳ	ℳ	ℳ	ℳ	ℳ	ℳ
1900	1 571 896	210 313	281 134	165 424	466 146	59 447	381 584	213 862	110 456	3 460 262
1901	1 469 097	248 107	286 420	187 838	507 883	35 363	291 450	74 907	161 263	3 262 328
1902	1 471 697	234 914	300 254	192 812	616 440	54 974	215 440	67 341	146 091	3 299 969
1903	1 484 461	246 510	319 331	206 228	672 440	66 852	213 745	60 056	165 379	3 434 972
1904	1 508 958	303 848	392 696	202 719	659 825	77 425	219 316	71 282	166 608	3 602 677
1905	1 653 049	275 710	454 343	235 742	689 514	92 957	257 731	70 769	203 787	3 933 602
1906	1 837 591	372 584	552 563	287 616	814 205	49 433	214 316	68 982	224 485	4 421 775

aus Gas für Straßenbeleuchtung enthalten sind. Für den Gemeindehaushalt bringt dieser Betriebsteil also keinen wahren, sondern nur einen rechenmäßigen Reingewinn. Die Einnahmen aus dem Verkauf von Gas, ausschließlich des Gases für die Straßenbeleuchtung, halten dagegen den Hauptausgaben für den eigentlichen Fabrikbetrieb (für Vergasungs- und Heizmaterial, für Fabrikbetriebslöhne, für allgemeine Verwaltung, für Verzinsung und für den Erneuerungsfonds) im großen ganzen die Wage. Sie ergeben eigentlich noch einen Überschuß, da in der Summe für Verzinsung und für den Erneuerungsfonds auch noch unausscheidbare Beträge auf Rohrnetz und Werkstätten entfallen. Rechnet man jedoch die Einnahmen aus der Straßenbeleuchtung unter die Einnahmen aus der Gasabgabe ein, so ist dieser Überschuß sicherlich größer als der Reingewinn des ganzen Betriebsteiles. Es muß sich also in einem andern Zweige des Betriebsteiles ein Verlust ergeben, da das schließliche Ergebnis des Hauptbetriebsteiles ein verhältnismäßig geringes ist. Dieser Verlust ist wohl bei den Arbeiten zur Herstellung der Anschlußleitungen, Inneneinrichtungen und bei dem Unterhalt des Rohrnetzes zu suchen. Die Werkstätten für Rohrlegung und für Gasmesser weisen zwar Überschüsse auf, aber in ihren Ausgaben sind nicht die Summen für Verzinsung ihres Anlagekapitals und für ihren Erneuerungsfonds enthalten. Die fraglichen Summen lassen sich überhaupt absolut genau nicht ausscheiden. Die für Gasmesser, Heiz- und Kochapparate erhobenen Mieten würden demnach zur Deckung der für diese Apparate aufgewendeten Kosten nicht ganz hinreichen und also als wirkliche Gebühren anzusehen sein.

II. Verwertung der Nebenprodukte.

Wo kommen nun aber die großen Reingewinne der Gasanstalt her? Die Antwort erhält man, wenn man die Reinergebnisse des zweiten Teiles des Gasanstaltsbetriebes, die aus der Verwertung der Nebenprodukte, betrachtet. Zwar läßt sich ein Betriebszweig vom ganzen Betriebe schwer trennen, besonders wenn es sich wie hier um Verwertung von Abfallprodukten des Hauptbetriebes handelt. Es ist wohl möglich, deren spezielle Produktionskosten gesondert nachzuweisen, doch ihren Anteil an den allgemeinen Kosten des Betriebes, z. B. der Verwaltung und der Verzinsung des Betriebskapitals, zu bestimmen, ist unausführbar. Bei den nachstehenden Ergebnissen der Nebenprodukte sind deshalb auch nur die speziell auf sie nachweisbar verwendeten Betriebskosten (einschließlich Löhnen) von den aus ihrem Verkaufe erzielten Einnahmen in Abzug gebracht worden.

Es betrugen demnach:

im Jahre	die Reineinnahmen ℳ	aus den Nebenprodukten % des Gesamtreingewinns der Gasanstalt	der Gesamtreingewinn der Gasanstalt ℳ
1900	ca. 1 117 500	84,9	1 980 037
1901	1 021 465	98,4	1 037 412
1902	974 852	102,4	951 615
1903	1 012 787	94,2	1 075 372
1904	1 138 887	90,3	1 261 523
1905	1 239 260	88,7	1 395 881
1906	1 360 698	91,4	1 488 393

Allerdings können aus dem eben genannten Grunde diese Zahlen nicht ganz genau den Reingewinn aus den Nebenprodukten darstellen, aber sie beweisen immerhin, daß weitaus der größte Teil der Reinerträgnisse des ganzen Gasanstaltsbetriebes der finanziellen Verwertung der Nebenprodukte zu verdanken ist. Würde der Gasanstalt der Absatz der Nebenprodukte genommen, so würde auch ihr Reingewinn verschwinden. Die Preisgestaltung für die Nebenprodukte erhält dadurch eine erhöhte Bedeutung. Während aber für die Produktion und Abgabe von Gas die Gemeinde ein Monopol hat, steht sie beim Verkaufe der Abfallprodukte, besonders von Koks, dessen Verkauf im Jahre 1906 allein 1 115 000 ℳ Reineinnahme brachte, unter der Konkurrenz von Privatfirmen und verdankt also in letzter Linie die Reineinnahmen aus der Gasanstalt nicht ihrem Monopole, sondern hauptsächlich den Marktpreisen für die Abfallprodukte.

Im einzelnen geschieht die Preiserzielung bei den in Frage kommenden Produkten Koks, Lösche, Teer, Ammoniak, Cyan und Graphit in folgender Weise:

Grobkoks, gebrochener Koks und Rieselkoks wird in jeden Quantitäten abgegeben. Der Preis beträgt 5—10 Pf. pro 50 kg unter dem lokalen Marktpreise. Bei Zustellung ins Haus werden 15 Pf. pro 50 kg Zuschlag erhoben. Bei Abnahme von 25 t und mehr pro Jahr werden Rabatte je nach Höhe des Jahresbezugs von 1 ℳ bis 4 ℳ gewährt. Die städtischen Anstalten beziehen Koks zu einem um 3 ℳ pro Tonne billigeren Preis als dem allgemein üblichen.

Für Grieskoks (Lösche), — zu dessen Abnehmern hauptsächlich kleine Leute zählen, — erzielt man einen etwa 60—75 % niedrigeren Preis als für die anderen Koksforten. Um möglichst vielen dieses billige

Brennmaterial zukommen zu lassen, wird bei jeder Entnahme von Grieskoks an niemanden mehr als 1/2 Ztr. verabfolgt.

Für die übrigen Nebenprodukte: Teer, Ammoniak, Cyan und Graphit, wird der Preis auf dem Wege des Meistgebotsverfahrens erzielt. Zugrunde gelegt wird dabei im allgemeinen der Londoner Marktpreis.

Man macht nun, das sei noch erwähnt, den kommunalen Betrieben Münchens, besonders Gasanstalt, Elektrizitätswerken und Trambahn, vielfach den Vorwurf, daß sie „teuer arbeiten". Und allerdings kann man, was zunächst die Gasanstalt betrifft, wohl auf diese Vermutung kommen, wenn man erwägt, daß sie trotz der hohen Gaspreise nur verhältnismäßig geringe Reineinnahmen aus dem Verkaufe von Gas erzielt. Nun ist aber „teuer" ein sehr relativer Begriff. Man kann einem Betriebe nur beim Vergleich mit anderen privaten oder kommunalen Betrieben gleicher Art den Vorwurf machen, daß er „teuer arbeite", und auch dann würde es unter Berücksichtigung aller der mannigfachsten lokalen und sonstigen Verschiedenheiten schwer fallen, auch nur mit einiger Genauigkeit einen Vergleich auf gleicher Basis anzustellen.

Nach dem Statistischen Jahrbuch deutscher Städte, Jahrgang 1907, betrugen von 41 aufgeführten Städten für das Jahr 1904 die Produktionskosten für 100 cbm, d. h. sämtliche Betriebsausgaben ohne Zinsen, Tilgung und Abschreibung für den Erneuerungsfonds, in München 14 ℳ. Höher waren sie nur in Königsberg i. Pr. mit 17,7 ℳ, Mainz mit 17,5 ℳ, Rixdorf 14,8 ℳ, Kiel-Garden 14,3 ℳ. Am niedrigsten waren sie in Zwickau mit 3,7 ℳ.

Es ist wohl sicher, daß in München Gasanstalt und Elektrizitätswerke hohe Preise z. B. für Kohlen zahlen müssen, aber das liegt nicht an den kommunalen Betrieben als solchen, sondern an der entfernten Lage Münchens von den Zentren des Kohlenbergbaues. Im übrigen ist für die Gasanstalt die Frage des „Teuerarbeitens" noch näher in dem schon erwähnten Kapitel „Gemeinde- und Privatbetrieb" erörtert worden.

2. Die Elektrizitätswerke.

Die bereits zitierte Denkschrift vom Jahre 1889, betreffend die künftige Regelung des Beleuchtungswesens in München, zieht auch den Bau eines städtischen Elektrizitätswerkes in ihren Betrachtungskreis und bemerkt bei dieser Gelegenheit zugleich, nach welchen Grundsätzen ein solches Werk zu betreiben sei. Es heißt nämlich in ihr, daß das Elektrizitätswerk bei ökonomischer Anlage zwar anfangs keine oder nur eine geringe, zur Verzinsung des Anlagekapitals kaum ausreichende Rente, nach Verlauf weniger Jahre jedoch einen, wenn auch mäßigen, so doch immerhin den herrschenden Zinsfuß übertreffenden, sicheren Gewinn abwerfen werde.

Die ersten beiden elektrischen Werke nun, das Westenrieder- und das Muffatwerk, konnten durch das noch näher zu erörternde Abkommen mit der Gasbeleuchtungsgesellschaft nur in einem beschränkten Umfange erbaut werden, so daß der in ihnen erzeugte Strom fast ausschließlich nur zur Straßenbeleuchtung und zum Betrieb der Straßenbahn ausreichte und an Private Strom nur in ganz unbedeutendem Maße abgegeben werden konnte. Zum Bau eines großen Elektrizitätswerkes konnte die Gemeinde erst schreiten, als die Konzessionsdauer der Gasanstalt sich dem Ende näherte. Nach Fertigstellung dieses Werkes, des Isartalwerkes, wurde Strom auch an Private in ausgedehnterem Maßstabe sowohl zum Zwecke der Beleuchtung wie zum Motorenbetriebe verabfolgt.

Gelegentlich der Erbauung des Werkes wurde es in einer Magistratssitzung[1] abermals ausgesprochen, daß mit der Errichtung eines Elektrizitätswerkes auch eine Gewinnabsicht verbunden sei; „denn," so wurde in einer allseitig beifällig aufgenommenen Rede des Referenten ausgeführt, „der Einnahmeüberschuß aus dem Werke sollte dazu beitragen, die Kosten anderer nicht rentabler, aber gleichwohl dem allgemeinen Besten dienender Unternehmungen decken zu helfen". Diesem Grundsatze gemäß erfolgte die Aufstellung des Tarifs. Nach Berechnung der Kosten für Verzinsung und Tilgung des Anlagekapitals, für Unterhalt und Erneuerung, für Gehälter und Löhne, für Kohlen-, Schmier- und sonstiges Betriebsmaterial nahm man einen Minimalkonsum an und verteilte auf diesen die zur Deckung der vermutlichen Ausgaben erforderliche Summe. Man gelangte auf diese Weise zu den folgenden Preisen.

Strom für Licht und Strom für Kraft sollte nach besonderen Tarifen abgegeben werden. Der Preis betrug bei Licht 6 Pf. für die ersten 500 Hektowattstunden und nahm bei größerem Konsum je nach den Konsumstufen pro Hektowattstunde ab. Bei einem Verbrauch von über 200 000 Hektowattstunden wurden für den Konsum darüber hinaus nur 5,28 Pf. pro Hektowattstunde berechnet. Bei Kraftstrom betrug der Preis 2 Pf. pro Hektowattstunde, fiel in gleicher Weise bei größerem Konsum wie der Preis für Licht und betrug für jede weitere Hektowattstunde nach einem Verbrauch von 200 000 Hektowattstunden nur 1,76 Pf. Außerdem kamen für jeden Abnehmer auch noch Prämien in Anrechnung,

[1] Gem.-Ztg. 1897, Nr. 53, Beilage S. 787.

wodurch sich die Strompreise nach dem steigenden Konsum ebenfalls erniedrigten. Für die Speisung von Akkumulatorenbatterien waren besondere Bedingungen vorgesehen. Im Jahre 1901 wurde dieser Tarif auf vielfaches Drängen der Abnehmer nach Ermäßigung der Strompreise dahin etwas abgeändert, daß bei größerem Konsum eine rascher als bisher steigende Rabattskala in Anwendung kam. Der Berechnung wurde die Kilowattstunde zu Grunde gelegt. Bei 20000 Kilowattstunden kam jede weitere Kilowattstunde nur auf 50 Pf. für Licht und 17,6 Pf. für Kraft zu stehen. Für Licht gestaltete sich auch die Prämienberechnung für die Abnehmer etwas günstiger. Durch den Tarif vom Jahre 1904 trat schließlich nochmals aus demselben Grunde eine Änderung ein. Für Licht sollte der Preis nach wie vor 60 Pf. pro Kilowattstunde betragen. Eine Rabattberechnung begann bei 1000 Kilowattstunden mit 1 % und betrug bei 50000 Kilowattstunden 13 %. Die Prämie war für je 150 durchschnittliche Benutzungsstunden 1 %. Prämien unter 2 % sollten jedoch nicht zur Auszahlung kommen.

Für Strom zu gewerblichen Zwecken wurde neben dem bisherigen Tarif von 20 Pf. pro Kilowattstunde ein Doppeltarif aufgestellt, um die Werke zur Zeit des Beleuchtungsmaximums vom Motorenbetrieb möglichst zu entlasten. In den Wintermonaten wurde von 4 bzw. 4½ Uhr nachmittags bis 7 Uhr abends eine Sperrzeit festgesetzt. Innerhalb der Sperrzeit betrug der Preis 30 Pf., außerhalb derselben 15 Pf. pro Kilowattstunde. Je nach Wahl des Konsumenten kam der eine oder der andere Tarif zur Anwendung. Rabatt wurde bei dem bisherigen Tarif 1 % von 1000 Kilowattstunden, bei größerem Konsum entsprechend mehr, bei 100000 Kilowattstunden schließlich 11,2 % gerechnet. Für Strom nach dem Doppeltarif begann die Rabattberechnung bei 20000 Kilowattstunden mit 5 %, steigend bis zu 15 % bei 100000 Kilowattstunden. Die Prämie betrug für 1000 durchschnittliche Benutzungsstunden 2 %, stieg bei größerem Verbrauche allmählich an und betrug bei 6000 Kilowattstunden und darüber 15 %.

Für Speisung von Akkumulatorenbatterien wurde der Strom für die ersten 20000 Kilowattstunden zu 20 Pf. pro Kilowattstunde abgegeben, bei größerer Entnahme sank der Preis bis auf 12 Pf. pro Kilowattstunde.

Alle diese Rabatt- und Prämienberechnungen sind gemäß dem beim Betriebe der Elektrizitätswerke leitenden Grundsatze ebenfalls nach kaufmännischer Gepflogenheit aufgestellt. Für gewerbliche Zwecke ist der Strom bei sämtlichen Tariffestsetzungen und Änderungen zwar erheblich niedriger normiert als der Strompreis für Licht. Das ist jedoch weniger aus Entgegenkommen für das Gewerbe geschehen, sondern, — wir haben hier den analogen Fall wie bei der Gasanstalt in der niedrigeren Normierung des Preises für Heiz- und Kochgas und für technische Zwecke, — weil zu gewerblichen Zwecken der Strom meistens am Tage erforderlich ist, während Strom für Licht vorwiegend in den Abend- und Nachtstunden verlangt wird. Durch den Verbrauch von elektrischer Energie auch zu Tageszeiten wird aber eine gleichmäßigere Inanspruchnahme und bessere Ausnutzung der ganzen Anlagen erlangt. Man setzt also im eigenen Interesse den Strom für gewerbliche Zwecke niedriger.

Was nun die Herstellung der Anschlußleitungen anlangt, so sind dafür im allgemeinen die Bestimmungen des Statutes vom 31. August 1899 maßgebend.

Die Herstellung der Anschlüsse an das Kabelnetz, d. h. sämtliche Leitungen mit ihrem Zubehör vom Kabelnetz bis zum Hausanschlußkasten einschließlich der Aufstellung des Elektrizitätsmessers, sowie alle an den Anschlüssen notwendigen Änderungen und Ausbesserungen, werden ausschließlich von den städtischen Elektrizitätswerken auf Antrag und auf Rechnung der Abnehmer hergestellt. Der gesamte Anschluß (Anschlußleitungen, Hausanschlußkasten und Zubehör) verbleibt im Eigentum der städtischen Elektrizitätswerke. Die Ausführung aller weiteren Einrichtungen im Innern der Gebäude wird den vom Magistrat zugelassenen elektrotechnischen Installationsfirmen gestattet; die Elektrizitätswerke nehmen jedoch eine Prüfung der Arbeiten vor.

Die monatlichen Mieten für Elektrizitätszähler erfuhren nach den Bestimmungen vom Jahre 1901 ebenfalls eine geringe Ermäßigung und betragen nunmehr z. B. für 0,7 Kilowatt oder 14 Glühlampen 0,60 ℳ, für 70 Kilowatt oder 4000 Glühlampen 7 ℳ. Die Gebühren für Prüfung der Beleuchtungsanlagen richten sich nach der Zahl der Lampen, anfangend mit einem Satze von 5 ℳ bei Glühlampen, 3 ℳ bei Bogenlampen und steigend mit einem mit der Zahl der Lampen abnehmenden Zuschlage. Für Prüfung von Elektromotorenanlagen beträgt die Gebühr bis zu 1 Kilowatt 10 ℳ und steigt auf 30 ℳ bei 12 Kilowatt.

Die Preise für elektrischen Strom werden nun von der Bürgerschaft ganz besonders für hoch gehalten. Ein Vergleich aber mit den Strompreisen anderer Städte zeigt, daß eine ganze Reihe von diesen die gleichen Preise haben. Von den im Statistischen Jahrbuch d. St., Jahrgang 1907, ausgewiesenen 53 Städten im Jahre 1904/05 hatten 20 (außer München), darunter Breslau, Hamburg, Düsseldorf, Karlsruhe, Mannheim, einen Grundpreis für Licht von 60 Pf. pro Kilowattstunde, 10 hatten einen noch höheren Grundpreis, darunter Bremen, Kassel, Leipzig, Nürnberg 70 Pf. Unter 40 Pf. betrug er nur in Köln; dort allerdings, ausgenommen die Stunden von 9—10 Uhr abends, 20 Pf. Ähnlich verhält es sich mit dem Preis für technische Zwecke. 25 Städte hatten einen Grundpreis von 20 Pf. pro Kilowattstunde, nur 8 einen niedrigeren.

Da nun die Elektrizitätswerke trotz der allgemein für hoch erklärten Strompreise nur verhältnismäßig geringe Reineinnahmen[1] aufweisen, behauptet man vielfach, daß die Werke sich sehr schlecht rentierten und wiederum, daß der städtische Betrieb sehr „teuer arbeite".

Was den letzteren Vorwurf betrifft, so läßt sich ein Beweis für die teure Produktion wohl eben nur durch einen eingehenden Vergleich mit anderen Elektrizitätswerken unter Berücksichtigung aller mannigfachsten Verschiedenheiten der technischen Betriebssysteme und sonstiger wirtschaftlicher und lokaler Eigentümlichkeiten erbringen. Ein produktionsverteuerndes Moment werden jedenfalls auch bei den Elektrizitätswerken die hohen Kohlenpreise in München sein. Machen doch die Ausgaben für Kohlen nahezu die Hälfte der gesamten Produktionskosten pro nutzbar abgegebene Kilowattstunde aus. Daher hat man der Gemeindeverwaltung lebhafte Vorwürfe gemacht, daß sie nicht gleich von Anfang an den Bau einer großen Wasserkraftanlage vorgenommen, sondern zu Dampfanlagen geschritten ist.

Den weitaus größten Teil jedoch aller von den Einnahmen aus der Stromabgabe zu bestreitenden Ausgaben machen die Summen für Verzinsung und Amortisation des Anlagekapitals und für Abschreibungen zum Erneuerungsfonds aus. Da die Abschreibungsquoten, wie wir sahen, gar nicht einmal über das normale Maß hinausgehen, muß man wohl annehmen, daß auch die Kosten der gesamten Anlage ziemlich hohe sind. — Von den 34 im Stat. Jahrbuch d. St. aufgeführten städtischen Elektrizitätswerken steht München im Jahre 1903 hinsichtlich seiner Abschreibungen (Verzinsung, Tilgung, Erneuerungsfonds) weit an erster Stelle, nämlich mit 1 358 000 ℳ. Die Verzinsung und Tilgung des Anlagekapitals erforderte rund 715 000 ℳ, die Rücklage für den Erneuerungsfonds rund 643 000 ℳ. In den Rücklagen zum Erneuerungsfonds wird München nur noch von Dortmund übertroffen, das

[1] Vgl. zu den weiteren Ausführungen S. 63.

794 000 ℳ dafür abschreibt. Die Gesamtabschreibungen Dortmunds stehen in der Reihe an zweiter Stelle mit 1 091 000 ℳ. Es folgt Stuttgart mit 761 000 ℳ, Breslau mit 625 000 ℳ, Frankfurt a. M. mit 626 000 ℳ. Dieses wendet mit 451 000 ℳ nach München am meisten für Verzinsung und Tilgung des Anlagekapitals auf.

Allerdings kann man aus den absoluten Zahlen noch keinen sicheren Schluß ziehen, da es auf die Quoten ankommt, nach denen die Abschreibungen erfolgen, und diese in den einzelnen Städten nicht unerheblich voneinander abweichen können [1], doch wird gegen die Gemeindeverwaltung tatsächlich vielfach dieser weitere Vorwurf erhoben, daß nämlich die Anlagekosten der städtischen Elektrizitätswerke sehr hohe seien.

Die großen Summen für Abschreibungen aber müssen natürlich den Reingewinn schmälern. Wenn man aber, wie vorhin erwähnt, auch mangelnde Rentabilität bei den Elektrizitätswerken der Gemeindeverwaltung vorwirft, so geschieht das nicht mit Recht; denn diese „mangelnde" Rentabilität ist nur eine rechenmäßige. Zwar finden sich unter den Einnahmen für Stromlieferung erhebliche Beträge, welche die Gemeinde in anderen Verwaltungszweigen wieder verausgabt. So die Einnahmen aus der Beleuchtung der Gemeindegebäude und der öffentlichen Uhren, aus der Straßenbeleuchtung und aus der Stromlieferung für die elektrische Straßenbahn. Außerdem zahlt auch das Karl Müller-Volksbad einen ansehnlichen Betrag für Abgabe von Dampf. Tatsächliche Reineinnahmen, die wie bei der Gasanstalt wieder zur Deckung anderer Ausgaben verwendet werden können, werfen demnach die Elektrizitätswerke dem Gemeindehaushalt allerdings nicht ab [2]. Doch darf man dann noch nicht von einer schlechten Rentabilität sprechen. Wenn

[1] Bezüglich der Höhe ihrer Anlagekosten standen Ende des Jahres 1906 nach der von der „Vereinigung der Elektrizitätswerke" herausgegebenen „Statistik" die städtischen Werke Münchens von 170 genannten Werken aus den verschiedensten Ländern mit rund 18 Millionen Mark an vierter Stelle. Übertroffen wurden sie nur von drei privaten Werken, nämlich von Hamburg mit 41 Millionen Mark und von zwei Wiener Werken mit 22 und 21 Millionen Mark. Unter denjenigen Elektrizitätswerken, die ihre Anlagekosten nicht angegeben hatten, befanden sich u. a. von deutschen Werken allerdings auch die privaten Berliner Elektrizitätswerke, und unter den 170 aufgeführten Werken befanden sich viele in solchen Orten, die zu einem Vergleiche mit München gar nicht in Frage kommen.

[2] Abgesehen davon, daß mehrere Jahre hindurch die Summen für den Erneuerungsfonds nicht diesem, sondern dem allgemeinen Stadtsäckel zur „Bilanzierung des Etats", d. h. zur Deckung anderer Ausgaben des Gemeindehaushalts zugeführt wurden.

man die Rentabilität ermitteln will, müssen natürlich alle für Lieferung von elektrischem Strom, gleichviel von wem auch immer, eingenommenen Summen hinzugerechnet werden, und zwar sind dann die abgegebenen Kilowattstunden zu ungefähr denselben Preisen anzusetzen, die bei Finanzierung des Unternehmens zum Zwecke einer Rentabilität zugrunde gelegt waren (60 Pf. Grundpreis für Licht, 20 Pf. Grundpreis für gewerbliche Zwecke). — Wie nun aber schon auf S. 6 zu ersehen ist, beträgt die Anzahl der für die öffentliche Beleuchtung abgegebenen Kilowattstunden etwa 7—9 %, die für den Betrieb der Trambahn abgegebenen Kilowattstunden aber etwa 50 % der gesamten nutzbar abgegebenen Kilowattstunden. Der Strom für die Straßenbeleuchtung wird seit dem Jahre 1896 nur mit 30 Pf. pro Kilowattstunde angesetzt, — entsprechend den ungefähren damaligen Selbstkosten. Der Strom aber für die Straßenbahn wurde nach dem Vertrage mit der Trambahn-Aktiengesellschaft vom 25. Oktober 1897 an diese abgelassen zu einem Preise von 6 Pf. pro Wagennutzkilometer für die erste und zweite Million Wagennutzkilometer, von 5 Pf. pro Wagennutzkilometer für die dritte und vierte Million, von 4 Pf. für die fünfte und sechste Million, und von 3 Pf. für jede weitere Million Wagennutzkilometer bis zur Grenze der Leistungsfähigkeit der damaligen Maschinenanlage. Für den Fall, daß die Grenze der Leistungsfähigkeit erreicht und eine Erweiterung der Maschinenanlage notwendig werden würde, sollten die bezeichneten Tarifstufen von neuem in Anwendung kommen. Als Maximum für den Stromverbrauch wurden 582 Wattstunden pro Tag und Wagennutzkilometer angesetzt. Zwei Anhängewagennutzkilometer wurden dabei einem Motorwagennutzkilometer gleich erachtet.

Man meinte — auch von sachkundiger Seite —, daß man bei diesen Sätzen für die Elektrizitätswerke noch einen geringen Überschuß werde erzielen können. Doch hatte man sich darin gründlich getäuscht. Es stellte sich heraus, daß die Trambahn beträchtlich mehr als 582 Wattstunden täglich pro Wagennutzkilometer verbrauchte. Die Folge davon war, daß die Trambahn schließlich den elektrischen Strom bedeutend unter den Selbstkosten bezahlte.

Die Kosten einer nutzbar abgegebenen Kilowattstunde betrugen nämlich (ausschließlich Verzinsung und Abschreibung):

im Jahre	Pf.	im Jahre	Pf.
1901	11,43	1904	9,92
1902	10,90	1905	9,96
1903	10,12	1906	9,78

Die Trambahn dagegen zahlte pro Kilowattstunde:

im Jahre	Pf.	im Jahre	Pf.
1901/02	8,59	1904/05	8,63
1902/03	8,60	1905/06	8,71
1903/04	8,60	1906/07	8,28

Wenn also die Elektrizitätswerke die Hälfte ihrer ganzen nutzbaren Stromabgabe so erheblich unter den bloßen Produktionskosten abgeben müssen, ist es natürlich kein Wunder, daß die Rentabilität der Werke auf den ersten Blick hin eine geringe ist. Es gehörte aber eigentlich derjenige Betrag, um den sich die Rechnung der Trambahn infolge des billigen Strombezugs günstiger stellt, unter die Einnahmen der Elektrizitätswerke [1]. Nach Übernahme der Straßenbahn in städtische Regie wird vermutlich auch diesem Übelstande abgeholfen werden.

Erwähnt sei nun noch, daß die unter den Einnahmen aufgeführten Beträge „Elektrizitätsmessermieten" keine Reineinnahme darstellen, sondern durch Ausgabenbeträge, die sich nach den amtlichen Veröffentlichungen nicht ausscheiden lassen, zum größten Teil wieder aufgehoben werden. Ähnliches gilt auch von den Beträgen „Magazin und Werkstätten". Es sind Durchgangsposten. Mehr- oder Minderbeträge bei ihnen sind meistens rechenmäßige.

In neuester Zeit hat man nun, wie schon berichtet, bei Moosburg eine große Wasserkraftanlage gebaut und sie im Jahre 1907 in Betrieb genommen. Es ist möglich, daß man dann fortan wesentlich billiger produzieren und die Strompreise im Interesse der Konsumenten als auch im fiskalischen Interesse wird herabmindern können.

3. Die Wasserversorgung.

Schon die vor 1880 bestehende städtische Wasserleitung warf der Gemeinde Reineinnahmen ab. Nach Erbauung der neuen, der jetzigen Wasserleitung sagt der Verwaltungsbericht 1882—1887 (S. 116): „Die Gemeinde durfte aus ihrem großen, gemeinnützigen Unternehmen keine dauernde Belastung auf sich laden; wenn auch das Unternehmen, das den Zwecken der Reinlichkeit und Gesundheit der Stadt in erster Linie,

[1] Will man die Rentabilität der städtischen Elektrizitätswerke nach dem Maßstabe wie für private Werke berechnen, so erniedrigen sich die Reineinnahmen der städtischen Werke übrigens wieder um denjenigen Betrag, den sie, wenn sie Privatunternehmungen wären, an Gemeindesteuern aufzubringen hätten. Dieser Betrag würde sich jährlich auf etwa 15000 ℳ belaufen.

und zwar in hervorragender Weise dient, kein Spekulationsvermögen ist, das eine hohe Rente abwerfen sollte, so war es doch kein unbilliges Verlangen an das finanzielle Ergebnis desselben, daß die Gemeinde jene Vorteile, welche sie bei der alten Wasserleitung gehabt, auch bei der neuen genieße, und daß der Rente, welche die alte nun einmal gab, auch die neue in gleicher Höhe entspreche." Der Verwaltungsbericht 1889 fügt (auf S. 63) dem noch hinzu, daß „die Einkünfte aus der neuen Wasserleitung außer einem der alten Wasserleitung entsprechenden Nutzen auch jene Gewinne liefern solle, welchen ein Unternehmer, der auf eigene Gefahr ein bedeutendes Werk durchgeführt habe, beanspruchen dürfe".

Zunächst aber, d. h. bei Herstellung der neuen Wasserleitung, hatte man noch nicht so ausgesprochen diesen Standpunkt eingenommen. Man war fürs erste nur darauf bedacht gewesen, daß die Ausgaben durch die Einnahmen gedeckt würden und die Gemeinde nichts zuzuzahlen hätte, wie aus den damaligen Beratungen über die Festsetzung des Wasserpreises hervorgeht.

Maßgebend für die Höhe des Preises waren außer den errechneten Gesamtjahreskosten für Verzinsung und Tilgung des Anlagekapitals und für Unterhalt und Erweiterung des Rohrnetzes die Verhältnisse, wie sie zur Zeit der alten Wasserleitung bestanden hatten[1]. Bei der alten Wasserleitung wurde ein Steften = 3078 l täglicher Bezug geliefert

zum Preise von 24 ℳ jährl. für Zuführung zum Erdgeschoß (= 3 Pf. pro 1 cbm),
„ „ „ 36 „ „ „ „ „ 1. Stockwerk,
„ „ „ 48 „ „ „ „ „ 2. „
„ „ „ 60 „ „ „ „ „ 3. „
„ „ „ 72 „ „ „ „ „ 4. „

Die Mehrforderungen für die oberen Stockwerke waren mit den zur Erzielung eines höheren Druckes größeren Ausgaben begründet.

Für Berechnung der Wasserpreise bei der neuen Wasserleitung nahm man nun den Steften zu 2 cbm an und errechnete, daß eine „günstige Finanzierung des Unternehmens" bei einem Jahrespreise von 36 ℳ

[1] Bis dahin war nämlich in München das Eichsystem eingebürgert. Das Wasser floß bei diesem System ständig Tag und Nacht in gleicher Menge durch den Eichhahn. Die Herstellung dieser Durchgangsöffnung „Eichung" geschah durch Ausreiben der mit Blei ausgegossenen Öffnungen, weswegen das in der Zeiteinheit durchfließende Wasser „Steften"-Wasser und das ganze System Steftensystem genannt wurde.

für den Stesten oder 18 ℳ für 1 cbm (= 0,048 ℳ) für jedes Kubikmeter Tagesverbrauch gesichert sei. Im übrigen waren die näheren Bestimmungen folgende:

Auf Wunsch der Konsumenten sollte außer dem Eichsystem auch das Wassermessersystem zugelassen werden [1]. Das Minimalquantum bei diesem sowohl als auch beim Eichsystem sollte 2 cbm = 1 Stesten für den Tag betragen. Die Berechnung bei dem Wassermessersystem fand nach dem Kaliber statt, und zwar war zu zahlen:

bei 13 mm Kaliber mit einem Min.-Quantum von 2 cbm tägl. 36 ℳ pro Jahr
„ 19 „ „ „ „ „ „ 5 „ „ 90 „ „ „
usw.
bei dem größten Kaliber von 100 mm mit einem Minimalquantum von 150 cbm 2700 ℳ pro Jahr.

Der über diese Minimalquantitäten durch die Wassermesser angezeigte Mehrverbrauch wurde mit 5 Pf. pro Kubikmeter berechnet. Zu Feuerlöschzwecken wurde das Wasser sowohl an die Stadt als auch an Private unentgeltlich verabfolgt.

Gegenüber den Wasserpreisen bei der alten Wasserleitung bedeuteten für das Erdgeschoß und für das erste Stockwerk die neuen Preise eine nicht unbedeutende Erhöhung. Allein unter der Erwägung, daß dafür die Höherleitungsgebühr fortfiele, die Preise überhaupt so billig seien wie in keiner anderen größeren deutschen Stadt und bei niedrigeren Preisen, etwa zu 30 ℳ für den Stesten, wie es die Gemeindebevollmächtigten gewünscht hatten, sich für eine lange Reihe von Jahren Defizite ergeben würden, fanden die angeführten Preise in beiden Gemeindekollegien schließlich Annahme. Die Absicht aber, aus dem Unternehmen dauernde Reingewinne zu erzielen, wurde damals, wie gesagt, noch nicht ausgesprochen. Zunächst wollte man mit dem Preise von 36 ℳ für den Stesten nur gegen etwaige Verluste gedeckt sein.

Im Jahre 1894 trat insoweit eine Änderung in den Bestimmungen ein, als für Neuanschlüsse fortan nur noch das Wassermessersystem in Anwendung kommen sollte. Auch sollte bei „minderwertigen, kleinen Anwesen“, z. B. Herbergen, als tägliches Minimalquantum der Bezug von nur 1 cbm Wasser statt bisher 2 cbm gestattet werden. Die Wasserleitungsordnung vom Jahre 1896 bestätigte im allgemeinen die bis dahin gültigen Bestimmungen. Die Wasserbezugsskala wurde um einige Stufen

[1] Von dem Wassermessersystem wurde seitens der Konsumenten überwiegend Gebrauch gemacht.

erweitert. Für Wasserabgabe zu vorübergehenden Zwecken (Bauten, Schaubuden) betrug der Preis für 1 cbm 7,5 Pf., für außerhalb des Münchener Burgfriedens abgegebenes Wasser wurde der doppelte Wasserpreis berechnet. Auch erfolgte die Wasserabgabe dorthin nur auf besondere Genehmigung des Magistrats in stets widerruflicher Weise. Der Wasserbezug konnte hinsichtlich der Wassermenge wie der Art des Bezuges sowohl durch den Magistrat als auch durch den Besitzer des betreffenden Anwesens gekündigt werden.

Diese Bestimmungen gelten noch in der Gegenwart.

Die Herstellung von Anschlußleitungen an das Stadtrohrnetz erfolgte nach den Bestimmungen vom Jahre 1888 auf Kosten der Anwesensbesitzer durch die Stadt. Die Gemeinde übertrug die Ausführung Unternehmern und erhob einen Zuschlag von 5 % zu den ihrerseits an die Unternehmer zu zahlenden Beträgen. Jeder Anwesensbesitzer durfte außerdem eine Leitung für Feuerlöschzwecke in sein Anwesen führen. Er hatte dafür außer den Anschlußkosten Gebühren für quartalweise Reinigung und Kontrolle zu zahlen. — Die Wassermesser wurden von der Stadtverwaltung selbst geliefert und blieben ihr Eigentum. Sie erhob jedoch folgende Mieten:

bei	13 mm	Kaliber	eine	Miete	von	10	*M.*	
„	19	„	„	„	„	12	„	usw.
„	100	„	„	„	„	50	„	

Alle Leitungen hinter der Meßvorrichtung mußte der Hausbesitzer selbst herstellen lassen. Er konnte nach der Fertigstellung eine amtliche Prüfung seiner Anlage fordern, wofür er eine Gebühr von 4 *M.*, in jedem Wiederholungsfalle eine solche von 2 *M.* zu zahlen hatte. Die Gebühr für Prüfung der Wassermesser betrug bei Abweichungen bis zu 5 % für Kaliber bis 25 mm 10 *M.*, bis 50 mm 15 *M.*, bis 100 mm 20 *M.* — Bei Abweichungen über 5 % kam keine Gebühr in Anwendung.

Nach der Wasserleitungsordnung vom Jahre 1896 trat bei den Mieten für die Wassermesser ebenfalls eine Änderung ein, indem man eine kleinere Mindestdurchgangsweite und einige größere Durchgangsweiten der Wassermesser zuließ. Der jährliche Mietpreis betrug bei 7 mm Durchgangsweite 8 *M.*, bei 200 mm (größte Durchgangsweite) 90 *M.* — Die Meßvorrichtung mit ihren Absperrungen (Hauptsperrventil, Wassermesser und Privathauptventil,) wurden nach wie vor vom Magistrat geliefert und eingebunden.

Die Legung der Leitungen im Inneren der Häuser nach der Meßvorrichtung ist Privatfirmen überlassen.

Zur Zeit gelten diese Bestimmungen noch fort.

Wie nun die Preise für Gas und elektrischen Strom vielen Klagen begegnen, so wird der Preis für Wasser dagegen allgemein als billig anerkannt. Und in der Tat ist er so niedrig wie selten in einem Orte. Fast in allen Städten des Deutschen Reiches ist er höher. So beträgt er z. B. in Würzburg 10 Pf., in Bremen und Dresden 12 Pf., in Berlin und in Barmen 15 Pf., in Leipzig 19 Pf. (Grundpreis), in Chemnitz 20 Pf., in Mainz 25 Pf. pro Kubikmeter usf. Der den Elektrizitätswerken und der Gasanstalt gemachte Vorwurf des Teuerarbeitens wird und kann wohl auch mit Recht bei der Wasserversorgung nicht erhoben werden. Wie einerseits Münchens ungünstige Lage die Kosten für den Kohlenbedarf jener ebengenannten Anstalten sehr erhöht, so ermöglicht wiederum seine bevorzugte Lage in der Nähe wasserreicher Hochplateaus, daß vortreffliches Trinkwasser ohne künstliche Filtration und Anwendung von Maschinen mit sehr geringen Kosten reichlich verschafft werden kann.

Nach dem Stat. Jahrb. d. St., Jahrg. 1907, hatte im Jahre 1903 München mit Augsburg und Freiburg i. B. von den 51 angeführten Städten die niedrigsten Produktionskosten (Verwaltung, Förderung und Unterhalt der Anlagen) pro Kubikmeter Wasser, nämlich 0,7 Pf. pro Kubikmeter. Die höchsten hatten Erfurt mit 9,8 Pf., Mainz mit 9,2 Pf.

Von den Einnahmen und von den Reineinnahmen der Wasserversorgung stellen den größten Teil (s. Tabelle S. 64) die Wasserzinse. Die ausgewiesenen Einnahmen aus Wassermessermieten und aus Gebühren sind wiederum keine Reineinnahmen. Sie werden vermutlich von den einschlägigen Ausgaben zu einem guten Teil absorbiert. Eine Scheidung dieser Ausgaben aus den Gesamtausgaben der Wasserversorgung vorzunehmen, ist nach den amtlich veröffentlichten Rechnungsergebnissen ebenfalls nicht möglich.

4. Die Weinkellerei mit dem Ratskeller

ist ein rein kaufmännisches Unternehmen. Die Preise für die Weine sind den in Privatgeschäften üblichen gleich. Die Abgabe von Regieweinen erfolgt vorzugsweise an den städtischen Ratskeller. Auch wird Regiewein verabfolgt zu einem jährlich vom Magistrat festzusetzenden Preise an die Pächter der städtischen Wirtschaften (auf dem Taubenberge, Weiglmühle, Gotzing), an den Förster in Forst Kasten, an den Pächter der Schlachthofrestauration, an die Gutsinspektion Ismaning-Zengermoos, an zwei städtische Krankenhäuser, an das Sanatorium Harlaching und an das städtische Kinderasyl.

An den Erträgnissen der Verpachtung des Ratskellers nahm die Stadt bis zum Jahre 1905 insofern Anteil, als der Pächter auf Verlangen der Gäste bis zu sechs Sorten Wein, die ihm aus der Weinkellerei geliefert wurden, zu verkaufen hatte. Um das ganze Unternehmen rentabler zu gestalten, ließ man im Jahre 1905 eine völlige Änderung in der Betriebsweise des Ratskellers eintreten. Die Verpachtung hörte auf, es wurden nunmehr außer deutschen und französischen Schaumweinen nur Regieweine verabfolgt, und die ganzen Reineinnahmen aus dem Betriebe des Ratskellers flossen fortan der Gemeindekasse zu. Die Folge dieses Ausschaltens des Pächtergewinnes war ein Anschwellen der Reinerträgnisse aus dem Verkauf von Regieweinen von rund 11000 M im Jahre 1904 auf rund 85000 M im Jahre 1905.

5. Die Straßenbahn.

Von einer eigentlichen städtischen Preispolitik kann bei der Münchener Straßenbahn erst gesprochen werden, seitdem die Stadt auf die Verwaltung des Unternehmens den maßgebenden Einfluß ausübte. Dies geschah seit dem Vertrage zwischen der Stadtgemeinde und der Trambahnaktiengesellschaft vom 25. Oktober 1897. Diesem zufolge verstand sich die Gesellschaft, wie des weiteren zu erörtern schon an anderer Stelle Gelegenheit war, zur Einführung des elektrischen Betriebes auf ihren Linien unter der Bedingung, daß ihr von der Gemeinde bis zum Ablauf des Konzessionsvertrages (1. Juli 1907) gewisse finanzielle Leistungen, darunter vornehmlich ein jährliches Fixum von rund 923000 M (entsprechend der Höhe ihres im Betriebsjahre 1896/97 erzielten Bruttobetriebsüberschusses plus den Einnahmen aus den Zeitkarten) unter allen Umständen aus den Unternehmungen gezahlt würde. Von dem dann noch verbleibenden Reingewinne sollte die Gesellschaft ferner 1/4, die Gemeinde 3/4 erhalten.

Die Straßenbahn mußte also von vornherein als Erwerbsunternehmen betrieben werden, allein schon, wenn die Gemeinde ihren vertraglichen Verpflichtungen nachkommen wollte.

Die erste preispolitische Maßnahme der Gemeindeverwaltung war nun die ebenfalls in dem genannten Vertrage vereinbarte Ermäßigung des Fahrpreises. Statt des bisherigen Teilstreckentarifs, wonach für eine Sektion von durchschnittlich 1 km 5 Pf. zu zahlen waren, sollte mit Einführung des elektrischen Betriebes auf sämtlichen Linien innerhalb einer Zone von ungefähr 10 km Durchmesser der Einheitstarif von 10 Pf. mit der Berechtigung zu beliebigmaligem Umsteigen zur Erhebung kommen. Die Sätze für Zeitkarten und Netzabonnements erfuhren ebenfalls eine Ermäßigung.

Von dieser Verbilligung des Verkehrs versprach man sich eine große Steigerung der Frequenz und damit erhöhten Reingewinn. Man wies in der Magistratssitzung vom 4. Juni 1897, in welcher man den künftigen Tarif beriet, darauf hin, welche gewaltige Ausdehnung seinerzeit der Briefverkehr durch die Einführung des Pennyportos und infolge der Weltpostvereinigung genommen habe, und war der Hoffnung, daß auch der Einheitstarif für die Straßenbahnen „das wirtschaftliche Grundgesetz" bestätigen und durch enorme Steigerung des Verkehrs die Verbilligung der Fahrpreise mehr als wettmachen würde. Zwar waren nicht alle Mitglieder des Magistrats so optimistisch gesinnt und hegten bezüglich dieser durchgreifenden Verkehrsänderungen manche Zweifel. Doch wurde dem entgegengehalten, daß „die Trambahn ja nicht nur dazu da sei, eine Rente abzuwerfen, sondern der Stadt und dem Publikum einen Nutzen und Annehmlichkeiten zu gewähren, den großstädtischen Verkehr zu heben, auch wenn der Nutzen nicht so groß sei, wie ihn die Gesellschaft verlange, und daß, wenn sich im schlimmsten Falle ein Verlust ergäbe, sich ein solcher auch noch rechtfertigen ließe, weil andrerseits die Bevölkerung in den zehn Jahren namhafte Vorteile haben würde . . . . ."

Die Hoffnungen schienen sich zu erfüllen. Gleich im ersten Betriebsjahre nach dem Vertragsschlusse fiel trotz der großen der Gesellschaft garantierten Summen ein Reinertrag von 98 000 *M* an die Stadtkasse ab, der sich im folgenden Jahre sogar auf 341 000 *M* erhöhte. Dann trat jedoch schon im nächsten Betriebsjahre ein Abflauen ein und im Jahre 1901/02 hatte man ein Defizit.

Als Grund für den Rückgang der Erträgnisse nennt der Verwaltungsbericht für 1900 [1] ein Sinken der reinen Betriebseinnahmen pro Wagennutzkilometer infolge der unverhältnismäßigen Steigerung der kilometrischen Leistungen, mit denen die Steigerung der Frequenz nicht

---

[1] S. 309.

gleichen Schritt hielte, und die mit der Vollendung der Elektrisierung des ganzen Netzes erfolgte Ausdehnung des Einheitstarifes auf den Umsteigeverkehr.

Der letztangeführte „Grund", die Ausdehnung des Einheitstarifs auf den Umsteigeverkehr, mag nicht recht einleuchtend erscheinen, wenn man bedenkt, daß der Umsteigeverkehr nicht oder kaum nennenswert die Betriebskosten erhöht. Ein Fahrgast, der z. B. 3 km in einer Tour auf ein und derselben Linie fährt, nimmt die Bahneinrichtungen ebensoviel in Anspruch wie ein Fahrgast, der 3 km fährt und dabei einmal von einer Linie auf die andere umsteigt. Die Betriebskosten der Bahn werden durch den Umsteigeverkehr so gut wie gar nicht erhöht.

Weitere Gründe macht der Verwaltungsbericht für 1901 namhaft. Er sagt, die Ursache des Rückganges der Reinerträgnisse sei einerseits in der außerordentlichen Steigerung der eigentlichen Betriebsausgaben zu suchen, welche sich von 25 Pf. pro Wagennutzkilometer im Jahre 1896/97 auf 30 Pf. im Jahre 1900/01 erhöht hätten, andrerseits in dem stetigen Anwachsen der für den Finanzdienst nötigen Summen, welche bei der fortschreitenden Elektrisierung im Verhältnisse der hierfür aufgewendeten Kapitalien stiegen.

Der letzte Punkt, das Anwachsen der für den Finanzdienst nötigen Summen, scheint eine der Hauptursachen des finanziellen Mißerfolgs gewesen zu sein. Es stellte sich nämlich heraus, daß die tatsächlichen Kosten für Einführung des elektrischen Betriebes den beim Vertragsschlusse mit der Gesellschaft im Jahre 1897 veranschlagten Bedarf von 4 Millionen um mehr als das Doppelte überschritten. Man hatte sich über die Höhe der für die Umwandlung in den elektrischen Betrieb erforderlichen Kapitalien eben gründlich verrechnet und den ganzen Vertrag auf falscher Basis abgeschlossen. Man mußte nun, da für die Umwandlungskosten vertragsgemäß eine Quote von 6 % aus dem Unternehmen abzuschreiben war, mehr als das Doppelte des vermuteten Betrages abschreiben.

Die außerordentliche Steigerung der eigentlichen Betriebsausgaben wurde zum guten Teil durch häufige Reparaturen an den Wagen veranlaßt.

Schließlich ist noch eine Tatsache wesentlich schuld an dem Übel gewesen, nämlich der infolge der allgemeinen wirtschaftlichen Depression eingetretene Rückgang in der Zahl der beförderten Fahrgäste (siehe S. 9) vom Jahre 1900/01 an. —

Es ist nun vorher von einem Defizit gesprochen worden, welches die Straßenbahn geliefert hätte. Dabei muß man sich aber vergegenwärtigen, daß dieses kein tatsächliches, sondern immer nur ein rechenmäßiges Defizit war. Das Trambahnunternehmen warf jedes Jahr den netten Reingewinn von 800 000—900 000 ℳ ab, nur floß dieser Gewinn nicht der Stadtkasse zu, sondern vertragsgemäß in die Tasche der Trambahngesellschaft.

Im übrigen muß noch bemerkt werden, daß sich auch das rechenmäßige Defizit insoweit für die Gemeinde verringerte, als ihr die in Verträgen vorgesehene Gewinnbeteiligung im jährlichen Betrage von etwa 60 000—90 000 ℳ zufloß. Diese wurde im Straßenbahnunternehmen zwar verausgabt, aber unter dem Titel „Straßengrundbenützungsgebühren" für den Gemeindehaushalt wieder vereinnahmt.

Das Sinken der Reineinnahmen und das Erscheinen eines Defizits beunruhigte nun in der Stadtverwaltung lebhaft. Zur Abhilfe hob man im Jahre 1901 zunächst die allgemeinen Zeitkarten auf. Dann aber ging man auf die Suche nach einem ergiebigeren Tarif; denn man machte den ehemals so gepriesenen Einheitstarif für die Mindererträgnisse verantwortlich. Er sollte durchaus verschwinden und einem anderen Platz machen. Zwar fehlte es auch diesmal nicht an Stimmen, die auf die eigentliche Schuld an dem „Defizit" hinwiesen und besonders für die Beibehaltung des Einheitstarifes von 10 Pf. warm eintraten. So heißt es z. B. in dem Bericht[1] des Verwaltungsrates[2] der Münchener Trambahn, er sei mit Rücksicht auf die Wohnungsfrage in einer werdenden Großstadt der Ansicht, die Trambahn müsse einen so billigen Tarif haben, daß es jedermann und nicht nur den Arbeitern möglich sein könne, in den Vororten zu wohnen. Allein solche Stimmen drangen nicht durch.

Es kamen vielmehr die verschiedensten Vorschläge über Tarifänderungen zur Beratung. Das Trambahnreferat empfahl einen Teilstreckentarif mit einer Normalstrecke von 1800 m, später eine solche von 2250 m zum Preise von 5 Pf. pro Sektion, als Mindestpreis aber 10 Pf. Das Finanzreferat schlug vor, entweder den Einheitspreis von 10 Pf. auf 15 Pf. zu erhöhen und den Umsteigeverkehr in der bisherigen Weise zu belassen, oder den 10-Pfennigtarif beizubehalten und den Umsteigeverkehr

[1] Bericht des Verwaltungsrates der Münchener Trambahn zur „Beleuchtung der Reform des Trambahntarifs in München" S. 3.

[2] Der Verwaltungsrat ist der Beigeordnete des Magistratsreferenten, welch letzterer den Verkehr zwischen der Direktion des Betriebes und dem eigentlichen leitenden Organ eines Betriebes, dem Verwaltungsausschuß, vermittelt. Siehe auch Kapitel VI S. 156.

abzuschaffen. Der Verwaltungsrat sprach sich aus für Beibehaltung des bisherigen Tarifes zu 10 Pf. unter Beschränkung des Umsteigeverkehrs auf einmaliges Umsteigen und für Einstellung der Schuldentilgung auf die Zeit der Vertragsdauer. Die Trambahndirektion war für Herabsetzung der Zone von 10 km auf 8 km, für Beibehaltung des 10-Pfennigtarifes im direkten Verkehr und für die Einführung eines 15-Pfennigtarifs im Umsteigeverkehr zu beliebigmaligem Umsteigen. Die Beratungen über die Tarifänderungen zogen sich bis zum Jahre 1903 hin. Am 19. Juli bzw. 1. August desselben Jahres trat dann schließlich ein Tarif in Kraft, wonach der Fahrpreis für eine Fahrt an Werktagen 10 Pf., an Sonn- und Feiertagen 15 Pf. betrug.

Im Publikum erregte dieser Tarif durch die Verteuerung des Sonntagsverkehrs die größte Erbitterung. Die Folge davon war ein regelrechter Boykott gegen die Straßenbahn, der sich nicht nur an Sonn- und Feiertagen, sondern auch an Werktagen bemerkbar machte. Während des Inkraftseins des Tarifes im Betriebsjahr 1903—04 [1] ging im Vergleich zum Vorjahre die Zahl der beförderten Personen an Sonn- und Feiertagen um 33,39 % zurück, die Einnahme aus dem Verkehr an diesen Tagen um 0,08 %. An den Werktagen betrug der Rückgang an der beförderten Personenzahl 2,29 %, an den Einnahmen ebenfalls 2,29 %. Im Durchschnitt war der Ausfall an der Personenbeförderung 9,90 %, an den Einnahmen 1,75 %. Die Hoffnungen also, die man in der Gemeindeverwaltung auf diesen Tarif gesetzt hatte, erfüllten sich in keiner Weise. Das Suchen nach einem ergiebigeren Tarif begann deshalb von neuem. Nun war gerade in damaliger Zeit, am 26.—28. August 1903, in Dresden die Hauptversammlung des Vereins deutscher Straßen- und Kleinbahnverwaltungen abgehalten worden, auf der einstimmig die Resolution angenommen war, daß der Einheitstarif ein völlig ungeeignetes und der Teilstreckentarif das empfehlenswerteste Tarifsystem sei. Unter dem Eindruck dieser einstimmig von anerkannten Fachmännern angenommenen Resolution griff man auch in München wieder zum Teilstreckentarif, und in gemeinschaftlicher Sitzung beider Gemeindekollegien vom 30. Juni 1904 gelangte folgender noch jetzt in Kraft befindlicher Tarif zur Annahme:

Das ganze Schienennetz wird in ein Innen- und ein Außennetz und in Strecken zu je 1785 m eingeteilt. Das Innennetz umfaßt vier Teilstrecken, mithin 7140 m. Der Fahrpreis beträgt für jede dieser Teil-

[1] Verwaltungsbericht 1903 Anlage VI, S. 2.

strecken 5 Pf., der Mindestpreis jedoch 10 Pf. und der Höchstpreis 20 Pf. Der Fahrpreis für das Außennetz beträgt auf jeder Teilstrecke 5 Pf. Auf diejenigen Bewohner, die an der Peripherie der Stadt wohnen und zur Verrichtung ihrer Arbeit täglich in die innere Stadt müssen, hat man jedoch insofern Rücksicht genommen, als für gewisse Morgenstunden der Einheitstarif zur Anwendung kommt. Der Preis für Zeitkarten, die viermal an Werktagen und zweimal an Sonn- und Feiertagen benutzt werden können, beträgt pro Strecke und Monat 3 *M*.

Dieser Tarif begegnete ebenfalls heftigem Unwillen bei der Einwohnerschaft, was sich in einem weiteren Boykott der Straßenbahn äußerte. Doch allmählich legte sich auch dieser passive Widerstand der Bevölkerung, von dem der Verwaltungsbericht 1904 [1] zu berichten weiß.

Das „Defizit" in der Betriebsrechnung der Straßenbahn konnte übrigens der Teilstreckentarif ebensowenig wie der frühere Einheitstarif beseitigen, wozu allerdings auch der Bau neuer wenig rentabler Linien beitrug.

In ein neues Stadium trat die Straßenbahn dann mit dem 1. Juli 1907; sie wurde nunmehr Alleineigentum der Stadtgemeinde. Nach welchen Grundsätzen diese aber auch weiterhin das Unternehmen leiten und insbesondere die Preispolitik betreiben will, lassen aufs beste die Worte des Referenten und des Verwaltungsrates in jenem Elaborate vom Jahre 1907 erkennen, das die Übernahme der Bahn in städtischen Betrieb zum Gegenstande hat. Die Äußerung kennzeichnet zugleich, welchen Standpunkt die Gemeindeverwaltung von München im allgemeinen ihren gewerblichen Unternehmungen wie Gasanstalt, Straßenbahn usw. gegenüber einnimmt. Es wird dort gesagt, daß man den „früher in München regierenden Männern" keinen Vorwurf daraus machen könne, daß sie ein später so gut rentierendes Unternehmen wie die Straßenbahn [2] Privaten zur Ausführung überließen, da sich der gleiche Vorgang damals bei Staat und Gemeinden bei Errichtung von Eisenbahnen, Gaswerken usw. wiederholte. „Vor allem war damals besonders bei den Städten die Erhaltung des Gleichgewichts zwischen Einnahmen und Ausgaben keine so schwierige Sache, daß sie genötigt gewesen wären, sich schon damals Monopole zu schaffen, um sich gute, nicht versiegende und in ihren Ergebnissen steigende Geldquellen zu schaffen."

---

[1] Verw. Ber. 1904, Anlage VI, S. 2.

[2] Das war sie bis zum Jahre 1901 und wäre es auch weiter geblieben, wenn nicht die unglückseligen Vertragsbestimmungen gewesen wären.

Diesem Sinne gemäß soll die Straßenbahn weiterhin betrieben werden. So ist für das Jahr 1908 beispielsweise der Reinertrag der Bahn nach dem Haushaltsplan für den Gemeindehaushalt auf rund 1 400 000 ℳ veranschlagt, was einer Verzinsung des Anlagekapitals von etwa 10 % gleichkommt.

Schließlich sei nun noch mit einigen Worten der auch der Straßenbahn gemachte Vorwurf des kostspieligen Betriebes gestreift. — Tatsache ist, daß sich die für den Pferdebahnbetrieb noch von der Gesellschaft gelegten Schienen und der gesamte Unterbau nach Einführung des elektrischen Betriebes als für denselben zu schwach erwiesen. Die Schienen mußten deshalb nach kurzem Bestande im Laufe der Jahre gegen stärkere umgewechselt und der Unterbau entsprechend befestigt werden. Die Umwechslungsarbeiten währten bis in die allerjüngste Zeit hinein. — Unbestritten ist es ferner auch, daß man sehr schwere [1], große und kostspielige Motorwagen anschaffte. Dadurch mußte und müssen auch wohl noch die Schienen stärker abgenutzt werden. Durch abgenutzte Schienen leiden aber auch wieder die Wagen, und häufige Reparaturen an diesen haben viel zur Verteuerung des Betriebes beigetragen.

6. Der Schlacht- und Viehhof.

Maßgebend war hier zunächst das Statut vom 20. August 1878. Es stellte sich, da der Schlachthof in erster Linie eine sanitäre Anstalt sein sollte, auf den Standpunkt des reinen Gebührenprinzips. Als mutmaßlicher Zutrieb wurde die durchschnittliche Menge des in den letzten fünf Jahren in München geschlachteten Viehes angenommen, auf diese die veranschlagten Ausgaben für Verzinsung und Amortisation, Verwaltung, baulichen Unterhalt usw. repartiert und dann Benennung und Höhe der einzelnen Gebühren festgestellt. Die Gebühren sollten dabei den Ausgaben entsprechen, welche die Anstalt haben würde [2]. Die Rechnung sollte „bilanzieren".

Zur Einführung kamen folgende Gebühren [3]:

---

[1] Nach sachverständiger Äußerung sollen sie die schwersten in ganz Deutschland sein.

[2] Gem. Ztg. 1878, S. 755.

[3] Bis zum Jahre 1903 kam noch dazu der Fleischaufschlag und der Pflasterzoll im Schlacht- und Viehhof zur Erhebung.

Gebühr	Groß-vieh ℳ	Kälber ℳ	Mast-schweine ℳ	Gem. Schweine ℳ	Schafe, Ziegen ℳ	Kitzen, Lämmer, Spanferkel ℳ	Pferde ℳ
Marktgebühr . .	1,00	0,30	0,30	0,30	0,30	0,05	—
Schlachtgebühr . .	2,00	0,50	1,50	1,00[1]	0,30	0,20	2,00
Brühgebühr . . .	0,50	—	—	—	—	—	—

Einstellgebühr 0,20 ℳ für Großvieh, 5 Pf. für Kleinvieh; Wagegebühr für den Zentner 5 Pf.; Verschluß- oder Plombierungsgebühr für Untersuchung des aus dem Zollinlande eingeführten Fleisches 5 Pf.; Fütterungsgebühr nach den jeweiligen Futterpreisen mit einem Zuschlage von 50 %; Gebühr für Aussieden von schwachfinnigen Schweineschmalz 2 Pf. pro Stück; Rangiergebühr[2] für Einfahrt und Ausfahrt je 34 Pf.

Außerdem kamen noch zur Vereinnahmung Mietzinse für die Aufzüge in den Großvieh-Schlachthallen (5—40 ℳ), für Benutzung der Nägel in den Rahmenräumen (für die ersten 10 Nägel 5 ℳ, für die zweiten 10 je 10 ℳ usw.), für einzelne Kellerabteilungen und schließlich Pachterträge von Restauration, Pferdeställen und Remisen.

Für die erste Zeit schien man an dem Gebührenprinzip festhalten zu wollen. Als nämlich im Jahre 1879 die Metzgermeister um Ermäßigungen bei den Schlachtgebühren für Schweine einkamen, wurde[3] mit Rücksicht nicht nur auf „die Billigkeit der Forderung", sondern auch, da die Anstalt einen Reinertrag liefere, auf „die finanzielle Möglichkeit" ihrem Gesuch entsprochen. Im Kollegium der Gemeindebevollmächtigten fielen damals die Worte, daß der Schlacht- und Viehhof kein höheres Erträgnis abwerfen sollte, als zur Verzinsung und Amortisation der Ausgaben nötig sei[4]. Es wurde empfohlen, weitere Ermäßigungen an Gebühren eintreten zu lassen, wo es zweckmäßig sei, wenn der Schlacht- und Viehhof auch ferner günstige Erträgnisse abwerfe. — Schon damals aber wurde dem erwidert, daß „Anstalten wie Schranne und Schlachthäuser auch Einnahmequellen für die Gemeinde" bilden sollten. Wenige Wochen später präzisierte ein Gemeindebevollmächtigter seinen Standpunkt dahin, daß er vor keinem Überschusse beim Schlacht- und Viehhof

[1] Frischlinge 0,60 ℳ.
[2] Wurde von der Kgl. Eisenbahn erhoben.
[3] Gem. Ztg. 1879, S. 836.
[4] Gem. Ztg. 1879, S. 882.

zurückschrecke, wenn auch seinerzeit gesagt worden sei, diese Anstalt solle keinen Überschuß abwerfen. Man werde vielleicht diesen Überschuß mit der Zeit recht notwendig brauchen. Er sehe nicht ein, warum die Gemeinde aus derartig großen Etablissements, die mit einem Risiko verknüpft seien, keine Rente ziehen solle.

Es vollzog sich somit allmählich ein Umschwung in den Meinungen über die zu beobachtende Preispolitik. Indessen gab es auch noch immer Stimmen, die streng an dem Gebührenprinzip festgehalten wissen wollten [1]. Spätere Gesuche der Metzger um Gebührenermäßigungen unter Hinweis auf die Reinerträgnisse der Anstalt wurden teils unter der Behauptung, daß andere Städte ebensolche oder noch höhere Gebührensätze hätten, oder daß die gute Rentabilität des Schlacht- und Viehhofs nur eine scheinbare sei, da verschiedene für ihn geschehene Ausgaben unter einem anderen Titel des Gemeindehaushalts zur Verrechnung kämen, teils unter der Begründung, daß geringe Ermäßigungen den Beteiligten keine Erleichterung brächten, zu große aber den Etat alterieren könnten [2], abgewiesen. Man könne, hieß es bei anderer Gelegenheit auch, nicht davon sprechen, daß sich die Stadtgemeinde aus den Erträgnissen des Schlacht- und Viehhofes einen Nutzen verschaffe, der sich als unberechtigt darstelle, da dieser (im Jahre 1882 73 000 ℳ) nicht einmal 1½ % des Anlagekapitals (5 000 000 ℳ) entspreche [3]. Doch ermäßigte man im Jahre 1882 die Futtergebühren, indem man statt des Zuschlages zu den Futterpreisen von 50 % einen festen Zuschlag von 1 ℳ für den Zentner Heu und 3 ℳ für den Zentner aller übrigen Futterarten bestimmte, mit der Begründung, daß infolge steigender Futterpreise die Einstellungen im Schlacht- und Viehhof erheblich abnähmen und durch die Abnahme der Einstellungen die Gemeinde sonst auch Ausfälle erleide [4].

Abermals nahm man dann eine Erniedrigung der Gebühren vor, als sich in den Jahren 1882—87 der Zutrieb von Schafen verringerte und der Grund hiervon in den hohen Gebühren liegen sollte [4]. Die Marktgebühr für Schafe wurde von 30 Pf. auf 10 Pf., die Einstellgebühr von 5 Pf. auf 2 Pf. herabgesetzt. Man meinte, daß der durch die Ermäßigung entstehende Ausfall sich wohl decken würde, wenn es gelänge, den Zutrieb wieder zu erhöhen, und würde das selbst nicht eintreten, so

---

[1] Gem. Ztg. 1881, S. 772.
[2] Gem. Ztg. 1882, S. 2.
[3] Gem. Ztg. 1882, S. 68.
[4] Verw. Ber. 1882—87 und Gem. Ztg. 1882, S. 3.

liege die Ermäßigung im Interesse der Schafzucht [1]. Weitere Gesuche um Gebührenerniedrigung lehnte man damals ab.

In beiden letztgenannten Fällen setzte man also die Gebühren erst herab, als Frequenz und Einnahmen aus den Gebühren zurückgingen.

Zwei Jahre später, 1888, ließ man jedoch wieder eine Ermäßigung der Wagegebühren eintreten. Im Schlachthof wurden fortan erhoben bei Großvieh 10 Pf., bei Kleinvieh 3 Pf. pro Stück einschließlich des Wagescheines; für die Fuhre Futter 45 Pf. Für den Viehhof wurden diese Gebühren auf 25 Pf. pro Stück Großvieh und 3 Pf. pro Stück Kleinvieh festgesetzt. Man begründete dies damit, daß man den Metzgern Entgegenkommen zeigen wollte, und daß nach dem Stand der Erträgnisse es auch tunlich sei.

Aus Anlaß des Schlachtvieh- und Fleischbeschau-Gesetzes kam durch Verordnung vom 31. März 1903 auch noch eine Beschaugebühr für am Orte geschlachtete Tiere zur Erhebung. Sie betrug 10 Pf. für ein Stück Großvieh und 5 Pf. für ein Kalb, Schwein oder Schaf. Die Kosten, die der Gemeinde speziell durch die Fleischbeschau erwuchsen, wurden dadurch nicht gedeckt, obwohl sie nach dem Gesetze berechtigt war, erheblich höhere Gebühren zu erheben. Sie tat dies nicht, „um auch jeden Schein zu vermeiden, daß sie selbst zur Verteuerung der Lebensmittel beitrage“ [2]. Bald darauf wurden diese Gebühren jedoch auf 1 ℳ für ein Stück Großvieh und 15 Pf. für ein Stück Kleinvieh erhöht, um die Mehreinnahmen aus dieser Erhöhung zu einer Schlachtviehversicherung zu verwenden.

Seit dem Jahre 1905 werden schließlich zum ersten Male in größerem Umfange auch Trichinenschaugebühren auf Grund der Gebührenordnung für die Untersuchung des in das Zollinland eingehenden Fleisches vom 12. Juli 1902 (§ 4) erhoben (für ein ganzes Schwein 0,75 ℳ, für ein einzelnes Stück Fleisch 0,50 ℳ, für ein Stück Speck 0,35 ℳ).

Die beim Schlacht- und Viehhof zur Erhebung kommenden Gebühren sind also Markt-, Einbring-, Einstell-, Futter-, Rangier-, Schlacht-, Brüh-, Beschau-, Trichinenschau-, Wage-, Plombier- und Siedegebühren. Die bei weitem ertragreichste Gebühr ist die Schlachtgebühr. Es folgt die Marktgebühr und die Futtergebühr. Die andern sind zum Teil von recht geringer finanzieller Bedeutung.

Seit dem Jahre 1900 sind die Erträgnisse des Schlacht- und Viehhofes gegen die früheren Jahre bedeutend im Nachstand. Der Grund

[1] Gem. Ztg. 1886, S. 986.
[2] Gem. Ztg. 1903, S. 736.

des Rückganges der Reineinnahme speziell im Jahre 1900 (s. S. 65) ist in den höheren Ausgaben für Bauunterhalt und für Verzinsung und Tilgung der Anlagekosten zu suchen, welch letztere sich nicht unbeträchtlich seit Erbauung der elektrischen Kühlanlage im Jahre 1899 erhöht haben. Im übrigen verursacht die elektrische Kühlanlage auch sonst bedeutende Mehrausgaben, die durch die für sie erzielten Einnahmen bei weitem nicht gedeckt werden. — Seit 1905 ist beim Schlacht- und Viehhof sogar ein Defizit vorhanden. Der Verwaltungsbericht für 1905 erklärt dies einmal mit dem verminderten Auftrieb zu den Schlachtviehmärkten, sowie dem Rückgang der Schlachtungen infolge der allgemeinen Fleischteuerung, dann durch Steigerung der Ausgaben, insbesondere aber durch Defekte an der Dampfmaschine, so daß die Anstalt gezwungen war, Kraft und Licht vom städtischen Elektrizitätswerk zu beziehen [1]. Durch die allseitig herrschende Fleischteuerung wurde auch die Frequenz und das finanzielle Ergebnis des Jahres 1906 ungünstig beeinflußt.

Bei der von der Gemeinde beim Schlacht- und Viehhof verfolgten Preispolitik sind also — um noch einmal kurz zusammenzufassen — rein fiskalische Gesichtspunkte nicht allein maßgebend, sondern auch vielfach Gründe der Billigkeit und sanitäre Rücksichten. Indessen scheint man etwaige Gewinne der Anstalt nicht ungern hinzunehmen. Zuzeiten betrugen diese Gewinne sogar zirka $3^1/_2$ % des Anlagekapitals und darüber.

Aus Raummangel müssen wir nun auf eine Darstellung der Preispolitik bei der Freibank, bei den Märkten für Holz und Torf, Stroh und Heu, bei den Dulten, bei den Stadtwagen und bei der Eichanstalt verzichten und uns lediglich auf die Mitteilung beschränken, daß bei ihnen das Erwerbsprinzip zur Anwendung kommt. Von den Anstalten und Einrichtungen für Marktwesen und Handel betrachten wir daher nur diejenigen, die uns von größerer Wichtigkeit erscheinen.

7. Die Schranne.

Die Schrannenordnungen der Jahre 1853, 1859 und 1863 waren nach dem Verwaltungsbericht 1875 durchweg auf dem Prinzip des freien Getreidehandels aufgebaut und beschränkten denselben nur so weit, als es zur Sicherung der gemeindlichen Gefälle und Aufrechterhaltung notwendig war. Doch scheinen die Gebühren immerhin nicht ganz unbedeutend ge-

[1] Die Garantiezeit der Maschinenfabrik, welche die Maschine geliefert hatte, war abgelaufen, und die Gemeinde hatte den Schaden zu tragen.

wesen zu sein. Wenige Zeilen später heißt es in dem genannten Bericht, daß in neuerer Zeit, besonders in den sechziger Jahren, sich der früher auf der Münchener Schranne bedeutsame Getreidetransitverkehr abgezogen hätte, hauptsächlich wegen der Entfernung der Schranne von der Bahn und der hierdurch und durch die infolge der Schrannengebühr auf dem Handel lastenden Kosten. Auch an anderer Stelle wird von den für den Handel drückenden Schrannengebühren gesprochen[1]. Die Gebührenordnung vom Jahre 1871, so wird berichtet, habe jedoch im Interesse des Schrannenverkehrs auf möglichste Ermäßigung der Gebühren Bedacht genommen. Nach ortspolizeilicher Vorschrift vom gleichen Jahre war die Schrannengebühr auch von allem nicht zur Schranne beförderten, aber auf der Landstraße, von den Bahnhöfen und von den Lagerhäusern in die Stadt gebrachten Getreide zu entrichten. Befreit war nur das Durchfuhrgetreide.

Die Gebühren waren aber trotz der Ermäßigung noch immer so bemessen, daß die Schranne, wie wir von ihr bereits in Verbindung mit dem Schlacht- und Viehhof gehört haben, für die Gemeinde auch eine Einnahmequelle bildete. Sie war bis in die neunziger Jahre des vorigen Jahrhunderts einer der ergiebigsten Betriebe für den Gemeindehaushalt und bringt auch noch zur Jetztzeit verhältnismäßig große Reingewinne.

Nach der Gebührenordnung von 1871[2] waren nun zu zahlen:

an Schrannengebühr für den Zentner eingebrachten Getreides 9 Pf., davon waren 6 Pf. eigentliche Schrannengebühr und 3 Pf. gemeindlicher Getreideaufschlag;

an Wage- und Arbeitsgebühren für den Zentner 6 Pf., bei wiederholtem Wiegen 2 Pf.;

an Einstellgebühren von unverkauftem Getreide für den Zentner und die Woche 1 Pf., vom verkauften Getreide 3 Pf.;

an Putzgebühr für den Zentner 1 Pf.;

an Fassergebühr bei Fassen, Wegführen und Aufladen des Getreides für den Zentner 4 Pf.

Für Händler bestanden numerierte Einschütte, für die eine Mietgebühr von 5—10 ℳ, seit dem 1. Januar 1878, weil die Nachfrage sich erhöhte[3], von 6—12 ℳ erhoben wurde.

Im Jahre 1884 wurde ein Teil der Schranne zu einer Obstlager-

---

[1] Verw. Ber. 1875, S. 163 und 267.

[2] In Markwährung vom Jahre 1875.

[3] Gem. Ztg. 1877, S. 1024.

halle eingerichtet. Die Plätze wurden teils versteigert mit einem Zuschlag zu dem Versteigerungspreis von 75 ℳ bei größeren und 50 ℳ bei den kleineren Plätzen, teils an auswärtige Lieferanten in Wochenmiete vergeben. Es kam hierbei auf Erzielung möglichst hoher Mieterträge an. Das geht daraus hervor, daß man die bisherigen Inhaber von Einstellräumen zuerst zu einer versuchsweisen Versteigerung einlud und dann, als diese kein Gebot machten, weil ihnen die Preise zu hoch erschienen, zu einer allgemeinen Versteigerung der Einstellräume schritt[1].

Nach Aufstellung neuer Getreidereinigungs- und Sortiermaschinen wurde die Putzgebühr von 1 Pf. auf 10 Pf. erhöht und außerdem noch für die Arbeitsleistung des Putzens und Neufassens des Getreides eine Gebühr von 10 Pf. vom Zentner erhoben. Die gegenwärtig noch geltende Gebührenordnung ist die vom 18. November 1897. Sie ist lediglich eine Neufestsetzung der bis dahin erhobenen Gebühren, nur daß die Gewichte nach Kilogramm bemessen sind. Die größten Einnahmebeträge stellen die Schrannengebühren, und zwar diejenigen, die von dem nicht zur Schranne gebrachten Getreide auf den Bahnhöfen (von der kgl. Bahnverwaltung) erhoben werden.

Für den ebenfalls in der Schranne stattfindenden Hopfenmarkt galt bis zum Jahre 1890 die Gebührenordnung von 1863 in der Neufassung vom Jahre 1875, wonach — und dies ist auch heute noch gültig — jeder zum Verkauf eingeführte Hopfen zu Markt gebracht werden mußte, sofern er nicht auf direkte Bestellung importiert wurde. Es bestand und besteht also Marktzwang. Bis zum Jahre 1890 war zu entrichten:

an Marktgebühr (für direkt bestellten Hopfen Deklarationsgebühr genannt) 34 Pf. vom Zentner;
an Wagegebühr 6 Pf. vom Zentner;
an Lagergebühr pro Woche 6 Pf. vom Zentner.
Seit dem Jahre 1890 sind an Marktgebühr (Deklarationsgebühr) 36 Pf. für den Zentner zu zahlen;
an Wagegebühr nach wie vor jedesmal 6 Pf. für den Zentner.

Die Lagergebühr beträgt für ständig abgegebene Plätze 1—2 ℳ pro Quadratmeter jährlich, während für Hopfen, der von Verkäufern eingelagert wird, die keine ständigen Plätze haben, 8 Pf. für den Zentner von Markttag zu Markttag erhoben werden.

---

[1] Gem. Ztg. 1884, S. 1034.

An Arbeitsgebühr sind für Abladen und Transport des Hopfens zur Halle und zur Wage 12 Pf., für Hinausschaffen und Aufladen 6 Pf. vom Zentner zu entrichten.

Schließlich besteht noch eine Aufzugsgebühr von 10 Pf. für den Zentner, welche die Deckung der Betriebskosten und die allmähliche Rückzahlung der Herstellungskosten des Aufzugswerks ermöglichen soll.

Der Hopfenmarkt liefert Reinerträge von etwa 3000—11 000 *M*.

8. Das ehemalige Stadtlagerhaus.

Bei Errichtung des Stadtlagerhauses und auch wiederholt bei anderen Gelegenheiten wurde es in den Gemeindekollegien ausgesprochen, daß die Anstalt kein Einnahmebetrieb für die Gemeinde sein, sondern lediglich wirtschaftlichen Interessen dienen solle[1]. Es kann wohl gesagt werden, daß man im allgemeinen diesem Grundsatz treu geblieben ist. Man begnügte sich mit einer guten Verzinsung und Amortisation (ungefähr je 5 %)[2] der Anlagekosten und mit einem im Verhältnis zur Größe des Betriebes kleinen Reingewinne (etwa 7000—17000 *M*). Vom Jahre 1880 bis zum Jahre 1897 wurde der Reingewinn nicht einmal der Stadtkasse überwiesen, sondern, um gegen mögliche spätere Verluste aus der Anstalt besser geschützt zu sein, zur weiteren Amortisation der auf dem Unternehmen lastenden Schulden benutzt. Erst nach völliger Tilgung derselben wurden die Reinerträgnisse der Anstalt bis zu ihrer Auflassung wieder dem Gemeindehaushalt zugeführt.

Der erste, provisorische Tarif vom Jahre 1871 wurde endgültig aufgestellt im Jahre 1874, nach Markwährung im Jahre 1875. Die zur Lagerung gebrachten Waren wurden in zwei Klassen geschieden: Klasse I begriff in sich Getreide aller Art, Klasse II Mehl, Malz, Hülsenfrüchte, Ölsaaten und Sämereien. Im übrigen war der Tarif sehr spezialisiert und setzte Gebühren fest zwischen 2 und 24 *M* für einen Wagen zu 200 Zentnern bei Ausladen, Einladen, Umladen, Abfertigen, Transportieren, Lagern, Wiegen, Schütten, Mischen, Reinigen, Putzen des Getreides. Außerdem waren noch Speditions-, Belehnungs- und Assekuranzgebühren und Gebühren für die Behandlung leerer Säcke zu zahlen.

Vorübergehend führte man „aus Anlaß neugeschaffener Provisorien“ auch eine Extragebühr ein. Man hob sie jedoch wieder auf, als man dieser Provisorien nicht mehr bedurfte. Als kurze Zeit nach Inkrafttreten

[1] Gem. Ztg. 1880, S. 86; 1878, S. 739 u. a. m.
[2] Gem. Ztg. 1878, S. 49.

des Tarifes eine Anzahl Kaufleute um die Ermäßigung der Gebühren einkam, wurde bei dieser Gelegenheit im Magistratskollegium von dem damaligen zweiten Bürgermeister dieses Gesuch u. a. mit den Worten der Berücksichtigung empfohlen, daß es von Anfang an nicht Absicht der Kollegien gewesen wäre, eine Finanzquelle aus dem Unternehmen des Lagerhauses zu machen, sondern daß, soweit die Interessen der Gemeinde es zuließen, eine Ermäßigung der Gebühren eintreten sollte [1]. In diesem Sinne wurden in den Jahren 1878 und 1882 einige Ermäßigungen in den Gebührensätzen vorgenommen. Nicht unberücksichtigt blieben dabei auch die Gebühren der Konkurrenzunternehmen, sowohl der am Orte, als auch der in anderen Städten befindlichen. Im Jahre 1898 ließ man dann wieder bei einigen Gebühren eine Erhöhung eintreten, weil die Generaldirektion der königl. bayrischen Staatsbahnen die Gebühren für Anschluß an ihre Geleise beträchtlich erhöhte, so daß für das Lagerhaus dadurch jährliche Mehrausgaben von 6000—7000 ℳ entstanden wären [2]. Die Speditionsgebühr für jeden ankommenden Waggon (zu 10 000 kg) wurde von 3 ℳ auf 3,50 ℳ, die Gebühr für Abfertigen, Ein- und Abladen von 4,50 ℳ auf 5 ℳ erhöht. Bis zum Jahre 1897 waren nach dem Verwaltungsbericht [3] die Gebühren für Aufbewahrung, Behandlung und Spedition der leeren Säcke derart mäßig, daß kaum die eigenen Regieauslagen gedeckt wurden. Weil nun aus diesem Grunde Unternehmer, die nur mit Säcken handelten oder ihr Getreide in fremde Lagerhäuser führten, das städtische Lagerhaus nur zur Lagerung ihrer Säcke aufsuchten, hatten die Betreffenden fortan einen Zuschlag von 10 Pf. für 100 Stück und Monat zu zahlen.

Schließlich wurde noch, wenn der im Laufe eines Kalenderjahres von einem Kunden an Gebühren (mit Ausnahme der Assekuranzgebühr) zu entrichtende Gesamtbetrag die Summe von 1000 ℳ überstieg, ein Rabatt gewährt, der sich stufenweise erhöhte und bei 1000—3000 ℳ 1 %, bei über 30 000 ℳ 10 % betrug.

Die äußere Ursache der Auflassung des Lagerhauses ist schon im ersten Kapitel angegeben worden. Es wäre unumgänglich eine Verlegung der Anstalt notwendig gewesen.

Als hauptsächliche Gründe für die Auflassung führt der Verwaltungsbericht 1901 [4] an:

[1] Gem. Ztg. 1876, S. 776.
[2] Verw. B. 1898, S. 243.
[3] Verw. B. 1897, S. 169.
[4] Verw. Ber. 1901, S. 308 und 309.

1. daß seit Jahren die Frequenz wesentlich zurückgehe und deshalb der Ertrag des Betriebes die aufgewendeten Kapitalien selbst bei niedriger Anrechnung des Grundwertes nur mit 1,69 % und höchstens mit 2,17 % verzinse;
2. daß eine gesetzliche Verpflichtung der Gemeinde zur Fortführung des Lagerhauses nicht bestehe;
3. daß der Fortbestand desselben im öffentlichen Interesse nicht unbedingt geboten erscheine;
4. daß die zollpolitischen Verhältnisse auf die Benutzung von Lagerhäusern im Zollauslande hindrängen.

Von entscheidendem Einfluß, heißt es dann weiter, sei auch die nicht zu erschütternde Berechnung der Unrentabilität des künftigen Lagerhausbetriebes nach der Verlegung gewesen. Unter Unrentabilität verstand man dabei, wie aus den Verhandlungen der Kollegien hervorgeht, eine ungenügende Verzinsung und Tilgung der Anlagekosten. Die Auflassung des Unternehmens geschah nicht ohne energischen Widerspruch in den städtischen Kollegien und von seiten der Kaufmannschaft. Sagt doch auch noch der Verwaltungsbericht 1897 [1], die Statistik der Münchener Lagerhäuser beweise, daß diese dem unabweisbaren Bedürfnisse des örtlichen Konsums und der heimatlichen Industrie dienen. Allerdings — und das wurde auch in den Verhandlungen der städtischen Kollegien vermerkt — mag der Segen der Lagerhauseinrichtung nur bestimmten Gruppen der Einwohnerschaft zugute gekommen sein [2].

9. Die Lebensmittelmärkte.

Man unterschied bei ihnen Marktgebühren und Standgebühren. Letztere wurden von denjenigen Verkäufern erhoben, die ständige Verkaufsplätze inne hatten. Diese Standplätze wurden auf dem Wege der öffentlichen Versteigerung an den Meistbietenden vergeben. Die Marktgebühr wurde von denjenigen, die regelmäßig auf dem Markte verkauften, jedoch keine Standplätze inne hatten, nach einer der zehn festgesetzten Klassen (12, 24, 36, 48, 60, 72, 84, 108, 144 und 180 ℳ) erhoben und immer auf ein Jahr festgelegt. Von denjenigen, die nicht regelmäßig auf dem Markte verkauften, wurde die Marktgebühr nach der Art und der Quantität der von ihnen zu Markte gebrachten Waren erhoben. Sie betrug z. B. bei Kartoffeln, Rüben und Krautköpfen vom Zentner

[1] Verw. Ber. 1897, S. 171.
[2] Siehe Anmerkung 1, S. 13.

3 Pf., bei Gemüse vom Korb 2—9 Pf., bei Hülsenfrüchten, Reis und Schmalz vom Zentner 18 Pf., bei Butter vom Korb 3—6 Pf., bei Eiern von je 50 Stück 2 Pf., bei Gänsen, Wildenten, Schnepfen und Fasanen für 1 Stück 3 Pf., bei Lämmern, Kitzen und Spanferkeln für das Stück 6 Pf., bei Fischen vom Zentner 18—36 Pf., bei Schnecken und Fröschen für 100 Stück 2 Pf., bei Krebsen für 100 Stück 3—6 Pf., bei Obst in Körben bis zu 50 Pfund 9 Pf., bei Obst offen geladen auf zweirädrigem Ziehkarren 1,80 ℳ, auf Wagen mit Einspännern 3,60 ℳ, mit Zweispännern 7,20 ℳ.

Außerdem wurden noch Wagegebühren und geringe Mieten bei Benutzung von Körben und Geräten erhoben.

Diese Art der Gebührenerhebung blieb bis zum Jahre 1895 in Kraft. Die Haupteinnahmequelle pflegte der Versteigerungserlös der ständigen Verkaufsplätze zu bilden. Es liegt nun in der Natur der Sache, daß die Überlassung von Verkaufsplätzen auf dem Wege der Versteigerung immer die Tendenz hat, die Einnahmen weit über die für den Zweck erforderlichen Ausgaben hinaus zu erheben. Damit ist, wenn keine Repartierung der Reineinnahmen erfolgt, für den Markt der Charakter eines Erwerbsunternehmens gegeben. Ein Blick auf die finanziellen Ergebnisse der Lebensmittelmärkte bestätigt dies.

Im Jahre 1895 traten aus Anlaß von bedeutenden Umgestaltungen der Märkte (Bau von größeren Hallen u. a.) in den bisherigen Gebühren wesentliche Änderungen ein. Stand- und Marktgebühr wurden in eine Gebühr vereint, und über die Vergebung der einzelnen Plätze — mit Ausnahme der Plätze für Viktualien, Gemüse und Blumen, die wie bishin öffentlich versteigert werden sollten, weil mit Rücksicht auf die Verschiedenheit der Stände nach Größe und Gestalt eine Verlosung untunlich erschien — entschied fortan das Los. Die Mieten für die verlosten Stände betrugen zwischen 12 und 1824 ℳ jährlich. Die Verlosung der Plätze erfolgte auf ein Jahr, die Versteigerung auf fünf Jahre. Die bisherige Unterscheidung nach Klassen für die regelmäßig erscheinenden, jedoch nicht im Besitze von Standplätzen befindlichen Verkäufer wurde aufgehoben. Für die nicht regelmäßig erscheinenden Verkäufer blieb der bisherige Tarif bestehen.

Als Grund für diese Änderungen sagt der Verwaltungsbericht für 1897 [1], daß zahlreiche Erwägungen den bisherigen Modus der Versteigerung als

---

[1] Verw. Ber. 1897, S. 79.

ungerecht erscheinen ließen. Doch damit gibt er nur einen Grund an. Nicht allein Rücksichten auf das Publikum, sondern, wie aus den Sitzungsberichten der Kollegien hervorgeht, auch noch andere Gründe sprachen mit. Bei den Versteigerungen wurden nämlich mitunter die Preise für die Plätze so hoch getrieben, daß die Käufer nur kurze Zeit die hohen Preise zahlen konnten, die Plätze dann noch innerhalb der Versteigerungsperiode an die Gemeinde zurückfielen und diese überhaupt froh sein mußte, wenn sie jene zu erheblich reduzierten Preisen los wurde [1]. Oder es kamen auch Verabredungen unter den Bietenden vor, durch welche dann die Mehrgebote sehr beschränkt wurden [2]. Es wurde deshalb gesagt, so wenig die Gemeinde darauf rechnen solle und werde, aus dem Lebensmittelmarkt eine Rente zu ziehen, so sicher sei der Anspruch berechtigt, daß sie für ihre Auslagen ein Äquivalent erhalte. Dieser Anspruch könne nur dadurch garantiert werden, daß man die Plätze verlose und nicht mehr versteigere. Man wollte dabei aber, wie es an anderer Stelle heißt, seinem Grundsatz treu bleiben, nämlich nicht die Gebühren in einer Weise erhöhen, daß dabei weniger auf eine finanzielle Einnahme aus dem Markte gesehen, als auf die Interessenten und das Publikum Rücksicht genommen wurde [3]. Es sollte keine Vermehrung, aber auch keine Verminderung der Einnahmen stattfinden. Für keinen Platz sollte eine höhere Gebühr erhoben werden, als der Platz an Wert wirklich repräsentierte [4]. Man wollte auf der einen Seite zu seinem Gelde kommen, auf der anderen keine Erhöhung der Marktgebühren eintreten lassen [5].

Es sprachen bei dieser ganzen Reform in der Gebührenberechnung neben dem Interesse des Publikums in gleichem Grade auch finanzielle Rücksichten mit. Wenn aber behauptet wurde, daß die Gemeinde auf eine Rente bei den Lebensmittelmärkten nicht ausgehe, so widersprechen dem die tatsächlichen Ergebnisse, die nach wie vor der Gebührenreform für den Gemeindehaushalt eine nicht zu unterschätzende Einnahmequelle bildeten.

Im Jahre 1903 nahm man auch von der noch bisher üblichen Versteigerung der Standplätze für Gärtner, Gemüse-, Viktualien- und Gänsehändler Abstand „mit Rücksicht auf die bei dieser Vergebungsart unausbleiblichen Mißstände und Ungerechtigkeiten“. Der bei der letzten

---

[1] Gem. Ztg. 1895, S. 384.

[2] Gem. Ztg. 1895, S. 384.

[3] Ebenda S. 466.

[4] Ebenda S. 464.

[5] Ebenda 476.

Versteigerung erzielte Gesamtbetrag an Miete wurde unter „fast einstimmiger Billigung seitens der Händler“ [1] auf die einzelnen Standplätze unter Berücksichtigung ihrer geschäftlichen Lage umgelegt.

Im Magistratskollegium wurde dem Einwand, daß durch diese Art der Vergebung bei steigendem Werte der Plätze die Möglichkeit einer Erhöhung der Preise und späteren Mehreinnahme abgeschnitten würde, seitens des Referenten mit dem Hinweis begegnet, daß man, da ja halbjährliche Kündigung vorgesehen sei, stets bei veränderten Verhältnissen veränderte Gebühren festsetzen könne [2] [3].

10. Die Lände.

Der Betrieb der Lände ist nie von großer finanzieller Ergiebigkeit gewesen. Hin und wieder lieferte er zwar einige tausend Mark Reineinnahme, — so im Jahre 1890 und zuletzt im Jahre 1899, — doch meistens hat er Zuschüsse, in den letzten Jahren bis zu 20 000 ℳ, bedurft. Mit der Tatsache, daß die Lände keinen Einnahmebetrieb abgebe, scheint man sich in der Gemeindeverwaltung schon seit vielen Jahren abgefunden zu haben, doch hat man im allgemeinen danach getrachtet, die Einnahmen mit den Ausgaben wenigstens in Einklang zu bringen; durch die Gebührenordnung vom Jahre 1875 erfuhren nämlich die Gebühren gegenüber den früheren Beträgen eine Erhöhung unter der Begründung, daß bisher die Erträgnisse der Länden hinter den Ausgaben der Gemeinde auf dieselben nicht unbedeutend zurückblieben, obwohl in diesen Ausgaben die Aufwände für Wasserbauten im Interesse der Floßfahrt nicht einbegriffen seien [4]. Aus demselben Grunde, „weil der Etat der Ländeanstalten seit mehreren Jahren mit einem erheblichen Defizit abschloß und die Abminderung durch eine mäßige Erhöhung erwartet werden konnte“ [5], wurden die Gebühren im Jahre 1884 etwas höher angesetzt. Anfangs der neunziger Jahre beschäftigte die Gemeindekollegien das schon seit dem Jahre 1868 mehrmals erörterte Projekt einer Zentrallände. Man beratschlagte bei dieser Gelegenheit aber auch, ob nicht bei

[1] Verw. Ber. 1903, S. 226.

[2] Gem. Ztg. 1903, S. 416.

[3] Der auffallende Rückgang der Reinerträgnisse der Lebensmittelmärkte im Jahre 1906 ist dadurch hervorgerufen, daß ein Posten von 59 000 ℳ zur 4 %igen Verzinsung der Kosten für Erweiterung der Märkte und für Errichtung von Verkaufshallen zur Abschreibung gelangt ist.

[4] Verw. Ber. 1876, S. 98.

[5] Verw. Ber. 1882—87, S. 208.

dem unrentierlichen Betriebe und dem seit einigen Jahren eingetretenen Rückgange des Verkehrs es angebracht wäre, den Ländebetrieb ganz aufzugeben. Da man aber für die zu erbauende Zentralllände sich von einer Verbindung derselben mit der Eisenbahn (was bisher gefehlt hatte) viel versprach und auf den Flößen sich infolge einiger Bahnbauten auch nur die Zufuhren an Zement, Gips usw., nicht aber die an Holz vermindert hatten, glaubte die Gemeindevertretung, sich zur Aufgabe der seit Menschengedenken bestehenden Einrichtung der Floßfahrt nicht verstehen zu sollen, zumal auch die Bauindustrie lebhaftes Interesse an der Beibehaltung der Lände nahm[1]. Zu diesem Entschlusse kam man, obwohl auch aus der zu errichtenden Zentrallände kein Gewinn errechnet werden konnte. Man ergab sich also darein, in der Lände einen Zuschußbetrieb zu erblicken. Der Verwaltungsbericht 1892 sagt darüber[2]: „Die Stadtgemeinde will aus dem Unternehmen keineswegs wie etwa eine Privatgesellschaft um jeden Preis einen direkten finanziellen Gewinn erzielen; es handelt sich für sie in erster Linie um die Hebung der einschlägigen gewerblichen und kommerziellen Tätigkeit."

Seit der schließlich im Jahre 1899 erfolgten Eröffnung der Zentrallände in Maria Einsiedel ist der jährlich von der Gemeinde zu entrichtende Zuschuß infolge der Abschreibungen für Verzinsung der Anlage- und Erbauungskosten im Vergleich zu früheren Jahren (trotz der nicht unerheblich gestiegenen Einnahmen) beträchtlich gewachsen.

Nach der Gebührenordnung vom Jahre 1899 werden von der Stadt Lände-, Hänge- und Lagergebühren erhoben. Es besteht Ländezwang. Die Lände- und die Hängegebühr steigt mit der Länge der Flöße. So sind z. B. für ein Floß von 13 m Länge 0,70 ℳ Länd- und 0,40 ℳ Hängegebühr, für ein solches von 25 m Länge 2,10 ℳ Länd- und 1,20 ℳ Hängegebühr zu entrichten. Die Ländgebühr ist von jedem anländenden Floße, die Hängegebühr von jedem Floß zu zahlen, das am Orte verkauft oder entladen wird. Die Lagergebühr beträgt für jede Woche ½ Pf. von der Mark des erzielten Preises oder festgestellten Wertes.

Die von den Flößen an die Arbeiter zu entrichtenden Löhne sind ebenfalls festgesetzt.

Endlich fließen der Lände auch noch aus der Vermietung ausgedehnter Lagerplätze Einnahmen zu.

---

[1] Verw. Ber. 1891, S. 158.

[2] Verw. Ber. 1892, S. 114.

11. Die städtische Sparkasse.

Die Sparkasse sollte der nutzbringenden Anlage von Sparkapitalien der minderbemittelten Bevölkerung dienen, und obwohl eine Beschränkung auf irgend welche Volksschichten prinzipiell nicht stattfand, hat doch die ganze städtische Sparkassenpolitik ständig darauf abgezielt, durch Fernhaltung der wohlhabenderen Klassen auch wirklich den ärmeren Volkskreisen die Einrichtung zugute kommen zu lassen. — Bei Eröffnung der Anstalt im Jahre 1824 wurde der geringste Betrag einer Einlage auf 1 Gulden, der höchste Betrag, den eine Person im Laufe eines Jahres einzahlen durfte, auf 300 Gulden festgesetzt.

Anscheinend ist man von jeher auch bestrebt gewesen, die Anlage der Sparkapitalien durch angemessene Verzinsung möglichst nutzbringend zu gestalten. Der Zinsfuß für die Einlagen (Passivzinsfuß) wurde 1824 auf $4^1/_6$ % fixiert. Erst als man die Einlagen nicht mehr zu einem höheren Zinsfuße, als man ihn selbst gewährte, unterbringen konnte, ermäßigte man im Jahre 1831 den Passivzinsfuß auf 4 %, kurz darauf auf $3^1/_3$ %. Trotzdem flossen der Anstalt in sehr reichlichem Maße Gelder zu. Bei dem allgemein sinkenden Landeszinsfuß hatte man jedoch weiter mit der Schwierigkeit zu kämpfen, diese Kapitalien entsprechend anzulegen. Zudem vermutete man, daß besonders wohlhabendere Kreise die Anstalt aufsuchten und den unerwünschten starken Geldzufluß veranlaßten.

Diese beiden Umstände waren maßgebend, daß man 1842 den Passivzinsfuß abermals, und zwar auf $2^{11}/_{12}$ % herabsetzte. Die erhoffte Wirkung blieb zunächst aus, und erst etwa vom Jahre 1844/45 an wurden die Rücknahmen bedeutender. Von da ab aber nahmen infolge einer hohen Steigerung der Lebensmittelpreise und der in ganz Europa herrschenden Geldkrisis die Rücknahmen gleich einen derartigen Umfang an, daß die Sparkasse die für die Rückzahlung nötigen Gelder nicht mehr erstellen konnte. Sie waren zum größten Teil bei der Staatsschuldentilgungskasse in nicht verlosbaren Obligationen angelegt. Der Staat befand sich aber schließlich selbst nicht mehr in der Lage, dem überall vorhandenen Bedürfnisse der zahlreichen Sparkassen des Landes durch Rückzahlung seiner Obligationen abzuhelfen. Im Jahre 1848 sah sich daher der Magistrat gezwungen, die Sparkasse zu sperren und neue Einlagen nicht mehr anzunehmen, um auf diese Weise durch allmähliche Rückzahlungen eine Auflösung der Anstalt herbeizuführen. Da aber die noch nicht zurückgezahlten Einlagen mit 4 % weiter verzinst wurden, vollzogen sich die Rücknahmen sehr langsam. Deshalb kündigte der Magistrat für den 14. Februar 1860 die gesamten Einlagen. Damit war die sogenannte Alte Sparkasse aufgelöst.

Inzwischen war am 1. Dezember 1848 bereits eine neue Sparkasse ins Leben gerufen worden.

Da man die schlimmen Erfahrungen mit der Alten Sparkasse hauptsächlich dem Umstand zuschrieb, daß sie von Wohlhabenderen als Rentenanstalt benutzt worden war, setzte man, um eine jede solche Wiederholung bei der neuen Sparkasse zu verhindern, den Zinsfuß für die Einlagen auf 2 1/2 % und die Maximalhöhe der Guthaben auf 200 Gulden fest. Beträge über 200 Gulden sollten dem Eigentümer zurückgegeben werden. Bei einer Revision der Statuten im Jahre 1866 wurde der Zinsfuß jedoch wieder auf 3 1/2 % erhöht.

Gelegentlich der Einführung der Markwährung fand 1875 eine neue Regelung der Statuten statt. Der Zinsfuß wurde dabei auf 3,6 % festgesetzt, „weil dieser Bruchteil die einfachste Zinsberechnung ermöglichte". Nach Aussage des magistratischen Referenten war man mit dieser Erhöhung bis zur äußersten Grenze gegangen. Der geringste Einlagebetrag wurde auf 1 ℳ, das Höchstguthaben auf 3000 ℳ festgesetzt.

Einige Jahre später (1889) trat dann aber, um Kapitalisten die Benutzung der Sparkasse möglichst zu erschweren, die Einschränkung hinzu, daß von einer Person in ein und demselben Jahre nicht mehr wie 1000 ℳ eingelegt werden dürften. Ausnahmen waren jedoch zugelassen und unterlagen der Genehmigung des Magistrats. — Infolge des allgemeinen Zinsrückganges wurde der Zinsfuß 1886 für die Spareinlagen wieder ermäßigt, und zwar auf 3,3 %. Eine weitere Ermäßigung auf 3 % trat 1895 ein. Die Gründe waren dieselben wie bei allen früheren Zinsfußreduktionen. Speziell im Jahre 1895 hieß es, daß in der ersten Hälfte des Jahres eine außerordentlich starke Zunahme der Spareinlagen stattgefunden hätte von Leuten, die man nicht als eigentliche Spargäste bezeichnen könnte, und daß bei dem hohen Kursstand der Anlagepapiere eine Verwendung dieses überreichlichen Geldzuflusses großen Schwierigkeiten begegne[1]. Die Erniedrigung des Zinsfußes wäre kein Akt der Willkür, sondern in dem unwiderstehlichen Drange der Verhältnisse begründet.

Trotzdem nun aus der Mitte des Gemeindebevollmächtigten-Kollegiums seit 1895 mehrfach Anträge auf Erhöhung des Passivzinsfußes gestellt wurden, hat man selbst bei dem hohen Bankdiskont und dem niederen Kursstande der Anlagewerte in den allerletzten Jahren eine Erhöhung des Zinses für die Einlagen nicht wieder vorgenommen.

[1] Gem. Ztg. 1895, S. 894.

Man gab als Grund hierfür an, daß der Reservefonds noch nicht die gesetzlich vorgeschriebene Höhe von 10 % der Einlagekapitalien hätte. Die Ursache dafür wiederum kann man aber wohl darin erblicken, daß die Sparkapitalien zum großen Teil eine wenig ertragsfähige Anlage gefunden haben. Ende 1906 waren z. B. von dem Gesamtvermögen der Sparkasse von rund 61 563 000 ℳ (Nennwert) angelegt (in runden Zahlen)

zu	$4^1/_2$ %	37 000 ℳ bayr. Eisenbahnanlehen			
„	4 „	31 717 000 „	22 041 000	ℳ	Hypothekendarlehen
			6 271 000	„	Bankguthaben
			1 987 000	„	Wertpapiere
			1 418 000	„	Darl. an gemeindl. Anst. u. Stift.
„	$3^3/_4$ „	934 000 „	40 000	„	Hypothekendarlehen
			894 000	„	Darl. an gemeindl. Anst. u. Stift.
„	$3^1/_2$ „	20 966 000 „	13 055 000	„	Wertpapiere
			7 911 000	„	Darl. an gemeindl. Anst. u. Stift.
„	3 „	6 727 000 „	6 620 000	„	Wertpapiere
			107 000	„	Bankguthaben
„	— „	1 182 000 „ sonstige Werte.			

Nur wenig über die Hälfte der Anlagekapitalien ist also zu 4 %, eine verschwindend geringe Summe zu $4^1/_2$ % angelegt. Nahezu 20 Mill. Mark sind in Wertpapieren und zu 3 und $3^1/_2$ % investiert, die man bei den niedrigen Kursständen natürlich nicht ohne Verlust verkaufen kann. Fast 8 Mill. Mark sind aber auch an städtische Anstalten und Stiftungen ausgeliehen, die dadurch zu billigem Gelde gelangten. So sind z. B. $2^1/_4$ Mill. Mark an die Müllersche Schenkung und an das Müllersche Volksbad, 3 179 000 ℳ an die Krankenhausstiftung l. d. Isar und 108 000 ℳ an die Stadtgemeinde München zur Beschaffung von Hausunrat- und Straßenkehricht-Abfuhrwagen gegeben worden. Das ganze Sparkassenvermögen erbrachte im genannten Jahre nur eine durchschnittliche Verzinsung von 3,546 % gegen 3,476 % im Vorjahre[1].

Was nun die Frage der Gewinne anlangt, so sahen die Statuten

[1] Im Jahre 1882 führte man das Sparmarkensystem ein. Die Sparmarken fanden anfangs großen Anklang. Ihr Absatz hat aber im Laufe der Jahre erheblich abgenommen, da ursprünglich die irrtümliche Meinung bestand, daß die Marken an sich schon ohne Abgabe derselben an die Sparkasse dazu bestimmt seien, als verzinsliche Anlage zu gelten. So der Verwaltungsbericht 1899, S. 430.

bis zu dem Ministerialerlaß vom Jahre 1874 vor, daß Gewinne der Sparkasse zu wohltätigen Zwecken benutzt werden sollten. Mittel der Sparkasse wurden in der Folge aber auch zu anderen Zwecken, z. B. zum Bau des südlichen Friedhofs verwandt. Die Ministerialverordnung vom Jahre 1874 bestimmte nun, daß die Gewinne so lange einem Reservefonds zugeführt werden sollten, bis dieser 10 % der Einlagen betrüge. Weiter machte dieser Erlaß den Gemeinden auch über die Verwendung der Sparkassengewinne Vorschriften[1], indem er als das einzig Wünschenswerte hinstellte, daß die Gewinne auch wieder den Sparern zugute kommen sollten.

Anläßlich der Beratung eines neuen Sparkassenstatuts im Jahre 1875 stellte darauf auch das Kollegium der Gemeindebevollmächtigten an den Magistrat das Ersuchen, „einen Modus zu finden, den Spargästen dann einen Gewinn zu gewähren, wenn der Reservefonds die vorgeschriebenen 10 % erreicht hätte. Es scheine nicht berechtigt zu sein, daß man den kleinen Leuten, die ihr Geld mühsam ersparen, Zuschüsse zur Armenpflege zur Auflage macht, vielmehr erscheine es angezeigt, den im Jahre erzielten Überschuß unter die Einleger zu verteilen[2]."

Im Magistrat entgegnete man, daß man die Grundansicht über Verwendung des Gewinnes zwar teile, daß nämlich dieselben nicht der Gemeindekasse zum Vorteil dienen sollten, daß aber eine Erörterung hierüber erst nach Jahren angebracht sei. Im übrigen würde bei der aufs äußerste angesetzten Verzinsung auch wohl kaum ein Gewinn über den gesetzlichen Reservefonds hinaus erzielt werden. Allenfalls könne man den Zinsfuß erhöhen[3].

---

[1] Gem. Ztg. 1874, S. 397. „Es wäre zu wünschen, daß der Gewinn der Sparkasse lediglich den Einlegern, den Sparern, zugute komme, namentlich da, wo durch einen ausreichenden Reservefonds die Haftung für die Spareinlagen erheblich gemindert ist. Die bisherige Entwicklung des Sparkassenwesens muß auf ein Verbot der Verwendung des Gewinnes der Sparkassen für Gemeindezwecke zur Zeit verzichten lassen. Dagegen darf erwartet werden, daß die Gemeinden die menschenfreundliche Idee, von welcher sie bei Gründung der Sparkasse geleitet wurden, auch beim Betriebe derselben festhalten und demzufolge den Einlegern ihren Anteil an dem Reingewinn nicht versagen werden. Die Sparkassen der Gemeinde und Distrikte sollen keine Erwerbsunternehmungen sein. Der Vorteil, welchen eine Gemeinde durch die wohltätigen Wirkungen einer richtig betriebenen Sparkasse für ihre wirtschaftlichen und sozialen Verhältnisse empfängt, ist mehr wert als ein Geldgewinn." — Empfohlen wurde außer der richtig bemessenen Feststellung des Zinsfußes die jährliche Bezahlung oder Gutschreibung von Dividenden.

[2] Gem. Ztg. 1875, S. 480.

[3] Ebenda S. 542.

Dabei ist es dann geblieben. Der gesetzliche Reservefonds ist nur einmal, im Jahre 1880, mit 11,86 % der Einlagen erreicht und dabei zugleich etwas überschritten worden. Damals wurde der Mehrertrag jedoch im Betriebe gelassen. Sonst war der Reservefonds zum Teil erheblich unter 10 %[1]. Die Frage nach der Verwendung des Gewinnes ist bisher also noch immer nicht aktuell geworden.

Schließlich sei noch erwähnt, daß, wiewohl die Sparkasse eine Gemeindeanstalt mit ausgeschiedenem Vermögen ist, die allgemeine Stadtkasse auch ihren Anteil aus dem Betriebe bezieht. Seit dem Jahre 1876 hat die Sparkasse 5½ % aus der Rente der Aktivkapitalien an die Stadtgemeinde München als Beitrag zu den allgemeinen Verwaltungskosten zu entrichten (s. S. 68). Vom Jahre 1903 ab ist dieser Beitrag auf jährlich 80 000 ℳ festgesetzt. In dem Zeitraum von 1876—1906 sind auf diese Weise der Stadtkasse rund 1 278 000 ℳ zugeflossen.

12. Die Pfandleihanstalt.

Die Pfandleihanstalt wurde als privates Erwerbsunternehmen gegründet. Kurfürst Maximilian Joseph setzte die Zinsen auf 1 Heller wöchentlich für jeden ausgeliehenen Gulden fest. Im Jahre 1783 verordnete Kurfürst Karl Theodor, daß die Anstalt der Kommission des Heiligen Geist-Spitals überlassen und die Zinsen zur Erleichterung des geldbedürftigen Publikums von 10 auf 8 % herabgesetzt würden. Durch eine neue landesherrliche Verordnung von 1789 wurde bestimmt, daß von Darlehen von 2—2000 Gulden 8 %, und über diese Summe hinaus nur 5 % genommen werden dürften. Bei diesen Zinssätzen arbeitete aber das Leihhaus mit Verlust. Als daher die Anstalt 1818 unter magistratische Verwaltung gelangte, wollte der Magistrat sich zu ihrer unbedingten Übernahme zuerst nur nach vorgängiger Liquidation des Pfandkapitals verstehen. Die Liquidation verzögerte sich bis zum Jahre 1830. Da wurde durch eine königliche Entschließung ausgesprochen, daß der Magistrat München die Leihanstalt auf eigene Regie übernehmen müsse, „weil die Leihanstalt eine Wohltätigkeitsanstalt sei, welche den Magistraten durch die Wiedergeburt der Gemeindeverwaltung ediktmäßig übertragen worden sei“[2]. Die ungünstigen Verhältnisse der

---

[1] Im Jahre 1906 betrug er nach dem Nennwert 8,06, nach dem Kurswert 5,92 % der Einlagen.

[2] Dr. J. Bauer, 1. Bürgermeister von München, Grundzüge der Verfassung und Vermögensverwaltung der Stadtgemeinde München (Verw. Ber. 1818—1848). München 1845, S. 60.

Anstalt führten jedoch zu den Statuten vom Jahre 1834, nach denen der Zinsfuß auf 10 % erhöht wurde. An Schreibgebühr waren für jeden Pfandzettel 3 Krz. (6 Pf.) zu entrichten; die Versteigerungsgebühr betrug 6 Krz. von jedem Gulden. Die Gebühr für einen Gegenschein (bei Verlust des Pfandzettels) 12 Krz. (30 Pf.). Ob durch diese Bestimmungen beabsichtigt wurde, die Pfandleihanstalt zu einem Erwerbsunternehmen zu machen, konnten wir leider nicht feststellen. Vermutlich sollte durch sie nur eine Sanierung der ganzen Anstalt bezweckt werden. Im Laufe der Jahre wurden noch weitere städtische Leihanstalten errichtet. So in den Jahren 1844 und 1854[1]. Jede der drei Anstalten betrieb ihr Geschäft selbständig und finanziell unabhängig von der anderen. Erst im Jahre 1870 erhielten sie eine gemeinsame finanzielle Verwaltung.

Die Bestimmungen von 1834 scheinen im wesentlichen bis 1879 bestanden zu haben. Das kleinste Darlehen betrug 1 Gulden (2 ℳ). Der bei einer Versteigerung eines Pfandes über die Belehnungssumme erzielte Überschuß wurde nach Abzug der verfallenen Zinsen und der Versteigerungsgebühr auf Antrag zurückvergütet.

Durch Ministerialbekanntmachung vom 12. August 1879, betreffend den Geschäftsbetrieb der Pfandleiher, wurde verordnet, daß ein höherer Leihzins als 1 Pf. pro Mark und Monat (d. i. 12 %) nicht verlangt werden dürfte. Seit dieser Zeit anscheinend wird statt des bis dahin üblichen Leihzinses von 10 % der Höchstzins von 12 % und von den versteigerten Gegenständen eine Gebühr von 10 % des Darlehnsbetrages erhoben. Die Schreibgebühr für einen Pfandzettel war bereits 1877 von 6 auf 10 Pf. erhöht worden. Eine Motivierung für diese Maßnahmen lassen die Verwaltungsberichte und die amtlichen Sitzungsberichte der Kollegien leider nicht erkennen. Doch ist aus gelegentlichen Äußerungen in späteren Verhandlungsberichten der Kollegien[2] zu entnehmen, daß die größeren Verluste aus dem Betriebe in damaliger Zeit die Veranlassung zu der Leihzins- und Gebührenerhöhung gaben. Im übrigen blieben die bereits bestehenden Bestimmungen weiter in Geltung. — Anfang der 80er Jahre steigerte sich hauptsächlich infolge Eingehens mehrerer Privatleihgeschäfte der Verkehr der städtischen Anstalten und die Reineinnahmen derselben ziemlich bedeutend[3]. Im Dezember 1885 bzw.

---

[1] Letztere befand sich in der mit der Stadt München vereinigten Vorstadt Au.

[2] Z. B. Gem. Ztg. 1885, S. 385.

[3] Sie betrugen 1882 44537 ℳ, 1883 30814 ℳ, 1884 54240 ℳ, 1885 44976 ℳ, 1886 31135 ℳ, 1887 12323 ℳ.

Januar 1886 beschlossen daher die städtischen Kollegien, „behufs einer Erleichterung der wenig bemittelten Bevölkerung“ [1] die Gebühren herabzusetzen. Für Pfänder mit einem Darlehnsbetrag von 2—5 ℳ wurde die Pfandscheingebühr von 10 Pf. auf 5 Pf. ermäßigt, für einen Schein dagegen über ein mit höher als 5 ℳ belehntes Pfand waren nach wie vor 10 Pf. zu entrichten. Die Erleichterung kam also gerade den kleinsten Pfändern zugute. Eine Herabsetzung erfuhren auch die Versteigerungsspesen, nämlich von 10 % auf 5 % der Darlehnssumme. „Zu diesem Beschlusse,“ fährt der zitierte Bericht fort, „war die Erwägung maßgebend, daß die Gemeinde zwar Verluste aus dem Betriebe nicht übernehmen solle, jedoch große Gewinne mit Rücksicht auf den vorwiegend wohltätigen Zweck dieser Anstalt nicht erstreben dürfe [2].“

Eine Änderung ist seitdem in den genannten Bestimmungen nicht mehr eingetreten.

Soweit nun aus der Anstalt Gewinne erzielt wurden, war ihre Verwendung nicht immer die gleiche. In den ersten Jahrzehnten des Bestehens der Pfandleihanstalt flossen sie dem privaten Besitzer der Anstalt zu, wofür dieser laut kurfürstlichen Edikts jährlich 100 Gulden an die Kinder armer Soldaten abzugeben hatte. Im Jahre 1783 verordnete Karl Theodor, daß die Anstalt der Kommission des Heil. Geist-Spitals überlassen und der Gewinn dem Kinderhause zuzuwenden sei [3]. Unter städtischer Regie scheinen in früheren Jahren die Gewinne dem Vermögen der Anstalt zugeschlagen, die Erträge des Vermögens aber Wohltätigkeitsanstalten abgegeben worden zu sein. Durch Beschlüsse der städtischen Kollegien vom Jahre 1891 wurde ausdrücklich bestimmt, daß die Betriebsgewinne dem Vermögen der Anstalt zuzuschlagen seien, die Reinerträgnisse des Vermögens aber dem städtischen Kinderasyl zugeführt werden sollten.

Man hat nun gegenüber verschiedentlichen Angriffen auf die Gewinnerzielung bei dem Betriebe der Pfandleihanstalt eine Gewinnabsicht bei der Anstalt überhaupt geleugnet unter Hinweis auf die zum Umsatze geringen Reinerträgnisse [4].

Davon abgesehen, daß es zur Würdigung des Gewinnes nicht auf

[1] Verw. Ber. 1882/87, S. 271.
[2] Gem. Ztg. 1885, S. 385.
[3] Bauer, Grundz. d. Verf. u. Vermögensverw. d. Stadtgem. München, S. 59.
[4] So in einem Artikel d. Münchener Zeitung v. 25. 2. 08, Nr. 46, S. 3.

das Verhältnis des Gewinns zum Umsatz, sondern zum Betriebskapital ankommt, widerlegt ein geringer Gewinn aber noch nicht die Gewinnabsicht, sonst könnte man auch bei Betrieben, die sogar ein Defizit bringen, wie z. B. bei dem landwirtschaftlich verwerteten Grundbesitz oder gar der Trambahn, jede Gewinnabsicht leugnen. Zudem findet sich in § 3 des neuesten Statuts für die städtische Pfandleihanstalt eine ausdrückliche Bestimmung über die Verwendung des Gewinnes[1].

Der eigentliche Gewinn der Pfandleihanstalt ist aber nicht nur der rechenmäßig ausgewiesene. Zur Ermittelung des eigentlichen Betriebsgewinns muß man auch alle die versteckten Gewinnbeträge berücksichtigen. Die Stadtkasse nämlich erhält aus den Betrieben der Anstalt in den letzten Jahrzehnten für „Aufsicht und Gewährleistung" eine Vergütung von 5½ % aus den reinen Einnahmen (Aktivzinsen plus Gebühren, abzüglich Passivzinsen), die im Jahre 1895 rund 10500 ℳ betrugen und im Jahre 1906 auf rund 14000 ℳ gestiegen sind. Außerdem mußten schon seit langen Jahren gewisse fixierte Beträge zu wohltätigen Zwecken abgeführt werden. In den letzten Jahrzehnten betrugen die unter den laufenden Betriebsausgaben für Armenpflege, Militär-, Witwen- und Waisenfonds verwandten Summen jährlich rund 7000 ℳ. Rechnet man alle diese Beträge zu dem tatsächlich ausgewiesenen Betriebsreinerträgnis der Pfandleihanstalt hinzu, so erhöht sich dasselbe jährlich immer um annähernd 20000 ℳ. Im Jahre 1902 würde es dann also etwa 80000 ℳ, im Jahre 1906 40000 ℳ betragen haben.

Wenn man aber die Gewinne den hohen Leihzinsen von 12 % zuschreibt, so geschieht das mit Unrecht. Die Gewinne, d. h. hier die rechenmäßig ausgewiesenen, würden sofort ganz erheblich reduziert werden, wo nicht gar verschwinden, wenn keine Versteigerungsgebühren oder keine Gebühren für die Pfandzettel erhoben würden. Der durchschnittliche Erlös in den 7 Jahren 1900—1906 nämlich betrug aus den Versteigerungsgebühren etwa 19000 ℳ, derjenige aus den Pfandzettelgebühren 32000 ℳ. Die 12 % reichen also nur gerade zur Deckung der Betriebsausgaben und der Verzinsung des Betriebskapitals aus.

Die eigentliche Ursache, daß überhaupt Gewinne bei der Pfandleihanstalt erzielt werden, ist aber gar nicht einmal eine normale, wenn man so sagen darf. Denn unter den Betriebseinnahmen befindet sich

[1] § 3: „Die Verwendung des aus dem Pfandleihgeschäfte erzielten Gewinnes erfolgt nach näherer Bestimmung des von beiden Kollegien alljährlich festgestellten Haushaltsplanes".

stets ein sehr namhafter Betrag, der sich aus Mehrerlösen für versteigerte Pfänder zusammensetzt. Im Durchschnitt betrug diese Summe für die Jahre 1900—1906 rund 98000 ℳ. Der Mehrerlös aus versteigerten Pfändern kommt aber statutengemäß nach Abzug von Darlehen, Zinsen, Pfandschein- und Versteigerungsgebühren den Pfandgästen zu, wenn er von diesen innerhalb eines Jahres nach der Versteigerung beansprucht wird. Der ganze Betriebsgewinn der Pfandleihanstalt rührt also daher, daß ein großer Teil der Pfandgäste — was auch frühere Verwaltungsberichte angeben — von seinem Rechte, den Mehrerlös zurückzuverlangen, aus Unkenntnis oder Vergeßlichkeit keinen Gebrauch macht.

Der aus den Erträgnissen des Vermögens der Pfandleihanstalt erzielte und an das städtische Kinderasyl abgeführte Gewinn ist überdies von dem Betriebsgewinn der Anstalt ganz unabhängig (s. S. 68 u. 69). Er besteht größtenteils aus Erträgen für vermietete Räume.

Deshalb kann man wohl nicht behaupten, daß die Unterstützung von Wohlfahrtseinrichtungen (hier des städtischen Kinderasyls) durch die „Ärmsten der Armen" aufgebracht wird[1]. Mehr Berechtigung mag dieser Vorwurf allenfalls für jene Beträge haben, die aus dem Betriebe der Anstalt für die Armenpflege und den Militär-, Witwen- und Waisenfonds gezahlt werden.

13. Die Badeanstalten.

Die Verwaltungsberichte heben hervor, daß die Gemeindeverwaltung unausgesetzt bestrebt sei, Badegelegenheit insbesondere auch für die minderbemittelte Bevölkerung gegen kaum nennenswerte Benutzungsgebühren zu schaffen. Es soll also für die Badeanstalten höchstens das Gebührenprinzip zur Anwendung kommen.

Wenn man die drei Gruppen der Badeanstalten (Flußbäder, Brause- und Wannenbäder, Volksbad) gesondert betrachtet, ergibt sich folgendes:

a) die Flußbäder.

Bei den Flußfreibädern (Männer- und Frauenfreibad) wird, wie sich das schon aus dem Namen ergibt, eine Gebühr für Baden überhaupt nicht erhoben. Hier finden wir also das Unentgeltlichkeitsprinzip. Für Benutzung der Ankleidekabinen und Ankleidekästchen und für Entleihen eines Wäschestückes sind jedoch 10 Pf. zu entrichten. Für

[1] Wenn auch ein beträchtlicher Teil der Mieterträge wieder von dem Betriebe der Pfandleihanstalt selbst erstellt wird.

Schwimmunterricht sind von Erwachsenen 5 ℳ, von Kindern 3 ℳ zu zahlen. Für Benutzung des mit den Freibädern verbundenen Sonnenbades beträgt der Preis 10 Pf.

Im Maria Einsiedel-Schwimmbad sind für ein Schwimmbad 10 Pf., für ein Stück Wäsche 5 Pf., für ein Hüttenbad einschließlich eines Handtuchs 5 Pf. zu entrichten.

b) Bei den Brause- und Wannenbädern beträgt die Gebühr für ein Brausebad einschließlich eines Handtuchs 10 Pf., für ein Wannenbad betrug sie mit Handtuch zunächst 25 Pf. Im Jahre 1899 wurde die Gebühr jedoch auf 30 Pf. erhöht, einerseits, wie man sagte, wegen der erhöhten Baukosten, welche für die Volksbäder in den letzten 2 Jahren erwachsen seien, anderseits, weil man den privaten Badebesitzern, welche auch ihre Steuern und Abgaben zu bezahlen hätten, nicht zu starke Konkurrenz machen wollte[1].

Da im Norden der Stadt ein Freibad noch nicht errichtet ist, hat man mit den dort gelegenen privaten Bädern (Luisen- und Bavariabad) eine Vereinbarung getroffen, wonach der Gemeinde Billette zu gewissen Bädern zu ermäßigten Preisen verkauft werden, die sie dann wieder an Private abgibt.

c) Bei der Gebührenfestsetzung des Karl Müller-Volksbades schließlich sind für diejenigen Tage und Tageszeiten, an denen die minderbemittelten Volksschichten Zeit zum Baden haben, und für diejenigen Bäder, welche diese Volksklassen zu benutzen pflegen, ganz bedeutende Preisermäßigungen vorgesehen.

Nach der Badeordnung vom 3. Mai 1901 beträgt der gewöhnliche Preis

1. bei Schwimmbädern für Erwachsene 40 bzw. 30 Pf. (Kabine- oder Auskleidekästchen), für Kinder unter 14 Jahren (Schüler) 30 bzw. 20 Pf. Neben diesen Preisen bestehen für gewisse Abendstunden ermäßigte Preise von 25 bzw. 15 Pf. für Erwachsene und 10 Pf. für Kinder. Eine weitere Ermäßigung findet statt am Sonnabend und an jedem Werktage vor einem Feiertage von 5 Uhr nachmittags an. Der Preis beträgt zu dieser Zeit auch für Erwachsene nur 10 Pf.;
2. bei Wannenbädern der gewöhnliche Preis 50 Pf., der an gewissen Tagen und Stunden ermäßigte Preis 35 Pf. Für ein Wäschestück sind bei beiden Bädern 5 Pf. zu entrichten;
3. bei Brausebädern einschließlich eines Handtuchs 10 Pf.;

---

[1] Gem. Ztg. 1899, S. 927.

4. bei Dampf-, Warm- und Heißluftbädern einschließlich Wäsche 1,50 *M*;
5. bei Solbädern einschließlich Wäsche 1 *M*;
6. bei Moorsalzbädern einschließlich Wäsche 1,50 *M*;
7. bei Moorlaugebädern einschließlich Wäsche 2 *M*.

Außerdem gelangen vierteljährige, halbjährige und jährige Abonnements zur Ausgabe. Für Schwimmunterricht haben zu zahlen: Erwachsene 5 *M*, Kinder unter 14 Jahren (Fortbildungsschüler, Schüler von Mittelschulen) 3 *M*, jedes weitere Kind aus derselben Familie 2 *M*. Ermäßigungen der Badepreise sind außer den bereits erwähnten in recht ausgedehnter Weise bewilligt worden. So genießen z. B. Ermäßigungen die Mitglieder der öffentlichen Krankenkassen bei Benutzung der römisch-irischen Bäder 30 %, auch bei Benutzung von Schwimm- und Wannenbädern zahlen sie zu gewissen Tageszeiten niedere Preise, wenn die Bäder ihnen ärztlich verordnet sind; ferner die Berufsfeuerwehr für Wannenbäder, die Bediensteten der Trambahn für Schwimm- und Wannenbäder, die Studierenden der Universität und der Hochschule bei den Vierteljahrsabonnements, der Männerschwimmverein für den Schwimmunterricht seiner Jugendabteilung, Fortbildungsschüler für Schwimmbäder, wenn sie klassenweise baden, u. s. f.

Die Preise für Dampf-, Warm-, Heißluft-, Sol- und Moorbäder sind zwar nicht derartig, daß sie auch für minderbemittelte Volksklassen in Betracht kommen können, allein man hat sie aus dem Grunde in dieser Höhe festgesetzt, weil der Raum für sie nur ein beschränkter ist und sie auch nur als nebensächliche Einrichtung der Anstalt gelten sollen.

14. Die Kanalisation.

Die Höhe der Gebühren bei der alten Kanalisation („Konkurrenzen") ist in München stets nach der Frontlänge der Anwesen berechnet worden[1]. Prinzipiell sollte dabei der Adjazent die Hälfte der wirklichen gemeindlichen Baukosten zahlen[2]. Im Jahre 1873 wurden diese Gebühren auf 12 *M* für das laufende Meter Front festgesetzt. Sie waren einmalige und sollten nur als Einnahmen zur Tilgung der für die Kanalisierung aufgenommenen Anleihen dienen. Die Kosten für Herstellung der Anschlußleitungen hatten die Hausbesitzer zu tragen. Während der Anlage

---

[1] Verw. Ber. 1882/87, S. 141.
[2] Gem. Ztg. 1873, S. 146.

der neuen Kanalisation blieb der bisherige Zustand zunächst noch einige Jahre bestehen. Als man aber vom Jahre 1893 ab auch die Ableitung der Fäkalien in die Kanalisationsröhren gestattete, wurde durch das Statut vom 1. Oktober 1893 in der Gebührenberechnung folgende Änderung vorgenommen.

Neben die bisherige einmalige Gebühr (erhoben für Ableitung der Spülwasser) trat für die Einleitung der Fäkalien eine jährliche Gebühr. Diese betrug 8/5 % vom Mietertrage des Grundstücks, wie er zur Grundlage für die Haussteuererhebung genommen wurde. Begründet wurde diese von den Hausbesitzern zu zahlende Gebühr damit, daß die Hausbesitzer auch schon vorher die Fäkalienabfuhr auf ihre Kosten zu bestreiten gehabt hätten. Im übrigen war man sich einig, daß diese Gebühr — wie es auch tatsächlich der Fall ist (s. S. 70) — nur ein teilweiser Ersatz der für die Verzinsung und Amortisation der Anlagekapitalien erforderlichen Summe sein würde. Man wollte die Gesamtkosten nicht allein von den Hausbesitzern begleichen lassen, sondern sie auch auf die Gemeindeumlagen übernehmen, einmal, weil man die Hausbesitzer nicht zu sehr belasten wollte, und zum andern, weil die ganze Kanalisationsanlage auch der gesamten Einwohnerschaft, z. B. durch Fortschaffung des Regenwassers, zugute käme. Der Maßstab dieser Gebühr, nämlich der Mietertrag der Häuser, wurde zwar durchaus nicht als ein idealer angesehen; man hielt jedoch an ihm als dem besseren fest, beispielsweise gegenüber dem Vorschlage, der auch in der Gemeindevertretung Anhänger fand, die Zahl der Abortsitze zur Grundlage für die Gebührenerhebung zu nehmen [1].

Sonst ließ das Statut vom Jahre 1893 alles so, wie es bishin in Übung war. Für Herstellung der Anschlußleitungen blieb die einmalige Gebühr von 12 ℳ für jedes Meter Frontlänge bestehen [2]. Die Herstellung geschah auf Kosten des Anwesensbesitzers zu einem vom Stadtbauamte aufgestellten jährlich vom Magistrate zu genehmigenden Tarife. Es sollten dabei die Selbstkosten berechnet werden mit einem Zuschlage von 5 % für Bauaufsicht usw. Für Benutzung der zum Einlaß der Entwässerungsanlage dienenden Einrichtungen war ferner eine einmalige Gebühr von 20 ℳ zu zahlen, wenn der Einlaß an der vom Stadt-

[1] Gem. Ztg. 1893, S. 417—440.

[2] Im Jahre 1908 ist sie auf 20 ℳ erhöht worden, da die Gebühr von 12 ℳ in starkem Mißverhältnis stände zu den der Gemeinde tatsächlich erwachsenden Kosten, welche sich durch Steigerung der Materialpreise und Arbeitslöhne bedeutend erhöht hätten (Gem. Ztg. 1908, S. 234).

bauamte ursprünglich angegebenen Stelle erfolgte. Wünschte der Grundstücksbesitzer den Einlaß an einer anderen Stelle, so wurden ihm die gemeindlichen Selbstkosten berechnet. Schließlich waren, wenn Änderungen u. dergl. an den Anschlußleitungen von den Besitzern gewünscht wurden, die Selbstkosten wiederum mit einem Zuschlage von 5 % zu entrichten. Die Leitungen und Einrichtungen innerhalb der Grundstücke hatte der Besitzer selbst zu besorgen. Dem Stadtbauamte stand jedoch die Überwachung und nach Fertigstellung eine Prüfung der Anlage zu.

Zur Zeit sind diese Bestimmungen noch in Geltung. Ein Blick auf die finanziellen Ergebnisse der Kanalisation zeigt, daß die Tatsachen den Absichten entsprechen. Die Gebühren, sowohl die einmaligen als auch die jährlichen für Ableitung der Fäkalien, dienen nur zur teilweisen Deckung der für Verzinsung und Tilgung der Anlagekosten erforderlichen Summen.

15. Die Straßenreinigung.

Die Straßenreinigung war von jeher im allgemeinen Sache des Anwesensbesitzers. Die Gemeindeverwaltung übernahm aber, wie bereits im ersten Kapitel erwähnt, seit früheren Zeiten in den Fällen, wo es von den Hausbesitzern gewünscht wurde, auf Grund besonderer Verträge selbst die Straßenreinigung und Straßenbesprengung. Die Gebühren hierfür mögen im allgemeinen die Selbstkosten gedeckt haben. Sie richteten sich nach der Frontlänge der Grundstücke und nach der Straßenart (gepflasterte und ungepflasterte). Die Abfuhr des Kehrichts war Gemeindesache, Schnee und Eis dagegen hatten die Adjazenten selbst fortzuschaffen. Den Grundstückbesitzern war es aber auch unbenommen, ihre gesamten Reinigungsarbeiten Privatfirmen zu übertragen.

Als dann im Jahre 1891 eine Verschärfung der straßenpolizeilichen Vorschriften eintrat, berechnete die Gemeinde, daß bei den erhöhten Anforderungen durch den bisherigen Gebührensatz ihre eigenen Ausgaben für die Straßenreinigung privater Anwesen nicht gedeckt werden würden und kündigte die einzelnen Verträge zum 1. Januar 1892. Eine Erneuerung derselben ließ sie nur zu folgenden Sätzen eintreten.

Es mußten gezahlt werden:

Für 1 qm Trottoirfläche	80 Pf.
„ 1 qm gepflasterter Straßenfahrbahn .	60 „
„ 1 qm ungepflasterter Straßenfahrbahn	40 „
„ Straßensprengen nach wie vor . . .	50 „

Die Trambahnaktiengesellschaft hatte auf Grund des zwischen ihr und der Stadt bestehenden Vertrages den Straßenbahnkörper selbst zu reinigen.

Nach Gründung der gemeindlichen Straßenreinigungsanstalt für geräuschloses Pflaster setzte das Statut vom Jahre 1895 die Jahresgebühr für sämtliche mit geräuschlosem Pflaster versehene Straßen und Plätze auf 1 ℳ pro Quadratmeter fest. Soweit Trambahnstrecken in Frage kamen, zahlte die Trambahnaktiengesellschaft 90 Pf., der Anwesensbesitzer 10 Pf. Diese Regelung sollte nur eine provisorische sein und die endgültige Festsetzung erst auf Grundlage der tatsächlichen Kosten erfolgen [1].

Eine Einnahmequelle oder eine Amortisation des kostspieligen Pflasters sollte mit der Gebühr keineswegs bezweckt werden.

Als sich nun im Jahre 1896 nur ein Selbstkostenpreis von 79 Pf. auf den Quadratmeter herausstellte, wurde durch Beschlüsse der städtischen Kollegien vom 1. Januar 1898 ab die Reinigungsgebühr auf 80 Pf. pro Quadratmeter und in den Straßen mit Trambahnverkehr auf 72 Pf. für die Trambahn und auf 8 Pf. für die Anwesensbesitzer herabgesetzt.

Man steht also bei der Straßenreinigung auf dem Standpunkt des reinen Gebührenprinzips: die Leistung soll der Gegenleistung genau entsprechen. Wenn gleichwohl die Straßenreinigung ein bedeutender Zuschußbetrieb ist, so liegt das an den Kosten für die Abfuhr von Kehricht und von Schnee und Eis, soweit dies die Gemeinde zu besorgen hat, und an den Ausgaben für Reinigung derjenigen Flächen, bei denen der Stadtgemeinde an und für sich die Reinigung obliegt.

16. Die Hausunratabfuhr.

Eine besondere Hausunratabfuhr gibt es in München erst vom Jahre 1891 ab. Auch sie ist wie die Reinigungsanstalt für geräuschloses Pflaster eine Gemeindeanstalt mit Zwangsbenutzung.

Das Statut vom 14. April 1891 ging von folgenden Grundsätzen aus [2]: Die Aufbringung der Kosten ist nicht Gemeindesache. Wenn man auch die Unratabfuhr als eine sanitäre im Interesse der ganzen Bevölkerung gelegene Veranstaltung ansehen muß, so liegt im sanitären Interesse zunächst nur die Art der Abfuhr, die Abfuhr selbst ist aber Sache des Hausbesitzers, dem schon von jeher auch die Kosten obgelegen haben. Es ist auch naturgemäß, daß derjenige, auf dessen Grundstück sich der Unrat ansammelt, für die Entfernung desselben zu sorgen hat. „Eine Übernahme der Kosten auf die Gemeindekasse würde daher die Übernahme einer

---

[1] Verw. Ber. 1897, S. 120; Gem. Ztg. 1897, S. 563, 609; 1875, S. 664.

[2] Verw. Ber. 1890, S. 144.

bisher von einem Teile der Einwohnerschaft getragenen Last auf die gesamte Einwohnerschaft bedeutet haben, ohne daß der letzteren voraussichtlich auf andere Weise pekuniäre Vorteile erwachsen wären" [1]. Den Maßstab für die Gebühren nach dem Quantum des Unrats festzustellen, wies man als „undurchführbar und zudem bedenklich" ab. „Schließlich," so sagt der Verwaltungsbericht [2], „erwies sich die Verteilung nach der Haussteuer am gerechtesten mit der Maßgabe, daß eine Mindest- und eine Höchstgebühr angeordnet werde. Völlig gerecht ist auch diese Verteilungsart nicht, weil auch für die Arbeitsleistung der Unratabfuhr die Höhe der Mietzinse, von welcher die Haussteuer abhängt, ohne Belang ist; indes ist das in dieser Verteilungsart gelegene sozialpolitische Moment zu beachten." Man vergab die Abfuhr des Unrats an private Unternehmer zu einer Pauschalsumme.

Die Gebühren für die Unratabfuhr setzte man nun in 31 Stufen fest innerhalb der Grenzen von 50 Pf. und 50 ℳ, je nach der Höhe der Haussteuer (5—2400 ℳ) (Normalgebühr); für gesetzlich steuerfreie Grundstücke (Schulen, Kirchen, Amtsgebäude u. dergl.) wurde die Haussteuer schätzungsweise festgesetzt. Für Bau- und Gewerbeabfälle betrug die Gebühr in der Regel 25 Pf. für den Behälter. Für den Fall, daß die nach Maßgabe der Gebührenskala erhobenen Beträge die für den Jahresaufwand erforderliche Summe nicht erreichten oder überschritten, sollte der sich ergebende Mehr- oder Minderbetrag in Form von Zuschlägen bzw. Nachlässen verhältnismäßig auf die einzelnen Gebührenstufen verteilt werden.

Man wollte bei der Hausunratabfuhr also das Gebührenprinzip strengstens durchgeführt sehen.

Der Zuschlag erwies sich in den ersten Jahren — er war bei Aufstellung des Haushaltsplanes z. B. für 1892 auf 37 %, für 1893 auf 33 %, für 1894 auf 25 % festgesetzt — als etwas zu hoch normiert, so daß sich 1892 ein Betriebsüberschuß von 14 000 ℳ, 1893 von 25 000 ℳ und 1894 von 18 000 ℳ ergab. Dieser Überschuß wurde nun aber nicht an die Steuerzahler gemäß den einzelnen Gebührenstufen zurückvergütet, sondern in die Rechnung des nächsten Jahres eingestellt. Der Zuschlag für das nächste Jahr wurde dann entsprechend wieder niedriger angesetzt.

Durch ein neues Statut vom Jahre 1897 wurde statt der begrenzten

[1] Verw. Ber. 1890, S. 144.
[2] Verw. Ber. 1890, S. 144.

eine nach oben unbegrenzte Gebührenskala geschaffen dergestalt, daß für jede weitere 100 ℳ Haussteuer die Gebühr um 2 ℳ erhöht wurde. Der Verwaltungsbericht für 1897 bemerkt bei dieser Gelegenheit, daß die Gebühren keine Umlage, sondern nur eine Entschädigung für die Leistung der Gemeindeanstalt sein sollten, und begründet die Erhöhung der Gebühr für Anwesen mit mehr als 2400 ℳ Haussteuer damit, daß mit der erhöhten Mietertragsfähigkeit regelmäßig auch die Inanspruchnahme der Hausunratabfuhr steige[1].

Diese Begründung bedeutet das genaue Gegenteil von dem, was der Verwaltungsbericht 1890 zur Einführung der Gebührenerhebung nach der Haussteuerveranlagung bemerkt. Dort heißt es, wie wir gehört haben, die Höhe der Mietzinse, von welcher die Haussteuer abhänge, sei für die Arbeitsleistung der Unratabfuhr ohne Belang, doch sei das in dieser Verteilung gelegene sozialpolitische Moment zu beachten.

Damit scheint er uns vollkommen recht zu haben. Die Mietertragsfähigkeit eines Hauses, das z. B. in einem vornehmen Stadtviertel liegt, kann eine sehr hohe sein und sich infolge mancher Umstände sehr beträchtlich noch erhöhen, während der Unratabfall unverhältnismäßig gering sein kann und sein wird, weil ein solches Haus meistens von wenigen und wohlhabenden Leuten bewohnt wird, die sich zudem noch für einen großen Teil des Jahres auf Reisen zu befinden pflegen. Eine Mietskaserne dagegen in einem ärmeren Stadtviertel, die oft 100 und mehr Menschen beherbergt, wird einer ungleich geringeren Steigerung ihrer Mietertragsfähigkeit zugänglich sein und trotzdem bedeutend mehr Unrat ergeben, weil eben die Unratmenge durch die größere Menschenzahl bedingt wird.

Eine Erweiterung der Gebührenskala nach oben hin erscheint also nicht deshalb berechtigt, weil mit der erhöhten Mietertragsfähigkeit die Inanspruchnahme der Hausunratabfuhr steigt, sondern aus sozialpolitischen Gründen, weil der Leistungsfähigere dadurch in stärkerem Maße zur Kostendeckung herangezogen wird.

Den äußeren Anstoß zu der Änderung gab die Vereinbarung mit der Gesellschaft „Haus-Mull-Verwertung, München“, die sich zur Übernahme des Unrats und zu seiner Verfrachtung nach Puchheim erboten hatte. Seit dieser Zeit, genauer seit dem Jahre 1899, gehört die Hausunratabfuhr infolge der erheblichen, der Gemeinde aus der neuen Beseitigungsart erwachsenen Mehrkosten zu den bedeutendsten Zuschußbetrieben.

[1] Verw. Ber. 1897, S. 118.

17. Die Desinfektionsanstalt.

Wie im ersten Kapitel schon erwähnt, wurde die Desinfektionsanstalt lediglich aus sanitärem Bedürfnisse zunächst provisorisch errichtet. Es handelte sich damals darum, Vorbeugungsmaßregeln gegen eine dringende Gefahr zu treffen, und die Finanzierung und eine etwaige Rentabilität des Unternehmens konnte nur eine untergeordnete Rolle spielen. Die Anstalt wurde also als Zuschußbetrieb gegründet. Als dann die Choleragefahr beseitigt war, stand man vor der Wahl, ob man die Desinfektionsanstalt eingehen oder definitiv weiter betreiben sollte. Mit Rücksicht auf ihre große sonstige sanitäre Bedeutung entschied man sich im Jahre 1895 zu letzterem. Das Gemeindebevollmächtigten-Kollegium äußerte aber den Wunsch, der Magistrat möge dahin wirken, daß diese Anstalt nicht mehr mit einer Ausgabe, sondern einem „Rentenüberschusse" abschließe. Im Magistratskollegium entgegnete man darauf, das bisherige Bemühen sei bereits darauf gerichtet gewesen, die Anstalt so zu gestalten, daß man wenigstens nicht so viel darauf zu zahlen habe, wenn man auch keinen Überschuß erziele[1]. Diese Äußerung kann wohl auch als Richtschnur der ganzen Preispolitik bezeichnet werden. Man hofft, daß nach breiterer Reklame allmählich mit fortschreitender Einbürgerung der Desinfektionsanstalt das Defizit immer geringer und womöglich verschwinden werde. „Einen Gewinn aus der Anstalt zu erzielen, dürfte aber wohl nicht in der Absicht der Gemeindevertretung liegen[2]."

Als Beweis hierfür mag auch dienen, daß man trotz der fortwährenden Fehlbeträge des Betriebes eine Erhöhung der Gebühren seit ihrer erstmaligen definitiven Aufstellung im Jahre 1895 nicht hat eintreten lassen.

Es werden erhoben:

1. für Desinfektion mittels heißen Wasserdampfes 4 ℳ pro Kubikmeter des Raumes, den die Gegenstände im Apparate einnehmen (Berechnung nach 1/10 cbm);
2. für Desinfektion von Gegenständen und Räumen mittels Chemikalien zu je 1 ℳ pro Mann und Arbeitsstunde (Berechnung nach 1/4 cbm). Die Mindestgebühr beträgt dabei, gleichviel ob mit Wasserdämpfen oder mit Chemikalien oder mit beiden desinfiziert wird, 1 ℳ;
3. für ein Bad 1 ℳ.

[1] Gem. Ztg. 1895, S. 55.
[2] Gem. Ztg. 1895, S. 198.

18. Die thermische Tierleichenvernichtungsanstalt.

Man muß zur richtigen Beurteilung der bei ihr obwaltenden Preispolitik ihren Betrieb in zwei Teile zerlegen, nämlich in die Beiseiteschaffung und Tötung der Tiere und in die Verwertung der aus den Tierkadavern gewonnenen Produkte.

Für den ersten Teil des Betriebes bilden in der Hauptsache die im Jahre 1894 aufgestellten Gebühren die Einnahmequelle. Es sind z. B. zu entrichten:

1. für Transport lebender großer Tiere zur Anstalt, sofern dieselben gehen können und kein Wagen nötig ist, 5 *M* für das Stück;
2. für Abholen und Vernichten großer Tierleichen (Pferde, Rinder, Esel,) ist keine Gebühr zu zahlen, doch ist dafür der ganze Kadaver abzulassen;
3. für Transport und Vernichtung von Dünger, Stroh u. dergl. ansteckungsfähigen Gegenständen sind zu entrichten für die Fuhre 8 *M*, wenn der Eigentümer den Transport selbst besorgt, nur 2 *M*.
4. für den Transport kleiner Tierleichen (Schweine, Ziegen, Schafe,) 1 *M*; Hunde, Katzen 50 Pf.; Geflügel jedes erste Stück 60 Pf. jedes weitere Stück 10 Pf.;
5. bei zerstückelten Tieren und Teilen wird die Gebühr nach Pfund erhoben.

Ferner kommen noch Gebühren für außerordentliche Obduktion, Kontumazierung (Beobachtung und Fütterung) und für Tötung außerhalb der Anstalt zur Erhebung.

Alle diese genannten Gebühren sollen das Maß der gemeindlichen Selbstkosten nicht übersteigen. Treffend geht dies z. B. aus Verhandlungen der Gemeindebevollmächtigten im Jahre 1894 hervor. Es waren damals einige Fälle vorgekommen, wo einzelne Eigentümer die Verendung einer größeren Anzahl Stück Vieh zu ein und derselben Zeit durch ungünstige Umstände zu beklagen hatten und dabei noch für den Transport der Kadaver zu der Vernichtungsanstalt erheblich über die gemeindlichen Selbstkosten zahlen mußten. Der Magistrat faßte deshalb den Beschluß, und das Gemeindekollegium trat unter Hinweis „auf die Härten in diesen an sich sonst nicht hohen Gebühren" dem Beschlusse bei, daß die Gebühren herabgesetzt werden sollten, wenn ein Eigentümer mehr als die Selbstkosten zu zahlen habe. Man ging dabei auch von der Erwägung aus, daß es im Interesse der Tierleichenvernichtungsanstalt gelegen sei, möglichst viele Kadaver zugeführt zu erhalten, daß die Gebühren für

Transport usw. um deswillen nicht so hoch gegriffen werden dürften, und daß es um so weniger veranlaßt erscheine, dem Tiereigentümer höhere Gebühren für die eigenen Auslagen in Anrechnung zu bringen, als die Gemeinde aus der Verarbeitung der Kadaver nicht unbeträchtlichen Nutzen ziehe [1].

Damit werden wir sogleich auf den zweiten Teil des Betriebes, die Verwertung der aus den Tierkadavern gewonnenen Produkte, aufmerksam gemacht. In der Tat, wenn wir die finanziellen Ergebnisse dieses Betriebsteiles betrachten (s. S. 71), bemerken wir auf den ersten Blick, daß sie weitaus den größten Teil der Einnahmen des ganzen Betriebes stellen. Durch den Verkauf der hier in Frage kommenden Produkte (Fett, Fleischdünger, Häute, Haare, Klauen, Hufe und Eisen,) wird überhaupt erst erreicht, daß die thermische Tierleichenvernichtungsanstalt sich wenigstens in den meisten Jahren zu einem Einnahmebetrieb gestaltet.

Wie bei der Gasanstalt die Nebenprodukte, so werden auch hier die Abfallprodukte auf dem Wege des Angebotverfahrens durch den Magistrat vergeben. Während also bei dem ersten Teile des Betriebes, der Herbeischaffung und Tötung der Tiere, von der Gemeinde das reine Gebührenprinzip, wird bei dem zweiten, der Verwertung der aus den Tierkadavern gewonnenen Produkte, das Erwerbsprinzip verfolgt.

19. Der Stiftungsforst Kasten.

Die Preise für das aus dem Forste gewonnene Holz werden auf dem Wege der Versteigerung erzielt. Zu Grunde gelegt werden dabei die vorjährigen Holzpreise der königlichen Forsten. Die Reineinnahmen fließen dem Eigentümer des Stiftungsforstes, dem Heiligen Geist-Spital, zu.

20. Die Stadtgärtnerei.

Die Tätigkeit der Stadtgärtnerei zerfällt in Leistungen für Rechnung der Gemeinde und in Leistungen für Rechnung Privater. Die Leistungen für die Gemeinde, Herstellung und Unterhalt von Alleen, Anlagen und dergl., sind der Hauptzweck der Stadtgärtnerei und werden aus Mitteln des Gemeindehaushaltes bestritten. Sie ergeben die gesamten Betriebsausgaben. Die Einnahmen aus Leistungen für private Rechnung (Verkauf von Bäumen und Sträuchern) wiegen nur einen geringen Bruchteil der Gesamtbetriebsausgaben auf. Die Preise für die genannten

[1] Gem. Ztg. 1894, S. 424.

gärtnerischen Produkte richten sich nach den hierfür allgemein üblichen Sätzen. Es wird darauf Bedacht genommen, die ansässigen Privatfirmen nicht zu schädigen.

21. Die Gemeindezeitung.

Die Gemeindezeitung ist seit ihrer Begründung stets ein Zuschuß-betrieb gewesen. Druck und Expedition der Zeitung wurden von Anfang an gegen bestimmte von der Gemeinde zu zahlende Beträge an eine Privat-firma vergeben, der auch die Einnahmen aus dem Abonnement der Zeitung und aus den Inseraten zuflossen. Die Redaktion lag in den Händen eines städtischen Beamten, der von der Gemeinde bezahlt wurde.

In der ersten Zeit hat sich die Gemeinde noch mit dem Gedanken getragen, aus dem Unternehmen womöglich einen kleinen Gewinn zu erzielen. Der Vertrag vom 18. Dezember 1872 und auch noch der Vertrag vom 27. Januar 1880 mit der Verlagsfirma sieht außer einer Gewinn-beteiligung der Gemeinde bei einer gewissen Einnahmehöhe aus dem Verlage der Zeitung auch den Fortfall des gemeindlichen Zuschusses bei einer bestimmten Abonnentenzahl vor. Im erstgenannten Vertrage ist nämlich die Bestimmung enthalten, die Firma sei für den Fall, daß die Gesamteinnahmen aus Abonnementsgeldern und Inseraten in einem Quartale bei einer Auflage bis zu 1000 Exemplaren die Summe von 900 Gulden (1542,80 ℳ), bei einer größeren Auflage die Summe von 1000 Gulden (1714,29 ℳ) überschreite, verpflichtet, 1/3 vom Mehrbetrage an die Stadtkasse abzuführen. Für den Fall, daß die Zahl der Abonnenten 1000 erreichte oder der Umfang der bezahlten Inserate derart anwüchse, daß dieselben mindestens zwei Seiten der Inseratenbeilagen regelmäßig ausfüllten, hatte die Druckerei außerdem auf jeden Zuschuß aus der Stadt-kasse zu verzichten.

Doch diese Bestimmungen kamen nie zur Anwendung. Der Grund lag in der geringen Auflage der Zeitung, die selbst heute noch nicht mehr als zirka 1500 Exemplare beträgt, wovon noch etwa die Hälfte an die Gemeindeverwaltung selbst und ihre Organe geliefert wird. Die geringe Auflage hat wiederum darin ihren Grund, daß die amtlichen Bekannt-machungen nicht nur in der Gemeindezeitung, sondern auch in den Tages-blättern veröffentlicht werden. Infolge der geringen Auflage konnte sich auch das Inseratengeschäft, das von Anfang an mit der Zeitung verknüpft war, nur immer in bescheidenen Grenzen halten. In den späteren Ver-trägen sind Bestimmungen über Gewinnbeteiligung weggelassen. Auf die Abonnements- und Inseratenpreise hat sich die Gemeindeverwaltung in allen Verträgen insofern Einfluß gesichert, als jene ohne ihre Zustimmung von der Firma nicht geändert werden dürfen [1].

22. Holz- und Kohlenhof und Marstall.

Die Ausgaben dieser Betriebe, gleichwie ehemals bei der Steindruckerei, werden je nach der Inanspruchnahme durch die einzelnen städtischen Ämter auch von diesen bestritten. Die geringen Mehr- oder Mindererträgnisse auf den Betriebsrechnungen sind noch nicht zur Verrechnung gelangte Rückstände.

23. Der gemeindliche Grundbesitz.

Hier findet durchweg das Erwerbsprinzip Anwendung. Die Vermietung von Räumlichkeiten in den Gemeindegebäuden, die Verpachtung des Jagdgrundes, der Eisbahnen, des Steinklaubens in der Isar usw. geschieht an den Meistbietenden.

Die Preise für die Produkte der ehemals v. Poschingerschen Güter richten sich nach den allgemeinen Marktpreisen.

Solange die Güter sich in städtischer Verwaltung befinden (seit 1899), haben sie bisher trotz aller Bemühungen stets mit einem Defizit abgeschlossen. Zum guten Teil schuld daran ist die vierprozentige Rente für die Summe von 800 000 ℳ aus dem Ankaufspreis, die aus dem Ertrage der Güter entrichtet werden muß und laut Bestimmung des Stifters für wohltätige Zwecke Verwendung findet. Da ein Teil dieser Rente auch zur Beschaffung von Arbeiterwohnungen in München dient, findet, insofern

[1] Der Abonnementspreis wurde im Jahre 1872 auf 2 Gulden (= 3,43 ℳ), die Insertionsgebühren auf 4 Kreuzer (= 11 Pf.) für die Spaltzeile festgesetzt. Letztere sind auf dieser Höhe bis zur Jetztzeit geblieben; sie betragen gegenwärtig 12 Pf. für die Petitzeile. Die Abonnementspreise dagegen haben im Laufe der Jahre eine Steigerung erfahren. Sie wurden 1880 auf 4 ℳ und 1886 auf 6 ℳ, für außerhalb Münchens Wohnende auf 7,60 ℳ erhöht. Der Zuschuß an die Firma wurde 1872 auf 700 fl. (= 1200,43 ℳ), 1880 auf 2400 ℳ festgesetzt.

Nach Vertrag vom Jahre 1903 wurde der Druck- und Verlagsfirma vergütet bei einem Jahresumfange der Zeitung

bis zu 312 Bogen	. . . .	7000 ℳ
von 313—338 „	pro Bogen	40 „
„ 339—364 „	„ „	20 „

Seit dem 1. Januar 1907 sind diese Sätze auf 7700, bzw. 44 ℳ, bzw. 22 ℳ erhöht worden.

Die Erhöhungen sowohl der Abonnementspreise wie auch der Zuschüsse geschahen jedesmal auf Antrag der Firma.

die Gemeinde Verwalterin der Stiftung ist, durch sie vermittels ihrer Einnahme aus dem Grundbesitz auch Wohnungsvermittlung statt.

Fassen wir nun das Ergebnis unserer Untersuchungen zusammen, so finden wir, daß die ganze Preispolitik bei den Betrieben in der Hauptsache darauf hinausläuft, den betreffenden Betrieb entweder als Einnahme- oder als Zuschußbetrieb für den Gemeindehaushalt zu gestalten. Eine Scheidung der Betriebe nach dieser Absicht führt zu folgenden Resultaten: Als Betriebe, welche nach dem Willen der Gemeindeverwaltung mit ihren Reinerträgnissen zur Deckung anderer Ausgaben des Gemeindehaushaltes beitragen sollen, (wenn dies auch nicht immer erreicht wird), sind zu bezeichnen: Gasanstalt, Elektrizitätswerke, Wasserversorgung, Weinkellerei, Straßenbahn, Schlacht- und Viehhof, Freibank, Schranne, auch wohl das ehemalige Stadtlagerhaus, Märkte, Stadtwagen, Eichanstalten, Tierleichenvernichtungsanstalt, Plakatwesen und Verwertung des Grundbesitzes.

Als Betriebe dagegen, welche eines jährlichen Zuschusses aus allgemeinen Gemeindemitteln teilhaftig werden sollen, können, abgesehen von der Straßenbeleuchtung, betrachtet werden: Lände, Badeanstalten, Kanalisation, Straßenreinigung, Hausunratabfuhr und aller Wahrscheinlichkeit nach auch die Desinfektionsanstalt.

Die Betriebe mit ausgeschiedenen Vermögen: Sparkasse, Pfandleihanstalt, Karl Müller-Volksbad und Stiftungsforst Kasten müssen von dieser Gruppierung ausgenommen werden, da sie eben für den Gemeindehaushalt i. e. S. nicht in Betracht kommen.

Ebenso können auch die Betriebe für den Eigenbedarf des Gemeindehaushaltes bei der Unterscheidung in Einnahme- oder Zuschußbetrieb wegfallen, da sie entweder völlig oder zum ganz überwiegenden Teile ihre Einnahmen aus anderen Verwaltungszweigen des Gemeindehaushaltes beziehen.

Fünftes Kapitel.

Die Ausführung häufig wiederkehrender Arbeiten.

Nachdem im bisherigen die wirtschaftliche Tätigkeit der Gemeinde betrachtet worden ist, soweit sie in den gewerblichen Betrieben konzentriert ist, soll nun noch ein Blick auf diejenige Tätigkeit geworfen werden, die sich nicht in abgegrenzten, ständigen Betrieben vollzieht, sondern je nach Bedarf zur Ausübung kommt. Es handelt sich hierbei um die Ausführung häufig wiederkehrender Arbeiten, wie hauptsächlich Hochbauten, Straßenpflasterungen, Legen von Kanalisations-, Wasser- und Gasleitungsröhren.

Für die Ausführung solcher Arbeiten kommen für die Gemeinde vornehmlich zwei Wege in Betracht: entweder sie läßt die Arbeiten auf dem Wege der Submission durch private Unternehmer vollführen, oder sie besorgt sie selbst in eigener Regie.

Für Hochbauten und Legen von Kanalisations- und Wasserleitungsröhren ist das Übliche in der städtischen Verwaltung das Submissionsverfahren.

Grundlegend war für das gemeindliche Submissionswesen bis zum Jahre 1905 die bayr. Instruktion vom 7. September 1864. Als diese Verordnung im Jahre 1903 aufgehoben wurde und an deren Stelle die „Vorschriften über die Vergebung staatlicher Arbeiten und Lieferungen nebst einer Anlage und allgemeinen Vertragsbedingungen für die Ausführung staatlicher Arbeiten und Lieferungen für Bauzwecke" traten, (die auch den Ortsgemeinden zur grundsätzlichen Berücksichtigung bei Vergebungen empfohlen wurden,) erschien es dem Magistrat aus mehrfachen Gründen, wie es hieß [1], zweckmäßig, die neuen staatlichen Vorschriften auch fernerhin den gemeindlichen Submissionsbedingungen zugrunde zu legen,

---

[1] Gem. Ztg. 1905, S. 380.

soweit nicht im Hinblick auf die besonderen Aufgaben und Interessen der Stadtgemeinde eine Abänderung oder Ergänzung der staatlichen Submissionsbedingungen notwendig würde. Im folgenden seien im Auszuge die für unsern Zweck wichtigsten Bestimmungen der „Vorschriften für die Vergebung gemeindlicher Arbeiten und Lieferungen" angeführt[1].

Arbeiten und Lieferungen für Bauzwecke werden danach in der Regel zur Bewerbung öffentlich ausgeschrieben (§ 3).

Kann die Ausführung nur von einem engeren Kreise von Unternehmern in geeigneter Weise erfolgen, oder hat die öffentliche Ausschreibung keinen Erfolg gehabt, so kann besondere Einladung zur Bewerbung stattfinden (§ 5).

Die freihändige Vergebung darf erfolgen

1. bei Arbeiten und Lieferungen im Anschlagswerte bis zu 3000 ℳ;
2. bei Unaufschiebbarkeit des Bedarfs;
3. wenn die Ausführung — wie beim Vorhandensein von Patenten und ähnlichen Verhältnissen — nur durch einen bestimmten Unternehmer erfolgen kann;
4. wenn nicht mehr als zwei Unternehmer zur Auswahl vorhanden sind;
5. wenn die allgemeine Ausschreibung oder die besonderen Einladungen zur Bewerbung zu keinem annehmbaren Ergebnisse geführt haben;
6. wenn Materialien zur Ergänzung eines ausgeschriebenen Gesamtbedarfs nachbestellt werden und kein höherer Preis vereinbart wird als für die Hauptlieferung;
7. bei Reparaturen;
8. wenn die Vergebung an einen bestimmten Unternehmer im Interesse der Gemeinde oder in dienstlichem Interesse geboten erscheint.

Arbeiten und Lieferungen im Betrage von 1000 ℳ dürfen vom Stadtbauamte direkt vergeben werden (§ 7).

Das Legen der Gasleitungsröhren besorgt die Gemeinde in eigener Regie, weil hierzu ein besonders geschultes Arbeiterpersonal erforderlich ist und die Gasanstalt in denjenigen Arbeitern, die in den Wintermonaten im Innenbetriebe, in den Sommermonaten aber mit der Rohrlegung beschäftigt zu werden pflegen, über einen Stamm solchen geschulten Personals verfügt.

Bei der Ausführung von Straßenpflasterungen sind zu scheiden die Pflasterungen mit Steinen und die Pflasterungen mit Asphalt und Holz. Die Steinpflasterungen wurden bis zum Jahre 1908 in eigener

[1] Gem. Ztg. 1905, Beilage Nr. 59.

Regie von der Gemeinde ausgeführt. Nur die Pflasterung des Trambahnkörpers lag vertragsmäßig der Trambahngesellschaft ob und wurde von dieser durch Privatfirmen bewerkstelligt. Um nun nach Übernahme der Straßenbahn auf die Gemeinde diese Firmen nicht um einen Verdienst zu bringen, hat man im Jahre 1908 zum ersten Male den Versuch gemacht, einen Teil der Neupflasterungen der Straßen mit Steinen an eine jener Firmen zu vergeben und im Regiebetriebe in der Hauptsache nur die Reparaturen auszuführen. Man machte diesen Versuch, obwohl die Ausführungen dieser Arbeiten in eigener Regie nach unseren an kompetenter Stelle eingezogenen Erkundigungen sich für die Gemeinde billiger gestellt hätten.

Die Straßenpflasterungen mit Asphalt und Holz — mit Holzpflaster ist nur ein ganz geringer Teil der Straßenflächen versehen — wurden bis zum Jahre 1908 an private Unternehmer vergeben. Nachdem dann die Gemeinde jedoch eines der privaten Asphaltwerke angekauft hat, werden die Asphaltierungen in gemeindlicher Regie vollführt.

Der Grund hierfür liegt einmal darin, daß man mit den Privatfirmen nicht zufriedenstellende Erfahrungen bei der Ausführung derartiger Arbeiten machte. Sie sollen einigen wesentlichen Vertragsbestimmungen nicht nachgekommen sein. Andererseits aber glaubte man, daß man mit dem Regiebetriebe billiger arbeiten würde. Irgendwelche bestimmte Erfahrungen aber über die Erfolge des Regiebetriebes hat man wegen der Kürze der Zeit noch nicht machen können.

Sechstes Kapitel.

Gemeinde- und Privatbetrieb.

Die Gegner von Gemeindebetrieben führen bekanntlich unter anderem ins Feld, Gemeindebetriebe seien wirtschaftlich weniger leistungsfähig und in finanzieller Hinsicht auch nicht so ergiebig wie ein von Privaten geleitetes Unternehmen gleicher Art. Versuchen wir nun, in diesem Kapitel an einem Beispiele jenen Vorwurf auf seine Berechtigung zu prüfen!

Von den vier im zweiten Kapitel betrachteten konzessionierten Privatbetrieben sind, wie wir wissen, zwei, die Gasanstalt und die Straßenbahn, bereits in gemeindliches Eigentum übergegangen, die erstere am 1. November 1899, die letztere am 1. Juli 1907. Damit wären zwei Fälle gegeben, ein und dasselbe Unternehmen unter privater und unter gemeindlicher Regie zu vergleichen. Allein die Straßenbahn muß hier von vornherein ausscheiden, da seit ihrer Übernahme auf die Gemeinde zu kurze Zeit verflossen ist, als daß ein Vergleich sich ermöglichen ließe. Zwar gab es schon seit dem Jahre 1892 selbständige gemeindliche Straßenbahnlinien, und seit dem Jahre 1897 ging der ganze Betrieb für Rechnung der Gemeinde, doch lagen in beiden Fällen Verwaltung und Leitung des Unternehmens in den Händen der Trambahnaktiengesellschaft. Auch wurde auf den gemeindlichen Linien wenige Jahre nach ihrer Inbetriebnahme und auf dem gesellschaftlichen Bahnnetz Ende der neunziger Jahre der elektrische Betrieb eingeführt, und ein Vergleich zwischen Pferde- und elektrischem Betriebe dürfte zu keinen annehmbaren Resultaten führen. Zudem fielen in die ersten Jahre nach Einführung des elektrischen Betriebes auch jene mannigfachen Tarifversuche, die wir im Kapitel über die Preispolitik kennen gelernt haben.

Es bleibt also zu einer vergleichenden Betrachtung zwischen Gemeinde- und Privatbetrieb nur die Gasanstalt.

Bei ihr traten nun mit der Kommunalisierung zunächst in der

Verwaltung Änderungen ein. An Stelle von Aufsichtsrat und Direktion der Gesellschaft trat das in der Stadtverwaltung Münchens bei den größeren Betrieben allgemein übliche Verwaltungssystem. Die Leitung und Verwaltung wurde danach aufgeteilt unter folgende Instanzen: das Kollegium des Magistrats und das Kollegium der Gemeindebevollmächtigten, den Verwaltungsausschuß, den magistratischen Referenten, den magistratischen Verwaltungsrat und die Direktion.

Der Zuständigkeit der Gemeindekollegien unterliegt die Veräußerung, Erweiterung, Verlegung und Auflassung der Gaswerke. Die Erhöhung oder Ermäßigung der Gaspreise, die Schaffung etatsmäßiger Stellen von Beamten und Bediensteten, die Anstellung, Entlassung und Gehaltsfestsetzung dieser Beamten und Bediensteten und schließlich auch die Zuweisung von Vergünstigungen und Belohnungen an die Arbeiter.

Der Verwaltungsausschuß setzt sich aus Mitgliedern der beiden Gemeindekollegien zusammen. Ihm untersteht die eigentliche Verwaltung und auch die Kontrolle der Anstalt. Zu seiner Zuständigkeit gehört hauptsächlich die Prüfung der Geschäftsbücher, die Bewilligung der Ausgabeposten innerhalb des von dem Kollegium der Gemeindebevollmächtigten festgestellten Etats, die Beschaffung des erforderlichen Vergasungsmaterials und der übrigen Materialien, der Verkauf der Nebenprodukte mit Ausnahme des Kleinverkaufs, die Sorge um den Unterhalt der Fabrikeinrichtungen mit ihrem sämtlichen Zubehör, der Entwurf der Dienstvorschriften für Oberbeamte der Gasanstalt (für die übrigen Bediensteten erläßt er sie selbst) und schließlich noch in allen der Entscheidung des Magistrats vorbehaltenen Gegenständen das Recht und die Pflicht der Vorberatung und Antragstellung, z. B. in betreff der Schaffung neuer Beamten- und Bedienstetenstellen.

Der Magistratsreferent führt im Einvernehmen mit dem Verwaltungsrate die unmittelbare Oberaufsicht über den Betrieb der Gasanstalt und über die beschäftigten Beamten und Bediensteten, einschließlich der Direktion. Er vermittelt insbesondere den Verkehr zwischen der Direktion und dem Verwaltungsausschusse. So erläßt er u. a. alle Zahlungsanweisungen, die dem Wirkungskreis des Verwaltungsausschusses angehören.

Der Verwaltungsrat hat im wesentlichen den (juristischen) Magistratsreferenten in seiner beaufsichtigenden Tätigkeit zu unterstützen. Er hat alle für den Magistrat oder für den Verwaltungsausschuß bestimmten Anträge der Direktion zu begutachten.

Die Direktion endlich leitet unter der Oberaufsicht des magistratischen

Referenten und des Verwaltungsausschusses den gesamten Betrieb der Gasanstalt. Ihr untersteht die Einstellung und Entlassung der gegen Tagelohn beschäftigten Arbeiter und Bediensteten, die Festsetzung ihrer Bezüge innerhalb des Etats und innerhalb der von dem Verwaltungsausschuß genehmigten Lohnsätze, der Erlaß der Arbeitsordnungen und die Bewilligung von kurzem Urlaub. Sie macht ferner Vorschläge zur Beschaffung der für den Betrieb erforderlichen Materialien, sie hat die Oberaufsicht über die Gasbereitung, über den Unterhalt sämtlicher Bauten usw.

Ferner wurde mit der Kommunalisierung die Kassenführung vom Betriebe der Gasanstalt getrennt und einer Abteilung der Stadthauptkasse zugewiesen. Nur einige Nebenkassen, z. B. für Auszahlung der Löhne im Fabrikbetriebe und für Kleinverkauf der Nebenprodukte, blieben Organen des Fabrikbetriebes überlassen.

Wenn man nun in Betracht zieht, daß es zuzeiten der Gesellschaft möglich war, alle diese Befugnisse, die sich unter städtischer Regie auf so und so viele Instanzen verteilen, in der Hand der Direktion und des Aufsichtsrates zu vereinen, und das Unternehmen dabei anerkannt Tüchtiges leistete, so wird man nicht umhin können, den ganzen Verwaltungsapparat des jetzigen Gemeindebetriebes kompliziert und schwerfällig zu finden.

Bevor wir nun an eine vergleichende Betrachtung der finanziellen und wirtschaftlichen Ergebnisse des gesellschaftlichen und des gemeindlichen Betriebes gehen, müssen wir uns zunächst vergegenwärtigen, daß die Gasanstalt unter privater Regie und unter Regie der Gemeinde nicht genau dasselbe Unternehmen ist. Bei dem städtischen Betriebe ist einmal das unter der Gesellschaft betriebene Installationsgeschäft in Wegfall gekommen, und dann ist die Straßenbeleuchtung mit Gas von dem Haushalt der Gasanstalt getrennt und in einem anderen besonderen Ressort untergebracht. Um daher einen Vergleich auf tunlichst gleicher Grundlage anzustellen, sind bei den nachstehend angeführten Bruttogewinnen (Reineinnahmen zuzüglich der Abschreibungen für Verzinsung, Amortisation und Erneuerungsfonds) des privaten Betriebes die Summen für Löhne der Laternenanzünder, welche in den Rechnungsergebnissen des städtischen Betriebes also nicht enthalten sind, hinzugezählt worden, die Gewinne aus dem Installationsgeschäft dagegen in Abzug gebracht. Ferner müssen, um einen möglichst genauen Vergleich zuzulassen, diejenigen Beträge, welche die Gesellschaft auf Grund des Vertrages vom 25. August

1863 an die Gemeinde zu zahlen hatte, zu den Bruttogewinnen der Gesellschaft wiederum hinzugerechnet werden. Außerdem ist zu beachten, daß die Gesellschaft Kommunalsteuern zu entrichten hatte, die für den städtischen Betrieb in Wegfall kommen. Es müssen daher von den Bruttoerträgen der Anstalt unter gemeindlicher Regie Beträge in derjenigen Höhe in Abzug gebracht werden, die bei einer Kommunalsteuerveranlagung von dem Betriebe hätten weiter entrichtet werden müssen, wenn der Betrieb in privaten Händen geblieben wäre. Endlich muß noch darauf hingewiesen werden, daß für den Kassendienst, da dieser, wie bemerkt, von der Stadthauptkasse versehen wird, unter den Ausgaben des städtischen Gasanstaltsbetriebes eine Pauschalsumme an die Stadthauptkasse entrichtet wird, während die Gesellschaft natürlich die tatsächlich für den Kassendienst erforderlichen Summen zu zahlen hatte. Aber man geht wohl in der Annahme nicht fehl, daß diese Pauschalsumme (im Jahre 1900 16 100 ℳ, von da ab 25 000 ℳ) ungefähr den wirklichen Kosten für das Kassenpersonal usw. entspricht.

Nach Berücksichtigung aller dieser Umstände können wir wohl zu einer Gegenüberstellung der Bruttogewinne des privaten und des gemeindlichen Betriebes auf ungefähr gleicher Basis schreiten, zumal die Grundsätze, welche für die Tarifaufstellung, wie bereits an anderer Stelle ausgeführt wurde, maßgebend waren, nach der Kommunalisierung eine Änderung nicht erfahren haben.

Die Resultate sind nun folgende:

Es erzielte die Gesellschaft (abzüglich der Gewinne aus dem Installationsgeschäft, zuzüglich der Löhne für Laternenanzünder und der Leistungen an die Stadtgemeinde)

im Jahre	bei einer Produktion von cbm Gas	einen Bruttogewinn von ℳ	das ist auf 1 cbm produz. Gas Pf.
1887/88	11 415 460	956 970	8,39
1888/89	12 824 050	1 159 357	9,04
1889/90	13 831 800	1 254 925	9,07
1890/91	14 850 340	1 347 162	9,07
1891/92	15 146 270	1 332 335	8,79
1892/93	15 275 910	1 399 989	9,15
1893/94	15 178 510	1 468 008	9,67
1894/95	15 573 560	1 560 613	10,02
1895/96	15 646 670	1 570 169	10,03

im Jahre	bei einer Produktion von cbm Gas	einen Bruttogewinn von ℳ	das ist auf 1 cbm produz. Gas Pf.
1896/97	15 859 590	1 648 280	10,39
1897/98	16 638 390	1 723 379	10,36
1898/99	17 052 140	1 712 419 [1]	10,04

Es erzielte dagegen die Gemeinde (mit Berücksichtigung einer Kommunalsteuerveranlagung):

im Jahre	bei einer Produktion von cbm Gas	einen Bruttogewinn von ℳ	das ist auf 1 cbm produz. Gas Pf.
1900	17 701 500	1 613 600	9,12
1901	17 390 510	1 494 700	8,59
1902	17 641 500	1 516 500	8,59
1903	18 578 060	1 686 700	9,08
1904	19 765 820	1 861 500	9,42
1905	21 998 300	2 022 100	9,19
1906	24 858 530	2 203 800	8,87

Auf den ersten Blick sind danach im allgemeinen die Ergebnisse des städtischen Betriebes gegenüber denen des gesellschaftlichen Betriebes, besonders gegen die letzten fünf Jahre desselben, ungünstiger. Dies ist aber nur scheinbar. Die ersten Jahre der städtischen Regie waren — wie weiter unten noch näher ausgeführt werden soll — für die Gasproduktion ganz besonders mißliche wegen der damals auf dem Kontinent herrschenden Kohlenknappheit. Infolgedessen waren die Kosten für Vergasungsmaterial ganz unverhältnismäßig höher, und die schließlich erlangten Kohlen lieferten auch, wie ebenfalls noch nachgewiesen werden soll, eine geringere Gasausbeute, als sie die Gesellschaft in den letzten fünf Jahren zu erreichen vermocht hatte. Die Gesellschaft hatte also durch niedere Preise für Vergasungsmaterial und durch größere Gasausbeute weniger an Produktionskosten zu zahlen, was in einem höheren Bruttogewinne pro Kubikmeter Gas zum Ausdruck kommen mußte. — Ferner sind folgende Umstände ganz besonders zu beachten: die Gesellschaft erhielt vertragsgemäß für das zur Straßenbeleuchtung abgegebene Gas etwa 17 Pf. pro Kubikmeter, der städtischen Anstalt wurde dieses Gas ungefähr zum Selbstkostenpreise bezahlt, nämlich nur mit 12,5 Pf. Das zur Straßenbeleuchtung abgegebene Gas macht dabei keinen unwesentlichen Bestandteil der Gesamt-

[1] Von dem eigentlichen Bruttogewinn von 1 887 570 ℳ ist ein außerordentlicher, durch Grundstücksverkauf gezeitigter Gewinn von 175 151 ℳ in Abzug gebracht worden.

produktion aus (zur Zeit ungefähr 10 %). Der Preis für Gas zu technischen-, Heiz- und Kochzwecken betrug, wie erwähnt, vom Jahre 1887 ab, nur 17 1/4 Pf.; vom Jahre 1894 ab der Preis für Heiz- und Kochgas und vom Jahre 1904 ab auch der Preis für Gas zu technischen Zwecken nur 14 Pf. pro Kubikmeter gegenüber dem Leuchtgaspreise von 23 Pf. pro Kubikmeter. Der Konsum des Gases zu jenen Zwecken ist aber (mit Ausnahme des Gases für technische Zwecke) in den letzten Jahren ganz außerordentlich gestiegen, mithin wird auch für einen immer größeren Teil der Gasproduktion nur der niedrigere Preis von 14 Pf. pro Kubikmeter erzielt. Im letzten Jahre der gesellschaftlichen Regie (1899) betrug der Gaskonsum zu technischen-, Heiz- und Kochzwecken nur 21,02 %, im Jahre 1906, dem letzten Jahre der städtischen Regie aber bereits 41,81 % der Gesamtproduktion. Die Gemeinde erhält also für 2/5 ihrer Gasproduktion den genannten niederen Preis von 14 Pf., während die Gesellschaft ihn nur für 1/5 ihrer Produktion erhielt. Außerdem liefert die Gemeinde seit dem Jahre 1900 durch Automaten bezogenes Leuchtgas statt zum Normalpreise von 23 Pf. nur zu 17 Pf. Diese Gasmenge betrug im Jahre 1906 3,92 % der Gesamtproduktion. Auch besorgt die städtische Gasanstalt seit 1904 in gewissen Fällen die Zuleitungen und Steigröhren in den Häusern unentgeltlich.

Zieht man alle diese Umstände in Rechnung, so muß sich natürlich der von der Gemeinde pro Kubikmeter produzierten Gases erzielte Bruttogewinn etwas erniedrigen. Vielleicht sind schließlich die letzten Jahre der privaten Regie auch zu einem Vergleiche der finanziellen Ergebnisse zwischen Gemeinde- und Privatbetrieb insoweit weniger geeignet, als die Gesellschaft sicherlich gerade in den letzten Jahren ihrer Konzession ganz besondere Anstrengungen gemacht haben wird, um noch möglichst viel aus der Anstalt herauszuwirtschaften.

Aus all diesem kann man daher wohl mit Recht den Schluß ziehen, daß, was das finanzielle Ergebnis pro Kubikmeter produzierten Gases anlangt, der Gemeindebetrieb bisher mindestens die gleichen, höchstwahrscheinlich aber noch etwas bessere Resultate erzielt hat.

Leider gestatten nun die dürftigen Geschäftsberichte der Gasbeleuchtungsgesellschaft nicht, bis ins einzelne zu untersuchen, welche Unterschiede sich bei der Entwicklung der Produktionskosten zwischen Gemeinde- und Privatbetrieb ergeben. Doch sind wenigstens die Kosten und Mengen für Vergasungsmaterial und zum Teil auch die Summen für Löhne angegeben.

Die Gesellschaft nämlich zahlte:

im Jahre	für Vergasungsmaterial ℳ	t	das ist pro Tonne ℳ	das ist pro 1 cbm Pf.
1886/87	729 139	33 029,95	22,07	6,80
1887/88	796 235	35 173,35	22,64	6,98
1888/89	891 422	39 575,20	22,52	6,95
1889/90	1 017 904	42 449,85	23,98	7,36
1890/91	1 166 777	45 657,30	25,55	7,86
1891/92	1 233 426	48 596,50	25,38	8,01
1892/93	1 206 407	48 527,10	24,86	7,89
1893/94	1 163 024	47 451,75	24,51	7,66
1894/95	1 103 540	48 455,05	22,78	7,09
1895/96	1 079 005	47 265,95	22,82	6,89
1896/97	1 083 685	47 882,35	22,64	6,83
1897/98	1 143 614	49 950,40	22,90	6,87
1898/99	1 148 277	50 425,95	22,76	6,73

Die Gemeinde dagegen zahlte:

im Jahre	für Vergasungsmaterial ℳ	t	das ist pro Tonne ℳ	das ist pro 1 cbm Pf.
1900	1 571 896	57 223,45	27,47	8,88
1901	1 469 097	52 478,01	27,99	8,44
1902	1 471 697	54 108,42	27,19	8,34
1903	1 484 461	57 288,55	25,91	7,99
1904	1 508 958	62 837,29	24,01	7,63
1905	1 653 049	68 246,09	24,22	7,51
1906	1 837 591	76 437,65	24,03	7,39

Die Gemeinde hat also sowohl pro Tonne Vergasungsmaterial[1] als auch pro Kubikmeter Gas im allgemeinen höhere Preise als die Gesellschaft gezahlt. Insofern hat die Gemeinde bisher etwas teurer produziert als die Gesellschaft. Doch hat dies, wie schon angedeutet, in außerordentlichen Umständen seinen Grund. In jener Zeit machte sich zum ersten Male in unheilvoller Weise die Politik des rheinisch-westfälischen Kohlensyndikats auf dem Markte geltend. Die Kohlenpreise gingen rapid in die Höhe, allgemeine Kohlennot begann auf dem Kontinent zu herrschen, und zu alledem brach in Böhmen, von wo die Gasanstalt bisher einen beträchtlichen Teil ihrer Kohlen bezogen hatte, auch noch ein drei Monate

[1] Das ist in ganz überwiegendem Maße die Steinkohle; Benzol ist darin nur in verschwindend kleinen Mengen enthalten.

langer Bergarbeiterstreik im Kohlenrevier aus[1]. Man war deshalb gezwungen, unter großen Kosten aus England Kohlen zu beziehen. Die ungünstigen Kohlenverhältnisse erstreckten sich auch noch bis in die folgenden Jahre. Es war nun ein unglückliches Zusammentreffen, daß in diese Zeit gerade die ersten Jahre der städtischen Regie fielen. Hätte die Gesellschaft noch fortbestanden, so hätte sie ganz gewiß ebenso unter der Kohlenkalamität gelitten. In den letzten Jahren sind im übrigen die Preise für Vergasungsmaterial wieder gesunken, tiefer als sie zu manchen Zeiten die Gesellschaft hatte zahlen müssen.

Teurer wird die Gemeinde aber wahrscheinlich produzieren, was die Höhe der Arbeitslöhne angeht. Doch die Arbeitslöhne sind in den letzten Jahren ganz allgemein gestiegen. Die veröffentlichten Geschäftsberichte der Gesellschaft sind eben, wie erwähnt, so dürftig, daß sie weder die Zahl der Lohnarbeiter, noch die Höhe der Lohnsätze, noch die an gesamtem Lohn bezahlten Beträge angeben, und es läßt sich somit in dieser Beziehung ein vollständiger Vergleich nicht ermöglichen. Zwar weisen die Berichte ein Konto „Fabrikbetriebslohn" auf, aber das ist eben nur der Lohn, den die im eigentlichen Fabrikbetriebe (Retortenhäuser, Maschinen, Kessel, Gasbehälter, Reinigung) beschäftigten Arbeiter erhielten. Der Lohn, der z. B. an die bei der Rohrlegung und in den Werkstätten beschäftigten Arbeiter gezahlt wurde, und den die Geschäftsberichte der städtischen Anstalt gesondert aufweisen, ist in den Berichten der Gesellschaft nicht ausgeschieden.

An Fabrikbetriebslohn zahlte die Gesellschaft:

im Jahre	ℳ	das ist pro cbm prod. Gas Pf.
1886/87	103 687	0,968
1887/88	105 002	0,919
1888/89	113 894	0,888
1889/90	110 768	0,800
1890/91	122 388	0,825
1891/92	125 768	0,830
1892/93	125 358	0,820
1893/94	121 506	0,800

[1] Für Gaskohlen aus dem Saargebiet bewilligten zwar die süddeutschen Bahnen Refaktien, doch beanspruchte die Hälfte dieser Rückvergütungen der preußische Fiskus für sich.

im Jahre	ℳ	das ist pro cbm prod. Gas Pf.
1894/95	125 449	0,805
1895/96	125 052	0,799
1896/97	129 157	0,814
1897/98	138 970	0,835
1898/99	145 144	0,851

die Gemeinde:

im Jahre	ℳ	das ist pro cbm prod. Gas Pf.
1900	165 424	0,938
1901	187 838	1,080
1902	192 812	1,093
1903	206 228	1,110
1904	202 719	1,025
1905	235 742	1,071
1906	287 616	1,157

Das ist zwar nur der Fabrikbetriebslohn, doch ist kein Grund zu der Annahme vorhanden, daß ein Vergleich auch der anderen Lohnbeträge wesentlich andere Resultate ergeben würde, als wie sie die vorstehende Gegenüberstellung liefert. Daraus ist jedenfalls eins ersichtlich, nämlich daß die Gemeinde pro Kubikmeter produzierten Gases durchweg mehr an Lohn ausgegeben hat als die Gesellschaft.

Nun könnte man dagegen einmal einwenden, daß eine größere Lohnausgabe pro Kubikmeter eine bessere Bezahlung der Arbeiter bedeute, und daß die Gemeinde bei denselben Löhnen, wie sie die Gesellschaft zahlte, vielleicht einen größeren Aufwand an Arbeitern treibe, was dann nur entweder eine Vergeudung von Arbeitskräften oder eine geringere Tüchtigkeit der Arbeiter verraten würde. Ferner könnte man einwenden, daß die Gasproduktion zuzeiten der Gesellschaft im Verhältnis zum verbrauchten Vergasungsmaterial eine größere als zur Zeit der städtischen Regie gewesen sei, wodurch dann der niedrigere Lohnsatz der Gesellschaft pro Kubikmeter produzierten Gases seine Erklärung fände.

Was zunächst diesen zweiten Einwand betrifft, so ist im Vergleich der letzten sieben Jahre des gesellschaftlichen zu den darauf folgenden sieben Jahren des gemeindlichen Betriebes, wie noch weiter unten gezeigt werden soll, tatsächlich die durchschnittliche Gasausbeute unter der Gesellschaft ein wenig größer gewesen als die durchschnittliche Gasausbeute in den sieben Jahren der städtischen Regie.

Doch beträgt dieses Mehr nur 1,45 %. Dagegen ist der in dem betreffenden Zeitraum von der Gemeinde pro Kubikmeter an Fabrikbetriebslohn bezahlte Betrag durchschnittlich 30,57 % höher als der pro Kubikmeter von der Gesellschaft gezahlte Lohnbetrag. Demnach hat also die Stadt tatsächlich pro Kubikmeter produzierten Gases mehr an Lohn bezahlt.

Ein weiterer Beweis für diese Behauptung dürfte sich auch daraus ergeben, daß die Summen für Löhne unter städtischer Regie ungleich rascher gestiegen sind im Verhältnis zur produzierten Menge Gas als unter gesellschaftlicher Regie. So ist am Ende der 7jährigen Periode 1892/93 bis 1898/99 die Gasproduktion gegen das Anfangsjahr der Periode um 12,3 %, der Fabrikbetriebslohn um 15,6 % gestiegen, hat also ziemlich gleichen Schritt gehalten. Dagegen ist vom Anfang der 7jährigen Periode 1900—1906 im Vergleich mit dem Ende derselben die Gasproduktion um 40,4 %, der Fabrikbetriebslohn aber um 73,8 % gewachsen, er ist also fast noch einmal so schnell gestiegen. Der, wie erwähnt, in den von der Stadt herausgegebenen Geschäftsberichten angeführte Gesamtlohn ist zwar nicht ganz so stark wie allein der Fabrikbetriebslohn in die Höhe gegangen. Er betrug einschließlich Wohnungsgeldzuschüssen, Spargeldern, Neujahrsgratifikationen im Jahre 1906 832 903 *M* gegen 528 718 *M* im Jahre 1900, weist also nur eine Steigerung um 57,5 % auf. Immerhin aber zeigt auch er ein so gewaltiges Anwachsen der Lohnsummen, daß man wohl annehmen kann — wie gesagt, fehlen leider in den Geschäftsberichten der Gasbeleuchtungsgesellschaft die Vergleichszahlen — zuzeiten der Gesellschaft sei eine so rasche Steigerung der Löhne nicht erfolgt.

Der erste Einwand aber wird durch die Tatsache entkräftet, daß die Gemeinde faktisch auch höhere Lohnsätze an die Arbeiter zahlt als die Gesellschaft. Alle Lohnkategorien einzeln hier anzugeben, würde zu weit führen. Es sei nur bemerkt, daß nach Ermittelungen, die an sachkundigem Orte angestellt wurden, unter der Gesellschaft der Lohn eines Tagelöhners 2,40 bis 2,60 *M*, der eines Arbeiters in den Retortenhäusern etwa 3,50 *M* betragen hat. Die Stadt dagegen zahlt an Tagelöhner 3,50 bis 4 *M*, an Arbeiter in den Retortenhäusern 4,30 bis 5,30 *M*. Außerdem gewährt sie ihren Arbeitern auch sonst noch mancherlei Vergünstigungen, die zuzeiten der Gesellschaft nicht üblich waren. Ferner ist auch die Arbeitszeit verkürzt worden. Sie betrug unter der Gesellschaft für Tagelöhner 10 Stunden, für Arbeiter in den Retortenhäusern 12 Stunden, während sie jetzt unter der städtischen Regie 9½ bzw. 8 Stunden beträgt. Der Privatbetrieb hatte für die Retortenhäuser den Zweischichtwechsel, der Gemeindebetrieb hat den Dreischichtwechsel. Das hat wieder eine Vermehrung der Arbeitskräfte zur Folge gehabt.

Der von der Gemeinde pro Kubikmeter produzierten Gases mehr gezahlte Lohn rührt also einmal von einer besseren Bezahlung und zweitens von einer durch Verkürzung der Arbeitszeit bedungenen Vermehrung des Lohnpersonals her. Daraus kann dem Gemeindebetrieb jedoch kaum ein Vorwurf gemacht werden.

Es ist also zu beweisen versucht worden, daß die Gemeinde in bezug auf Löhne und Vergasungsmaterial bisher teurer produziert hat als die Gesellschaft. Da aber davon ausgegangen ist, daß die Bruttogewinne aus gesellschaftlichem Betrieb im wesentlichen die gleichen wie die aus gemeindlichem Betriebe sind, liegt die Frage nahe, auf welche Weise denn die Gemeinde die Mehrausgaben für Lohn und Kohlen wieder wettmacht, um zu annähernd den gleichen Betriebsresultaten zu gelangen. Die Antwort auf diese Frage gibt ein Vergleich der pro Kubikmeter produzierten Gases von der Gesellschaft und von der Gemeinde erzielten Reineinnahmen aus den Nebenprodukten.

Es erzielte die Gesellschaft:

im Jahre	Reineinnahmen aus den Nebenpr. ℳ	das ist auf 1 cbm Gas Pf.
1886/87	354 707	3,30
1887/88	391 815	3,43
1888/89	469 831	3,66
1889/90	546 805	3,95
1890/91	638 015	4,29
1891/92	671 506	4,43
1892/93	662 052	4,33
1893/94	661 493	4,35
1894/95	635 941	4,08
1895/96	644 773	4,12
1896/97	663 679	4,18
1897/98	714 975	4,29
1898/99	926 699	5,43

die Gemeinde:

im Jahre	Reineinnahmen aus den Nebenpr. ℳ	das ist auf 1 cbm Gas Pf.
1900	ca. 1 017 500	ca. 5,75
1901	1 021 465	5,87
1902	974 852	5,52
1903	1 012 787	5,45
1904	1 138 887	5,76
1905	1 239 260	5,63
1906	1 360 698	5,46

Die Gemeinde hat also etwa 1 bis $1^1/_2$ Pf. pro Kubikmeter Gas mehr an Reineinnahmen aus den Nebenprodukten zu gewinnen vermocht. Das hat weniger seinen Grund in einer technisch intensiveren Ausnutzung der Abfallprodukte, als vielmehr in einer besseren finanziellen Verwertung derselben. Vor allem hat die gestiegene Nachfrage nach Koks, der unter den Nebenerzeugnissen die prädominierende Stelle einnimmt, dieses Ergebnis veranlaßt. Den höheren Preis für Koks hat aber wiederum der gestiegene Kohlenpreis geschaffen.

Dies sind im großen und ganzen die Unterschiede, die sich bei einem Vergleich zwischen der privaten und der städtischen Gasanstalt in wirtschaftlicher und finanzieller Hinsicht ergeben haben. Weitere Parallelen nach dieser Richtung zu ziehen, verbietet die Knappheit der gesellschaftlichen Geschäftsberichte.

Was nun einen Vergleich nach der technischen Seite betrifft, so gestatten sie nur eine Gegenüberstellung der aus einer Tonne Vergasungsmaterial gewonnenen Gasmengen.

Es gewann nämlich:

die Gesellschaft		die Gemeinde	
im Jahre	aus 1 t Vergasungsmaterial cbm Gas	im Jahre	aus 1 t Vergasungsmaterial cbm Gas
1891/92	311,7	1900	309,4
1892/93	314,8	1901	331,4
1893/94	317,7	1902	326,0
1894/95	321,4	1903	324,3
1895/96	331,0	1904	314,6
1896/97	331,2	1905	322,7
1897/98	331,1	1906	325,2
1898/99	338,1		

Danach ist die von der Gemeinde erzielte Gasausbeute nicht ganz so groß wie die der Gesellschaft. Sie ist durchschnittlich 1,45 % niedriger. Schuld daran sind unmittelbar die schlechteren Kohlen und mittelbar die Verhältnisse auf dem Kohlenmarkt. Kurz nach dem Beginn der städtischen Regie ist hier ein völliger Umschwung eingetreten. Zur Zeit der Gesellschaft lag es noch in der Hand der Abnehmer, welche Kohlensorte und welche Quantitäten davon man beschaffen wollte. In der Gegenwart sind es die Lieferanten, die den Abnehmern nur eine bestimmte Kohlenmenge zuweisen, über die hinaus sie ihnen nichts verabfolgen. Die Gemeinde hat daher von den zur Vergasung am besten geeigneten Kohlensorten nur ein bestimmtes Kontingent erhalten und mußte, um ihren Bedarf zu decken, zu weniger ergiebigen Sorten ihre Zuflucht nehmen. Die Privatgesellschaft wäre unter diesen veränderten Verhältnissen vermutlich auch nicht besser gefahren.

Der Gemeindebetrieb ist schließlich insofern technisch und wirtschaftlich rationeller als der Privatbetrieb geworden, als die außerordentliche Zunahme des Gaskonsums zu Koch- und Heizzwecken eine gleichmäßigere und bessere Ausnutzung der ganzen Anlagen sowohl im Tages- wie auch im Jahreskonsum bewirkt.

Wir müssen daher auf Grund des vorhandenen Materials nach dem Angeführten zu dem Schlusse kommen, daß der Gemeindebetrieb zwar an Produktionskosten (Vergasungsmaterial, Löhne) etwas teurer bisher gearbeitet, daß er aber auf andere Weise, besonders durch bessere Verwertung der Nebenprodukte, diesen Nachteil wieder ausgeglichen hat und zum mindesten zu dem gleichen finanziellen Ergebnisse wie der frühere Privatbetrieb gelangt ist.

Siebentes Kapitel.

Die allgemeine Stellung der Gemeindeverwaltung zu der Frage des eigenen Betriebes.

Nachdem wir nun kennen gelernt haben, welche Erfahrungen die Gemeinde mit konzessionierten Privatbetrieben gemacht hat, und an einem Beispiel auch beobachtet haben, welche Resultate die Gemeinde erzielt hat, wenn sie den Betrieb in eigene Regie nahm, wenden wir uns zum Schlusse noch der Untersuchung zu, welche Stellung die Gemeindevertretung überhaupt zu der Frage des eigenen Betriebes zu den verschiedenen Zeiten eingenommen hat, so oft diese Frage bei Gründung eines neuen Betriebes oder auch bei anderen Gelegenheiten an sie herantrat.

Wie wir im Laufe unserer Betrachtung gesehen haben, hat die Gemeinde ein gewisses Maß gewerblicher Tätigkeit schon seit den ältesten Zeiten ausgeübt. Die Frage aber, ob Gemeinde- oder Privatbetrieb, war damals noch nicht vorhanden, wenigstens noch nicht in ihrer jetzigen Gestalt. Diese ist erst ein Produkt der neueren Zeit und wurde für München zum ersten Male von Bedeutung, als es sich Ende der vierziger Jahre vorigen Jahrhunderts um den Bau der Gasanstalt handelte.

Bestimmte Beweggründe dafür, daß man Bau und Betrieb der Anstalt damals einem privaten Unternehmer überließ, finden sich in den dürftigen Protokollen über die Sitzungen der städtischen Kollegien aus jener Zeit nicht angegeben. Doch dürften Gründe prinzipieller Natur nicht mitgesprochen haben, da man eine Gasanstalt nur als eine Fortsetzung der schon von früher her den Obliegenheiten der Gemeinde unterstellten Beleuchtungsanstalt ansah. Vor allem scheint das mit dem Unternehmen verbundene finanzielle Risiko, verursacht durch die noch ungenügenden Erfahrungen auf dem Gebiete des Gasbeleuchtungswesens, dann aber auch das Vorgehen anderer Städte, die mit ganz wenigen Ausnahmen Bau und Betrieb ihrer Gasanstalten privaten Unternehmern überließen, den Entschluß der Gemeindevertretung stark beeinflußt zu haben [1]. Ebendiese Gründe sind auch noch im Jahre 1863 maßgebend dafür gewesen, daß die Gemeinde von ihrem Rechte, die Gasanstalt nach Ablauf der ersten 15 Jahre (vom Vertrage im Jahre 1848 an gerechnet) abzulösen, keinen Gebrauch machte. Aus gelegentlichen Äußerungen in Sitzungsberichten späterer Jahre geht dies hervor; überdies sind diese Gründe auch einleuchtend, zumal die Gasanstalt in den ersten Jahren ihres Bestehens mit den mannigfachsten technischen, ökonomischen und finanziellen Schwierigkeiten zu kämpfen hatte [2].

Die nächste Gelegenheit, zu der Frage des eigenen Betriebes Stellung zu nehmen, bot dann im Jahre 1870 der Gemeindeverwaltung die Errichtung des Lagerhauses.

Entsprechend der damals herrschenden Zeitanschauung bestanden auch in der Gemeindevertretung Bedenken prinzipieller Art gegen eine gemeindliche Betätigung auf diesem gewerblichen Gebiete. Allein Gründe der Zweckmäßigkeit überwanden schließlich diese Bedenken und ließen einen gemeindlichen Regiebetrieb bei dem Lagerhause wünschenswert erscheinen [3].

Man ging davon aus, daß München sich vorzüglich zum Stapelplatz für Getreide eignen würde, das aus Österreich, Ungarn und Rumänien komme, und versprach sich durch die Gründung eines Lagerhauses die Hebung des Handels, die Gründung neuer blühender Handelsgeschäfte, für zahlreiche Arbeiter die Mehrung der Arbeitsgelegenheit, für das

---

[1] In dem von dem damaligen ersten Bürgermeister Dr. Jakob Bauer 1845 erschienenen Buche „Grundzüge der Verfassung und Vermögensverwaltung der Stadtgemeinde München (Verwaltungsberichte 1818—1848)" heißt es S. 58: „Insbesondere wird die Beleuchtung mit Gas vielen Schwierigkeiten unterliegen, denn ohne eine Öl- und Talgbeleuchtung neben ihr zu haben, möchte kaum hier anzuraten sein, zudem kann die Gemeinde nicht auf den Absatz des Gases in Privatanstalten rechnen, da der Handel und Verkehr in München noch nicht jene Höhe erreicht hat, auf welcher andere größere auswärtige Städte stehen. Die Stadt würde also die ungeheuren Kosten der Einrichtung allein zu tragen haben, ohne des Erfolges gewiß zu sein. Die vielen ungewöhnlich weiten Gassen, Straßen und Plätze würden mehr als irgendwo Material in Anspruch nehmen, wozu ihr fast alle Urstoffe fehlen. Endlich ist die Gemeinde gegenwärtig noch nicht in der Lage, Hunderttausende ins Ungewisse zu opfern."

Siehe auch „Denkschrift und Antrag betreffend die künftige Regelung des Beleuchtungswesens von München", S. 31.

[2] Festschrift zur XXX. Jahresversammlung des deutschen Vereins von Gas- und Wasserfachmännern, München 1890, S. 6—8.

[3] Verw. Ber. 1875, S. 267.

Ganze aber die Erleichterung der Versorgung der Stadt mit den wichtigsten Lebensmitteln und einen günstigen Einfluß auf den Getreidepreis[1].

Das Lagerhaus sollte als eine gemeinnützige Anstalt der Gemeinde dienen, und zur Erreichung dieses Zweckes schien eine größere Bürgschaft in einer nicht als Finanzspekulation auftretenden Veranstaltung zu liegen[1], als welche, wie wir bereits früher sahen, das Lagerhaus geleitet werden sollte. Auch „machte die Gewährung der in bezug auf Frachtsätze und örtliche Abgaben nötigen Erleichterungen und mehrfache in der Art des Betriebes liegende Erwägungen eine mit öffentlichem Glauben ausgestattete Verwaltung wünschenswert[1]." Es sei notwendig, und die Erfahrung habe es gelehrt, hieß es damals in einer Magistratssitzung[2], daß der Verwaltung solcher Lagerhäuser das erforderliche Maß von öffentlichem Glauben abgehe, wenn sich dieselbe in Privathänden befinde. Zudem „legte die Verwandtschaft der Lagerhäuser mit der Schranne, die in bezug auf die örtlichen Abgaben nötige Kontrolle und die für Notstände gebotene Fürsorge es gerade der Gemeindevertretung nahe, selbst in die Sache einzutreten[3]".

Nur eine Stimme im Magistrate hielt damals einen Regiebetrieb der Gemeinde nicht für rätlich, und zwar einmal aus prinzipiellen Gründen, dann aber auch aus Besorgnis, daß man, ebenso wie bei den Leihanstalten, unter der Konkurrenz der privaten Lagerhäuser leiden würde. Der Konkurrenz wollte die Gemeindevertretung jedoch dadurch begegnen, daß sie nicht mit einem bureaukratischen Apparate, sondern in möglichst einfacher, kaufmännischer Weise, z. B. vermittels eines kaufmännisch gebildeten Verwalters mit Tantiemebezug an der Spitze, arbeiten wollte.

Ganz ablehnend einem Regiebetriebe gegenüber verhielt sich die Gemeindevertretung dann wenige Jahre später bei Errichtung der Straßenbahn.

Das Stadtbauamt schlug damals vor, den Bau der Bahn in eigener Regie auszuführen, den Betrieb jedoch einem Unternehmer zu übertragen. Eine aus Mitgliedern der Gemeindevertretung gebildete Kommission gelangte hingegen zu dem Entschlusse, daß weder ein Regiebau, noch ein Regiebetrieb sich empfehle. Es wurde gesagt, man verhehle sich zwar nicht die Vorteile eines Regiebetriebes, welche darin beständen, daß die

[1] Verw. Ber. 1875, S. 267.
[2] Magistr. Sitz. Prot. vom 11. X. 1870.
[3] Verw. Ber. 1875, S. 267.

Gemeinde Herrin ihrer Straßen bleibe und hierdurch allein volle Garantie gegen unliebsame Kollisionen und Störungen in dem übrigen Straßenverkehr erlange und die Gemeinde voraussichtlich auch billiger baue als ein fremder Unternehmer. Die Nachteile erscheinen dagegen größer: Die Gemeinde habe ohnehin so viel Unternehmungen auszuführen, welche ihre finanziellen wie ihre Arbeitskräfte in Anspruch nähmen, daß sie ohne Not nicht neue Lasten sich aufladen solle. Sie stehe der Bevölkerung auch nicht unabhängig gegenüber wie ein Unternehmer. Letzterer werde nur solche Linien bauen, welche eine Rente in Aussicht stellen, und die Rente sei ein sicherer Anhaltspunkt zur Beurteilung der Berechtigung einer Linie[1]".

Die Gemeindekollegien traten diesem Beschlusse mit ganz überwiegender Mehrheit bei. Als Beweggründe wurden außer den angeführten noch angegeben, daß die Gemeinde sonst ein Risiko übernehmen würde, und daß die Gemeinde sich auch nicht im Besitze der Verkehrspolizei befinde, was Unzuträglichkeiten im Gefolge haben würde. Regiebau und -betrieb sollten nur Platz greifen, wenn man keinen tüchtigen Unternehmer fände[2]. Von der Minderheit in den städtischen Kollegien wurde diesen Gründen gegenüber unter anderem — was nur zu bald Berechtigung erlangen sollte — auf die Unannehmlichkeiten hingewiesen, die der Betrieb durch einen Unternehmer mit sich bringen würde.

Vier Jahre später (1880) wurde, als die Erbauung neuer Linien unabweisbares Bedürfnis geworden war, die Frage des Regiebaues und Regiebetriebes abermals aufgerollt. Es war zur Zeit des Konflikts mit dem Unternehmer Otlet. Man hatte mit diesem, wie an anderer Stelle angedeutet worden ist, unliebsame Erfahrungen machen müssen. Ferner kam hinzu, daß die bis dahin in Betrieb befindlichen Straßenbahnen sich der Beliebtheit des Publikums erfreuten und eine gute Rente versprachen. Diese Umstände wirkten darauf ein, daß sich in den Ansichten der Gemeindeverwaltung allmählich ein Umschwung vollzog. Man beschloß nämlich damals im Magistrat, den Bau neuer Linien in eigener Regie auszuführen, die Frage des Regiebetriebes dagegen noch offen zu lassen. Der Trambahnreferent des Magistrats sprach sich aber bereits sehr warm für Regiebau und auch für Regiebetrieb aus.

---

[1] Gem. Ztg. 1876, S. 265.

[2] Gem. Ztg. 1876, S. 266 ff. Besonders der damalige erste Bürgermeister Dr. von Erhardt war kein Freund des Regiebetriebes.

Für den Regiebau sprächen[1]:

1. die Möglichkeit einer allmählichen Erweiterung des Bahnnetzes nach den jeweils hervortretenden Bedürfnissen und die Unabhängigkeit hierbei von dem Unternehmer;
2. der viel wohlfeilere Bau durch die Gemeinde bei gleicher Solidität der Bahnanlagen;
3. die voraussichtliche Rente;
4. die Möglichkeit der Einführung besserer Betriebsarten, z. B. des Dampfbetriebes;
5. die mögliche Verpachtung und die kürzeren Pachtperioden gegenüber den langen Konzessionsperioden;
6. die Möglichkeit einer größeren Auswahl unter den Pächtern, insofern diese bei einem billigeren Regiebau weniger an Verzinsung und Tilgung der Anlagekosten aufzubringen hätten und sich infolgedessen zahlreicher bewerben würden.

Als Gründe für den Regiebetrieb gab er an:

1. die Stadt habe großes Interesse daran, Herrin ihrer Straßen und Plätze zu bleiben und sich darin nicht Beschränkungen durch eine Konzession aufzuerlegen;
2. die in der Natur eines Privatunternehmens liegende Gefahr, daß der Bau und Betrieb der Bahn in bezug auf Unterhalt des Inventars und der benutzten Straßen nicht vom Gesichtspunkte der möglichsten Solidität und der geringstmöglichen Beeinträchtigung des Verkehrs, sondern von dem Gesichtspunkt einer möglichst hohen Rente betätigt werde;
3. die Lückenhaftigkeit und Mangelhaftigkeit aller, selbst der mit größtem Fleiß, mit der größten Umsicht und mit Zuhilfenahme aller einheimischen und auswärtigen Erfahrungen ausgearbeiteter Konzessionsverträge.

Dem Beschlusse des Magistrats, den Bau der neuen Linien in eigener Regie zu vollführen, versagte jedoch das Kollegium der Gemeindebevollmächtigten seine Zustimmung:

1. weil man noch Zweifel in die Rentabilität der Bahn setzte;
2. weil man es nicht für zweckmäßig hielt, Bau und Betrieb zu trennen, wenn man den Betrieb einem Pächter zu übergeben gedachte;
3. weil Pachtverträge auch nur immer auf 10—15 Jahre abgeschlossen würden, und
4. weil Pächter nicht weniger schlimm seien als Konzessionäre.

---

[1] Gem. Ztg. 1880, S. 861 ff.

Nach diesem ablehnenden Beschlusse des Gemeindebevollmächtigtenkollegiums blieb die Angelegenheit zunächst auf sich beruhen, und die Verhandlungen mit Otlet führten darauf schließlich zu den erwähnten Vereinbarungen mit der Münchener Trambahnaktiengesellschaft.

Eine ganz bedeutende Förderung erhielt der Gedanke des Regiebetriebes dann in der Gemeindeverwaltung durch die Erfahrungen, welche man mit den konzessionierten Gesellschaften, der Gasbeleuchtungsgesellschaft und der Trambahnaktiengesellschaft machte. Es ist bezeichnend hierfür, daß in den langwierigen Verhandlungen mit diesen Gesellschaften Ende der achtziger, anfangs der neunziger Jahre der Gedanke einer Fortsetzung des Privatbetriebes über die Konzessionsdauer hinaus außerhalb jeder ernsten Erwägung blieb. Alle möglichen Gründe, die nur irgend für Gemeindebetriebe geltend gemacht werden können, trugen außerdem dazu bei. Bei der Gasanstalt mußte der Regiebetrieb auch umsomehr begehrenswert erscheinen, als man durch die Gasbeleuchtungsgesellschaft ja gehindert wurde, an die Erbauung des so sehr begehrten Elektrizitätswerkes heranzugehen. Wollte man aber das Elektrizitätswerk erhalten, so kam für die Gemeinde nur der Regiebetrieb in Frage, da die Gasbeleuchtungsgesellschaft gerade darauf ein ganz besonderes Gewicht legte, daß die Stadtgemeinde das Werk in eigener Regie betreibe. Sie erklärte, man könne es ihr nicht zumuten, darin einzuwilligen, daß der Magistrat mit einer anderen Privatgesellschaft ein Vertragsverhältnis eingehe, wenn er mit ihr nicht mehr weiter arbeiten wolle [1].

Als ein wesentliches Moment für den Regiebetrieb sprach im übrigen auch die gute Rentabilität der konzessionierten Unternehmungen, ferner auch die dem Zuge der Zeit entsprechende Kommunalisierung solcher Anstalten in anderen Städten.

Wiederholt nahegelegt worden ist der Gemeindeverwaltung ein Regiebetrieb auch bei der gesamten Straßenreinigung, so schon anfangs der achtziger Jahre in Eingaben des Vereins der Grund- und Hausbesitzer. Der Magistrat verhielt sich damals ablehnend, hauptsächlich weil einer sehr erheblichen Mehrbelastung der Gemeinde durch Übernahme der gesamten Reinigungsarbeiten keine bedeutende Verbesserung der bestehenden Verhältnisse in sanitärer Hinsicht gegenüberstehen würde [2].

---

[1] Gem. Ztg. 1893, S. 582.
[2] Verw. Ber. 1882—87, S. 223.

In der Folgezeit sind mehrfach noch Gesuche des genannten Vereins in dieser Angelegenheit an den Magistrat gerichtet worden. Auch aus der Mitte des Gemeindebevollmächtigtenkollegiums wurden des öfteren Anträge gestellt, die Straßenreinigung in gemeindlicher Regie auszuführen. Aus mehrfachen Gründen jedoch — namentlich, weil die Gemeindeverwaltung die großen Kosten scheute — haben alle diese Bestrebungen zu Resultaten nicht geführt. In den letzten Jahren war diese Frage wieder mehrmals in den städtischen Kollegien auf der Tagesordnung. Im Jahre 1905 wurden im Gemeindebevollmächtigtenkollegium als Gründe für eine Verstadtlichung neben den hohen Kosten besonders genannt die mit ihr verbundene große Mehrung des städtischen Personals, der Dualismus zwischen Gemeindeverwaltung und Polizeidirektion und die Unzweckmäßigkeit eines zentralisierten Betriebes bei der Straßenreinigung. Zuletzt befaßte sich (im Jahre 1906) der Magistrat wiederum mit der Angelegenheit und kam zu einem ablehnenden Beschlusse. Als Gründe wurden bekannt [1]:

1. daß München von jeher eine Ausnahmestellung auf dem Gebiete der Straßenreinigung einnehme, einmal wegen seiner Bodenverhältnisse, seiner Höhenlage und seiner klimatischen Verhältnisse (u. a. z. B. hinsichtlich der Stärke des Schneefalls), sodann auch, weil es in bezug auf Straßenpflasterung — Makadamstraßen sind vorherrschend — noch sehr im Rückstande sich befinde, wodurch eine größere Arbeitsleistung zu bewerkstelligen sei, insbesondere bei den Übergängen von Makadam- auf Hartpflaster;

2. praktische Schwierigkeiten wären in Hülle und Fülle bis zur Undurchführbarkeit vorhanden, z. B. bei Aufstellung von größeren und kleineren Remisen, Arbeiterunterständen, Werkstätten in den verschiedenen Stadtteilen, Depots für Straßenreinigungskarren, für Werkzeuge und für Sand usw. Alles dies würde einen Kostenaufwand verursachen, der noch nicht bei 30 % Gemeindeumlagenerhöhung seine Deckung fände;

3. die Frage der Kompetenzausscheidung zwischen Polizei und Magistrat müsse erst gelöst werden;

4. wäre die Haftpflicht der Gemeinde größer bei Übernahme der gesamten Erfüllung der straßenpolizeilichen Vorschriften;

5. würde bei einer Straßenreinigung in Regie die Reinigung noch nicht besser erfolgen. Der wundeste Punkt bleibe immer die Fort-

---

[1] Gem. Ztg. 1906, S. 781 u. ff.

schaffung des Schnees im Winter, ohne die keinem Hausbesitzer sonst mit der gemeindlichen Straßenreinigung gedient sei. Die Stadt müsse zuzeiten plötzlich zahlreiche Arbeitskräfte einstellen, die sie hernach wegen Beschäftigungsmangel wieder entlassen müsse. Auch würden die äußeren Bezirke viel später gesäubert werden, als das gegenwärtig der Fall sei.

Bei Einrichtung der gemeindlichen Hausunratabfuhr im Jahre 1890 hieß es, daß der Regiebetrieb durch die Gemeinde sich deshalb nicht empfehle, weil aller Wahrscheinlichkeit nach der Aufwand bei Vergebung in Submission geringer als bei eigenem Betriebe sei [1].

Für die Aufhebung der gemeindlichen Steindruckerei (1892) wurde ebenfalls geltend gemacht, daß Private die Arbeiten billiger herstellen würden, als sie auf dem Wege der Regie zu stehen kämen [2].

Den Betrieb des Ratskellers hat man im Jahre 1905 lediglich deshalb in eigene Regie genommen, weil man dadurch höhere Einnahmen zu erzielen hoffte.

Als Ende des Jahres 1907 Beratungen gepflogen wurden, auch fortan die Straßenpflasterungen mit Asphalt in Regie auszuführen, sprachen sich die städtischen Kollegien in geheimer Sitzung im allgemeinen gegen eine weitere Ausdehnung gemeindlicher Regiebetriebe aus. Die Gründe hierfür sind der Öffentlichkeit nicht zugänglich gemacht worden, doch sollen sie, wie uns mitgeteilt wurde, politischer Natur gewesen sein.

In der allerjüngsten Zeit ist aus der Mitte des Gemeindebevollmächtigtenkollegiums angeregt worden, auch das Plakatwesen in gemeindliche Regie zu nehmen. Der Magistrat entgegnete jedoch darauf, ein gemeindlicher Regiebetrieb erscheine bei dem Umstande, daß ein Monopol nur für auf Gemeindegrund bzw. an Gemeindegebäuden in Betracht kommenden Anschlagsstellen möglich wäre, im übrigen jede Art von Konkurrenz gestattet bleibe, nicht empfehlenswert. Außerdem berief er sich auch auf die kurze Zeit vorher von den Gemeindekollegien eingenommene ablehnende Stellung gegen weitere Regiebetriebe [3]. — Daneben mögen auch die etwa 100 000 ℳ betragenden Ankaufskosten für Plakatsäulen und -Tafeln usw. abschreckend wirken.

Sollen wir nun nach den angeführten Beispielen ein Gesamturteil über die Stellung der Gemeindeverwaltung zu der erörterten Frage fällen, so muß es dahin lauten, daß es vorwiegend Erwägungen

[1] Verw. Ber. 1890, S. 144.
[2] Gem. Ztg. 1892, S. 890.
[3] Gem. Ztg. 1908, S. 455.

praktischer Art waren, welche die Gemeindevertretung veranlaßte, sich für oder gegen Regiebetriebe auszusprechen. Besonders ausschlaggebend war meistens das finanzielle Moment.

Erwägungen prinzipieller Art dagegen scheinen die erörterte Frage nur bei oder richtiger vor dem Beginn der Ausdehnung gemeindlicher Gewerbetätigkeit beeinflußt zu haben und dann auch — wenn die Erscheinung keine spontane und vorübergehende ist — sich in allerjüngster Zeit Geltung zu verschaffen.

FSC
www.fsc.org
MIX
Papier | Fördert
gute Waldnutzung
FSC® C083411

Kolibri 360 GmbH
Ferdinand-Jühlke-Straße 7
99095 Erfurt, Deutschland
produktsicherheit@kolibri360.de

Druck:
CPI Druckdienstleistungen GmbH
im Auftrag der
Kolibri 360 GmbH
Ferdinand-Jühlke-Str. 7
99095 Erfurt